KB154782

정조와
철인정치의
시대 ❷

고즈윈은 좋은책을 읽는 독자를 섬깁니다.
당신을 닮은 좋은책—고즈윈

정조와 철인정치의 시대 2

1판 1쇄 발행 | 2008. 2. 5.
1판 7쇄 발행 | 2014. 8. 20.

저작권자 ⓒ 2008 이덕일
이 책의 저작권자는 위와 같습니다. 저작권자의 동의 없이
내용의 일부를 인용하거나 발췌하는 것을 금합니다.
Copyright ⓒ 2008 Lee Duck-il
All rights reserved including the rights of reproduction
in whole or in part in any form. Printed in KOREA.
사진 ⓒ 권태균
캘리그래피 ⓒ 강병인

발행처 | 고즈윈
발행인 | 고세규
신고번호 | 제313-2004-00095호
신고일자 | 2004. 4. 21.
(121-896) 서울특별시 마포구 동교로13길 34(서교동 474-13)
전화 02)325-5676 팩시밀리 02)333-5980

ISBN 978-89-92975-03-2 (04900)
    978-89-92975-04-9 (전2권)

고즈윈은 항상 책을 읽는 독자의 기쁨을 생각합니다.
고즈윈은 좋은책이 독자에게 행복을 전한다고 믿습니다.

정조와 철인정치의 시대 ②

이덕일 역사서

고즈윈
God'sWin

● 차례_2권

11장 문체반정
　　명말 청초 문집을 성토하다 · 10
　　문체반정의 시작 · 17
　　박지원과 순정지문(純正之文) · 23

12장 채제공과 금등지사의 비밀
　　도산서원에서 치른 별시 · 32
　　목이 메어 식사를 폐한 것은 · 39
　　노론은 경종에게 신하의 의리가 없다 · 43
　　영남만인소 · 49
　　정조의 고민 · 52
　　채제공의 사직상소 · 56
　　어제 금등지사의 등장 · 65

13장 화성의 꿈
　　숙원 사업의 시작 · 70
　　천장(遷葬) · 79
　　설계도 구비와 장용외영의 설치 · 83
　　순조로운 준비 · 88

14장 미래로 나아가다
　　역사적인 해의 시작 · 94
　　화성 건설의 원칙 · 100
　　만석거와 대유둔 · 107
　　금난전권의 폐지 · 115
　　화성에 상가를 조성하라 · 119
　　미래 지향의 도시, 화성 · 124

15장 임금의 가족들
　　기구한 운명의 형제 · 130
　　정조의 타협안 · 136
　　은언군을 다시 만나다 · 143
　　할머니 정순왕후와 어머니 혜경궁 · 152
　　부인 효의왕후 · 162

16장 철인군주의 하루

독서 군주 · 172
검소함은 왕가의 전통 · 176
경연, 『대학』의 의미는 무엇인가? · 181
신민(新民)인가, 친민(親民)인가? · 187
군사(君師) · 193
과거 출제관 · 196
답안지를 둘러싼 소동 · 201
사형수를 심리하다 · 206

17장 오회연교와 의문의 죽음

주문모 잠입하다 · 220
오회연교 · 229
운명의 연훈방 · 234

18장 반동

어의의 처벌을 둘러싼 논란 · 252
시신이 식기도 전에 · 256
장현경의 딸들 · 263

부록 정조어록 · 271
찾아보기 · 306

1권

1장 설치(雪恥)

2장 과인은 사도세자의 아들이다
과인은 사도세자의 아들이다 | 세손은 세 가지를 알 필요가 없다

3장 홍인한의 우익들
홍봉한 공격받다 | 진퇴양난 | 홍인한의 반격

4장 외척 전쟁
김귀주의 홍봉한 공격 | 공홍파와 부홍파의 대결 | 재공격에 나선 김귀주

5장 3대 모역사건
지붕 위의 자객 | 저주하는 무녀 | 은전군 연루되다

6장 흑두봉조하 홍국영
홍국영과 정조의 첫 만남 | 정조와 소론 | 송시열을 높이고 윤증을 내치다
외척을 몰아내고 외척이 된 홍국영 | 흑두봉조하 홍국영 실각하다 | 정조의 반격

7장 규장각 사검서, 시대를 주름잡다
백탑파의 문인들 | 북학파 | 서류소통절목과 사검서의 탄생
나이 순서대로 앉으라 | 온갖 차별에 도전하다 | 개혁에의 꿈

8장 송시열 후손 추대 사건
대로의 후손 송덕상 | 철인군주와의 대화 | 송덕상의 행보
공격받는 대로의 후손 | 대선생 송덕상 추대 사건

9장 정순왕후의 반격
격문 같은 한글 전교 | 노론으로 불똥이 튀다
이율 · 홍복영 역모 사건 | 법망에 걸린 구선복

10장 남인과 천주교
최초의 천주교 사태-을사추조사건 | 남인 분열되다 | 천주교와 제사 문제
드러나는 진상 | 확대된 전선

끝없는 수양으로 완성된 인격을 추구하며

이를 바탕으로 조선을 새롭게 바꾸려 했던 초인,

자신과 역사를 향해 무한 책임을 지려 했던 한 비운의 영웅에게

11
장

문체반정

천주교가 성행하는 근본적인 이유가 문체에 있다는 정조의 논리는 이제 어느 누구도
거부할 수 없게 되었다. 특히 자신들의 가문 출신이 문체반정의 대상으로 계속 적발된
노론에서는 더 이상 천주교 공격에 나서기 어렵게 되었다. 이제 문체반정이라는 새로운
정국 현안으로 천주교 문제는 얼핏 사라져 가는 듯 보였다.

명말 청초 문집을 성토하다

재위 15년(1791) 10월 24일.

조정은 전날 사헌부 지평 한영규(韓永逵)가 올린 상소 때문에 시끄러웠다. 진산의 윤지충(尹持忠)과 권상연(權尙然)이 부모의 신주를 불태웠다며 형조에서 직접 사건을 조사하고 진산 군수는 유배 보내야 한다는 상소였다. 이 상소 직후 사간원 사간 이언호(李彥祜)와 헌납 이경운(李庚運)도 같은 내용의 상소를 올려 공격에 가세했다. 또한 홍낙안(洪樂安)이 채제공(蔡濟恭)에게 천주교와 관련해 장문의 항의 편지까지 써 보내어 조정뿐만 아니라 도성이 온통 이 문제로 시끄러웠다.

이날 좌의정 채제공은 정조에게 홍낙안이 자신에게 항의성 편지를 보낸 사실을 보고하며 자신의 견해를 피력하지 않을 수 없었다. 채제공의 의견은 정조와 같았다. 천주교 문제를 확대하면 안 된다는 것이었다.

"옛날 현인들이 글을 저술하고 논리를 전개하여 스스로 새로운 사람이 될 수 있는 길을 열어 놓은 것이 또한 어찌 의미심장하지 않습니까."

채제공은 천주교 문제를 확대하면 남인들이 다치게 된다는 사실을 정확하게 인식하고 있었다. 젊은 홍낙안이 남인이라는 당파적 견해보다는 성리학이라는 사상적 견지에서 강력 대처를 요구한 반면 남인 영수 채제공은 이 사건을 온건하게 처리해야 남인들이 상처를 입지 않는다고 생각한 것이다. 이 자리에서 정조는 채제공에게 이단에 대한 자신의 견해를 피력했다.

"이단이라 불리는 것은 비단 노자(老子)나 석가모니나 양주나 묵적이나 순자(荀子)나 장자(莊子)나 신불해(申不害: 법가 사상가)나 한비자(韓非子)뿐만 아니라 제자백가(諸子百家)의 수많은 글들로서 올바른 법과 떳떳한 도리에 조금이라도 어긋나 선왕(先王)의 정당한 말씀이 아닌 것들은 모두 해당이 되는 것이다."

홍낙안이나 노론에서는 천주교를 이단이자 사학(邪學)이라고 지목하고 있었다. 이단 중에서도 서양에서 온 사학이라면 사람들의 반감이 더 클 것은 불문가지였다. 그래서 정조는 현재 이단이라고 불리는 사상의 범주를 길게 인용한 것이었다.

"공자 때는 사설(邪說)이 횡행하는 것이 맹자 때와 같은 지경에 이르지 않았다. 맹자는 이단을 홍수와 맹수, 난신적자(亂臣賊子)처럼 배척했으나 공자는 범상한 말로 그것이 해롭다고만 말했는데 그 이유는 각기 처해 있는 시대가 같지 않았기 때문이고 처지가 바뀐다면 반드시 다 그렇게 할 것이다. … 『논어』의 본지(本旨)가 어찌 『맹자』의 호변장(好辯章)보다 더 엄격하지 않은 것이겠는가. 더구나 지금은 공자 때와는 천수백 년이나 떨어졌으니, 그 오도(吾道)의 본지를 드러내 밝히고 이단을 배격하는 책임이 우리 당(吾黨)의 젊은이들에게 있지 않겠는가."

공자가 맹자보다 이단에 대해 이르기를 덜 엄격하게 한 것은 관대했기 때문이 아니라 시대 상황이 달랐기 때문이며, 공자는 누구보다 이단에 대해 엄격했고 공자 때와 천수백 년이 떨어져 있는 지금 이단을 배격하는 책임은 '우리 당'의 젊은이들에게 있다는 말이었다. 여기에서 '당(黨)'이란 유학을 믿는 무리를 뜻하는데, '우리 당'이라는 표현을 쓴 것은 정조 자신이 유학자임을 널리 알리기 위한 것이었다. '이단을 배격하는 책임이 우리 당의 젊은이들에게 있다'는 말은 흡사 젊은 유학자들에게 천주교 성토에 나서고 천주교 박멸을 위해 행동하라고 선동하는 것처럼 읽힌다. 그러나 정조가 말하는 '(오도의) 본지', '이단을 배격하는 책임'의 내용은 전혀 다른 것이었다.

"내가 일찍이 연신(筵臣)에게, '서양학을 금지하려면 먼저 패관잡기(稗官雜記)부터 금지시켜야 하고 패관잡기를 금지하려면 먼저 명말 청초(明末淸

初)의 문집들부터 금지시켜야 한다'고 말했다."

정조의 논리는 바로 이것이었다. 서양학이 성행하는 원인은 패관잡기에 있고, 패관잡기가 성행하는 이유는 명나라 말과 청나라 초기[明末淸初]의 문집에 있으니, 서양학을 금지하려면 먼저 명말 청초의 문집부터 금지시켜야 한다는 것이다.

'패관잡기'는 조선 중기에 어숙권(魚叔權)이 지은 수필집의 이름이다. 패관(稗官)이란 원래 민간에 나도는 풍설과 소문을 수집하는 일을 맡은 말단 관리를 뜻하는데, 이들이 모은 잡다한 이야기가 패관잡기다. 정조는 패관잡기와 명말 청초의 문집들을 읽고 베끼는 풍조가 서양학을 유행시키는 근본 원인이라고 진단한 것이었다.

"대저 그 근본을 바르게 하는 것은 오활하고 느슨한 것 같아도 힘을 쓰기가 쉽고, 그 말단을 바로잡는 것은 비록 지극히 절실한 것 같아도 공을 이루기가 어려운 것이다. 지금 내가 금지하려는 것이 근본을 바르게 하는 데에 일조(一助)하지 못하지는 않을 것이다."

근본을 잡는 것이 오활하고 느슨한 것 같아도 힘을 쓰기가 쉬우니 곧 서양학을 금지하려면 서양학 자체를 공격하는 것보다 명말 청초의 문집을 금지하여 근본을 바로잡는 것이 정도라는 논리였다. 이는 그 누구도 생각하지 못한 정조만의 독창적인 논리가 아닐 수 없었다.

"경은 묘당에서 국가의 대계를 세우는 자리에 있으니, 모름지기 명말 청초의 문집과 패관잡기 등의 모든 책들을 물이나 불 속에 던져 넣는 것이 옳은가 여부를 여러 재상들과 충분히 강구하도록 하라. 만약 이것을 명으로 실시하기 어렵다면 연경에 가는 사신들이 잡서를 사 오는 것을 금지하도록 밝혀 두는 것이 경의 뜻에는 어떻겠는가?"

서양학을 금지시키기 위해서는 명말 청초의 문집과 패관잡기 서적들을 없애야 하니 이를 물이나 불 속에 넣는 것이 어떤지 대신들과 상의하라는 말이었다. 이는 중요한 의미가 있었다. 두 양반 출신 천주교도가 부모의 신주를 불태웠다는 소문이 도는 진산 사건으로 시끄러운 정국이었다. 한영규의 상소처럼 진산의 윤지충·권상연이 행했다는 일이 '하루라도 이 하늘과 땅 사이에 그대로 용납해 둘 수 없는 죄악'처럼 여겨지고 있는 때였다. 이런 상황에서 정조는 채제공에게 대신들을 만나 윤지충·권상연에 대한 성토가 아니라 패관소품과 명말 청초의 문집들을 소각시키는 것이 어떤지 그 방안을 논의하라고 명령한 것이었다. 이는 진산 사건이라는 정국 현안을 다른 것으로 바꾸려는 정조의 의도를 말해 주고 있었다. 진산 사건이 정국 현안이 되면 반드시 천주교 금압을 요구하는 목소리가 커질 것이었다. 정조는 그것이 결코 바람직하지 않다고 판단했다. 이는 비단 우익인 남인들이 타격을 입을 것이라는 정치적 이해관계 차원의 문제가 아니었다. 조선은 이제 성리학 유일사상 체제에서 벗어나야 한다는 신념 차원의 문제였다. 그 누구보다 서양의 과학기술 서적을 많이 읽었던 정조는 성리학 유일사상 체제로는 조선이 더 이상 미래로 나갈 수 없다고 생각하고 있었다.

채제공을 비롯한 대신들은 정조가 천주교 금압 대신 패관소품과 명말 청초 문집을 비판하는 진정한 의도를 알지 못했다. 과거 패관잡기를 비판했던 것의 연장선으로 생각했던 것이다. 정조는 이전에도 패관잡기를 비판한 적이 있었다. 재위 8년(1784) 그는 패관문학에 대해서 이렇게 말했다.

"나는 본래 성색(聲色)을 좋아하지 않아, 정사를 하는 여가에 시간을 보내는 것은 오직 서적뿐이다. 그러나 패관의 속된 글들은 어릴 때부터 지금까지 한 번도 본 적이 없다. 이러한 문자들은 실용에 무익할 뿐만 아니라 마음을 방탕하게 하니, 그 말류의 폐해를 이루 말할 수 없다. 세상에 실학(實學)에 힘쓰지 않고 방외(方外)의 학문에 힘쓰는 자들을 나는 매우 애석하게 여긴다."(『일득록』1)

그래서 조정에서는 정조의 패관문학 비판을 예전부터 있어 온 것이라고 만 여겼던 것이다. 그러나 정조는 진산 사건을 계기로 패관문학에 대한 비판 강도를 부쩍 높이고 있었다. 진산 사건 이듬해인 재위 16년(1792) 정조는 각신 서용보(徐龍輔)에게 다음과 같이 말한다.

"패관 소설은 사람의 심술(心術)을 가장 해치는 것이니, 문장(文章)과 경술(經術)에 뜻을 둔 선비라면 상을 준다고 하더라도 보지 않을 것이다. 더구나 음조가 낮고 슬프며 날카롭고 경박한 고신얼자(孤臣孽子)의 슬프고 근심스러운 소리를 무엇 하러 읽겠는가. 처음에는 이러한 문체를 추구하는 자가 있다는 말을 듣고도 대수롭지 않게 여겨 내버려 두어도 다스려질 것이라고 생각했는데, 요사이에 와서 보니 시례(詩禮)를 전수해 온 집안의 자제로서 근밀(近密)한 자리에 출입하고 왕명(王命)을 윤색하는 자들까지도 습속에 물드는 것을 면치 못하고 있다. 그것이 세도(世道)와 시운(時運)에 관계되는 문제라는 것을 크게 깨달았으니, 하교를 통해서 한번 바로잡지 않을 수 없다."(『일득록』3)

이는 패관잡기에 대한 강력한 비판이었다. 정조는 나아가 청나라 때 유행하기 시작한 고증학(考證學)도 비판했는데 규장각 각신 윤행임(尹行恁)에게 말한 바가 이를 나타내 주고 있다.

"오늘날 문체가 날로 못해져서 수습할 수 없는 지경까지 이른 것은 고증학이 그 폐단을 열어 놓은 것이다. 자신이 지은 작품으로는 작자(作者)의 범주 안에 들기 어렵다는 것을 알기 때문에 옛사람의 저작 중에서 지리·인명·세대·보계(譜系) 등에 혹 잘못된 부분이 있는 곳을 찾아낸 다음 가지가지 증거를 끌어다 부연 설명하는 것으로 책 전체를 채워 놓았으니, 이렇게 하고도 문장을 제대로 할 수 있는 사람은 드물다. 공력을 많이 들여야 오래도록 명성을 누릴 수 있는데, 애당초 공력을 들이지도 않고 후세에 명성을 거두고자 하는 자가 많으니, 그 비속하고 사리에 맞지 않는 것이 가소롭다."

자신이 직접 저작을 할 능력은 없으나 자신의 학식은 과시하고 싶기 때문에 옛사람의 저작 중에서 잘못된 부분을 몇 개 찾아내서 그것이 틀렸다고 부연 설명하는 것으로 책 한 권을 채워 저술했다고 한다는 비판이었다. 고증학에 대한 정조의 비판은 청나라를 대하는 조선 사대부들의 이중성 또한 비판하는 것이었다. 청나라에서 고증학이 유행한 것은 만주족이 장악한 현실을 비판할 용기가 없는 사대부들이 현실 도피 수단으로 현실과 무관한 고증학에 몰두한 데 원인이 있었다. 정조는 바로 그 부분을 거론하는 것이었다. 성리학자를 자처하는 조선의 사대부가 어찌 북벌에 뜻을 두지 않고 청나라의 고증학에 경도되느냐는 비판이었다.

명말(明末)의 문장도 마찬가지였다. 경연 때에 정조는 연신(筵臣)들에게 명나라 말기의 문장에 대해 강하게 비판했다.

"문장과 세도(世道)는 수준이 대(代)마다 다르지만, 명말의 문장에 이르면 낮고 구슬프면서 촉급(促急)하고 지나치게 공교롭고 잗달아서 눈을 뜨고 볼 수 없다. 이것은 오로지 시세와 풍기가 그렇게 만든 것이니, 그 문장을 보면서 그때를 상상해 보면 나도 모르게 모발이 곤두선다. 근래에 벼슬아치의 자제들 중에 그 문체를 좋아하여 배우는 자가 많이 있는데, 문체가 어떤지는 논하지 않더라도, 이것이 과연 어떤 시대의 문장이라고 도리어 본받는단 말인가. 이는 참으로 무슨 마음인가. 세도에 해를 끼치는 것이 사학보다도 더 심하니, 부형 된 자가 어찌 통절히 금하지 않는가."(『일득록』4)

명나라 말기에 난잡한 문장이 유행하더니 나라가 망했다는 비판이 깔려 있는 진단이었다. 그래서 명나라 말기의 문장의 '해가 사학보다도 더 심하다'는 정조의 견해는 정당성을 획득할 수 있는 것이었다. 정조는 나아가 사신에게 중국 책을 수입해 오지 말라고 명했다. 그리고 조선 책을 보라고 강조했다.

"우리나라에서 간행한 경서는 비록 판각(板刻)은 섬세함이 부족하고 장정은 대부분 거칠고 무겁지만, 강절(康節)이 '나는 지금 사람이니 지금 사람들이 입는 옷을 입는 것이 당연하다'고 말했듯이, 우리나라에서 태어났으면 또한 우리나라의 책을 읽는 것이 마땅하다."(『일득록』 5)

그러면서 정조는 사대부들이 중국 책을 좋아하는 이유에 대해서도 비판했다.

"근래 중국 서책을 사 오지 못하도록 금한 것은 이러한 폐단을 바로잡고자 해서였다. 사대부 집안의 자제들이라면 서책(書冊)을 책상 위에 반듯이 올려놓고 바른 자세로 읽어야 할 터인데, 게으른 것이 습성이 되어 비스듬히 누워서 보기를 좋아한다. 중국 책은 누워서 보기에 편한 데 비해 우리나라 책은 불편하기 때문에 대부분 중국 책을 취하는 실정이다. 성현의 경전까지도 대부분 누워서 보고 있으니, 사대부들의 풍습이 어찌 이럴 수 있단 말인가. 중국 책을 엄히 금한 것은 아울러 게으른 습성을 바로잡고자 함이다."(『일득록』 4)

정조가 중국 서책의 수입을 금지시킨 것은 다각도의 목적이 있었다. 중국 서책의 문제점이 천주교 서적보다 더 심하다고 강조함으로써 천주교에 대한 논쟁 정국의 근본 공격 대상을 패관소품과 명말 청초의 문장으로 바꾸려 한 것이다. 정조의 문체반정은 이렇게 시작되고 있었다.

문체반정의 시작

재위 16년(1792) 4월 정조는 도산서원에서 열리는 별시(別試)를 주관하러 영남으로 내려가는 각신 이만수(李晩秀)에게 이언적(李彦迪)을 모시는 옥산(玉山)서원에 제사 지내게 했는데, 특별히 도산서원에도 다시 제사를 지내게 하였다. 도산서원은 이황(李滉)을 제사 지내는 곳이었다.

"정학(正學)을 존숭하려면 마땅히 선현을 존숭해야 한다. 어제 옥산서원에 제사를 지내라고 명하였는데, 옥산서원에 제사를 지내고 도산서원에 제사를 지내지 않는 것이 어찌 옳겠는가. 지난번 사학(邪學)이 점차 번질 때에 오직 영남 인사들이 선정(先正)의 학문을 지켜 흔들리지도 않고 마음을 빼앗기지도 않았으므로, 그 후부터 나의 앙모(仰慕)가 더해졌다. 각신 이만수는 명령을 받들고 돌아오는 길에 예안(禮安) 고을에 있는 선정 문순공(文純公: 이황)의 서원에 달려가 제사를 지내라."

이황은 남인들이 정신적 지주로 삼는 인물이었다. '작년에 천주교가 번질 때도 영남의 사대부들만은 선정(先正: 이황)의 학문을 지켜 흔들리지 않았다'는 것이 정조가 도산서원에도 제사하라고 명한 이유였다. 천주교를 신봉한다고 비판받는 남인들의 고향인 영남에서는 정작 천주교가 성행하지 못했는데, 천주교를 공격하는 노론 지역에서는 천주교가 성행하지 않느냐는 반문이기도 했다. 정조는 차제에 노론에서 천주교 문제를 가지고 더 이상 남인들을 공격하지 못하게 하려고 마음먹고 있었다.

그해 10월 19일. 정조는 성균관 대사성 김방행에게 일렀다.

"성균관 시험지 중에 조금이라도 패관잡기에 관련되는 글이 있으면 비록 전편이 주옥같을지라도 하고(下考)로 처리하고 이어 그 사람의 이름을 확인하여 과거를 보지 못하도록 하여 조금도 용서가 없어야 할 것이다. … 엊

그제 유생 이옥(李鈺)의 응제(應製) 글귀들은 순전히 소설체를 사용하고 있었으니 선비들의 습성에 매우 놀랐다."

성균관 유생 이옥이 소설체의 답안지를 썼다는 것이었다. 정조는 이옥에게 사륙문(四六文)만 50수를 하루에 짓게 한 후에야 과거 응시를 허락했다. 그러나 정조의 과녁은 이옥이 아니었다.

"그 사람은 일개 유생에 불과하여 관계되는 바가 크지 않지만 띠를 두르고 홀을 들고 문연(文淵)에 출입하는 사람들도 이런 문체를 모방하는 자들이 많으니 어찌 크게 안타까운 일이 아니겠는가."

조정의 주요 신하들 가운데도 패관잡기나 명말 청초의 문장들을 인용하는 사람들이 있다는 말이었다. 그가 바로 남공철(南公轍)이었다.

"일전에 남공철의 대책(對策) 중에도 소품을 인용한 몇 구절이 있었다. 그가 누구의 아들인가. 나도 문청(文淸: 남유용)에게서 배웠지만 지성으로 가르치고 인도해 주었기에 비로소 글을 짓는 방법을 알았다. 그의 문체는 고상하고 전중(典重)하여 요사이의 문체에 비할 바 아니었으므로 나도 그

「이언」 문체반정의 피화자 이옥의 저서이다. 자유스러운 문체를 구사했다.

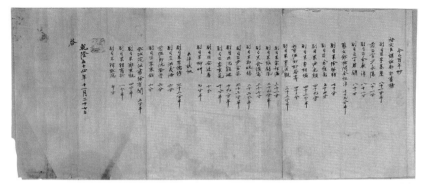

초계문신과시방(1789년) 정약용 등 초계문신들의 시험 점수가 구체적으로 적혀 있다.

문체를 매우 좋아하고 있다. 그런데 그런 아버지의 아들로서 그러한 문체
를 본받는다면 되겠는가."

　남공철은 문청공 남유용(南有容)의 아들이었다. 남유용은 정조의 세손
시절 스승으로 그 글이 고상하고 전중했는데, 그 아들로서 어찌 패관문체
를 사용하느냐는 꾸짖음이었다. 더구나 남공철은 초계문신(抄啓文臣)이
었다. 초계문신제는 문신들의 학문이 저하된 것을 걱정한 정조가 재위 5년
(1781)부터 운영한 것으로, 37세 이하의 당하관 중에서 재능 있는 문신들을
의정부에서 뽑아서 40세까지 규장각에 위탁 교육을 시키는 제도였다. 매달
두 번씩의 과강(課講)과 한 번씩의 과제(課製)가 있었는데, 과제는 시국 현
안에 대한 대책(對策)을 직접 쓰는 것이었다. 정조는 초계문신 육성에 크게
신경 써서 매달 20일경에 자신이 직접 초계문신들에게 친강(親講)하고 매
달 초하루경에는 직접 시험을 치르게 했다. 임금이 곧 스승이라는 군사(君
師) 사상의 실천이었는데 이를 통해 신하들과 스승 제자 관계를 맺음으로
써 당파의 영향력을 약화시키려 한 것이었다. 즉 정조는 초계문신제를 통해
인재 양성뿐 아니라 당파보다 임금에게 충성하는 신하를 기르려 하였고,
실제로 이를 통해 많은 친왕 세력이 육성되었다.

정조는 남공철을 강하게 책벌했다.

"오늘 이 하교를 듣고서 마음을 고쳐먹고 다시 올바른 길로 가기 전에는 그가 비록 대궐에 들더라도 감히 경연에 오르지는 못할 것이며 집에 있으면서도 무슨 낯으로 가묘(家廟: 집안 사당)를 배알하겠는가."

남공철은 입궐하더라도 경연에 오르지 못하게 할 것이며, 퇴궐하더라도 가묘에 배알하지 못하게 금지한다는 것이었다. 명예형에 해당하는 책벌이었다. 이뿐 아니라 남공철이 겸임하고 있는 지제교 직함 또한 박탈했다.

정조가 남공철을 비판한 것은 그가 작성한 대책문에 '골동(古董)'처럼 패관잡기에 나오는 글이 있었기 때문이다.

"남공철이 대책문 중에 인용한 골동 같은 말은 비록 그를 배척하는 뜻으로 쓴 것이기는 하지만 만일 그런 학문을 즐기지 않았다면야 그 책을 볼 리가 있었겠는가."(『정조실록』 16년 10월 24일)

남공철 묘 경기도 성남시 금토동 청계산 자락에 있다.

정조는 남공철에게 명예형을 내린 후 다른 문신들도 경계했다.

"그 밖의 문신들 중에서도 너무 좋아하는 자들이 상당히 있으나 일부러 한 사람 한 사람 지명하고 싶지 않다. 정관(政官: 이조)으로 하여금 문신 중에서 그런 문체를 쓰는 자들을 자세히 살펴 다시는 교수(敎授)의 후보자로 추천하지 말도록 하라."

이때도 신하들은 정조가 패관소품의 문체를 싫어해서 그러는 것인 줄로만 이해하고 있었다. 재위 11년(1787) 때도 비슷한 상황이 전개되었기 때문이다. 재위 11년 이상황(李相璜)과 김조순(金祖淳)이 예문관에서 숙직하고 있을 때 발생한 사건이었다. 이상황과 김조순은 숙직 중 무료함을 달래기 위해 당(唐)·송(宋) 시대의 각종 소설과 『평산냉연(平山冷燕)』이란 소설을 읽고 있었다. 『평산냉연』은 청나라의 천화장주인(天花藏主人)이란 필명의 인물이 쓴 소설이었다. 그날 밤 정조는 승정원의 주서(注書)가 우연히 입시하자 예문관에서 숙직하고 있는 이상황이 무엇을 하고 있는지를 알아보게 했다. 주서가 보고하기를 두 사람이 당·송 시대의 소설과 『평산냉연』 같은 책들을 읽고 있다고 하자 정조는 진노했다.

"그 책들을 모두 가져다 불태우라."

정조는 책들을 불태우면서 두 사람에게 경고했다.

"앞으로 경전 공부에 주력하고 잡서들은 일절 보지 말라."

그리고 일종의 반성문인 함답(緘答)을 받았다. 재위 16년 남공철도 반성문을 써 내야 했다. 이상황·김조순·남공철 등 반성문을 쓴 인물들은 모두 노론이었다. 정조는 반성문을 내면 과거의 관작을 회복시켜 주었다.

그런데 이옥의 경우는 이들과 달랐다. 정조는 이옥이 명령대로 사륙문(四六文) 50수를 지어 바치자 다시 과거 응시를 허락했다. 그런데 이옥은 이번에도 또 패관소품의 문체를 사용했다. 정조는 이옥을 크게 꾸짖고 경

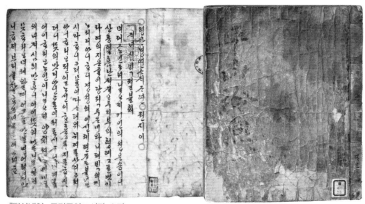

상도 삼가현(三嘉縣: 합천군)의 군사로 충군(充軍)시켰다. 비록 군사로 충군시키긴 했지만 이는 상징적인 벌이었다. 이옥은 삼가현에 내려가 군적(軍籍)에 이름을 올리고 불과 3일간 머무른 후 서울로 올라왔다. 이후 이옥은 정조 20년(1796) 별시(別試) 초시에 장원했지만 그의 책문은 또다시 격식을 어긴 것이었다. 정조는 다시 그를 떨어뜨리라고 명했다. 그런데 충군된 자가 과거 초시에 합격하면 그 자신이 이 사실을 알리는 소장(訴狀)을 작성해 올려야 했다. 그러면 사면을 받는 것이 절차였다. 그러나 이옥은 이런 절차를 모르고 있었는지 소장을 올리지 않아서 군적에 그대로 이름이 남아 있었다.

정조 21년(1797) 부친상을 당해 시묘살이를 하고 있던 이옥은 삼가현에서 종군(從軍)하라는 통보가 오자 비로소 자신의 이름이 아직도 군적에 남아 있다는 사실을 알게 되었다. 그는 3년상을 마친 이듬해 형조에 상소를 올렸으나 형조는 병조에 책임을 떠넘겼고 병조는 예조에 떠넘겨 책임 공방이 벌어졌다. 이옥의 문제는 이처럼 허공에 뜬 상태에서 그 이름이 군적에 계속 남아 있게 되어 결국 그는 정조 23년(1799) 다시 삼가현에 내려가야 했다. 삼가현에서 점사(店舍)에 방을 하나 얻어 살았는데, 이때 지은 「저자에 대해 적다(市記)」라는 글을 보면 그의 문체가 잘 나타나 있다.

"내가 우거하는 점사는 저자에서 가깝다. 매번 2일과 7일에는 저자에서 시끄러운 소리가 들린다. 저자의 북쪽이 내가 우거하는 점사의 남쪽 벽 아래다. 벽에는 원래 창이 없었으나 내가 햇볕을 받으려고 구멍을 내어 혁자를 두고 종이를 발랐다. 혁자 바깥 열 걸음이 채 안 되는 곳에 짧은 둑방이 있는데, 저자로 드나드는 길이다. 혁자에는 또 구멍을 내어서 가까스로 눈 하나는 대고 볼 수 있다. 12월 27일이 장이 서는 날인데, 대단히 심심해서 혁자 구멍을 통해 내다보았다. 이때 눈이 오려고 구름이 자욱하게 끼어 잘 보이지 않았지만 정오는 지난 듯했다. 소와 송아지를 몰고 오는 자, 두 마리 소를 끌고 오는 자, 닭을 안고 오는 자, 팔초어(문어)를 끌어당겨 오는 자, 돼지의 네 다리를 묶어서 메고 오는 자…."

이옥의 문체는 이처럼 거침없고 활달했다. 천주교 문제가 없었다면 정조가 패관소품 문체를 쓰는 서류들을 규장각 검서관으로 등용했듯이 그도 별 문제 없이 등용되었을 것이다. 이옥은 삼가현에서 지내면서 여러 풍속을 기록한 『봉성문여(鳳城文餘)』를 엮기도 했는데, 그에게 이런 문체는 숙명이었는지 정조 때 그는 끝내 과거에 급제하지 못하게 된다. 정조의 문체반정에서 그는 유일한 피화자(被禍者)라면 피화자였다.

박지원과 순정지문(純正之文)

이옥은 벼슬아치가 아니었으므로 문제가 되었을 때 외에는 정조의 주목을 끌지 못했으나 초계문신 남공철은 정조에게 직접 꾸지람을 들었다. 그런데 남공철을 꾸짖던 정조가 갑자기 패관잡기가 유행하게 된 원인이 박지원(朴趾源)의 『열하일기(熱河日記)』에 있다고 비판하고 나서면서 문체반정의 불똥은 박지원에게로 향하게 되었다.

"요즈음 문풍(文風)이 이렇게 된 근본을 따져 보면 모두 박 아무개의 죄이다. 『열하일기』를 내 이미 보았으니 어찌 감히 속이고 숨길 수 있겠느냐? 이자가 바로 법망에서 빠져나간 거물이다. 『열하일기』가 세상에 유행한 뒤에 문체가 이와 같이 되었으니 당연히 결자해지(結者解之)하게 해야 한다."

정조는 남공철에게 편지를 쓰라고 명령했다. 남공철은 안의 현감으로 근무하고 있는 박지원에게 편지를 쓸 수밖에 없었는데, 입장이 곤란해진 그는 자신도 문체 때문에 곤욕을 치렀다고 먼저 밝혔다.

"지난번에 문체가 명청(明淸)을 배웠다 하여 주상의 큰 꾸지람을 받았고 치교(釋敎: 심상규) 등 여러 사람과 함께 함추(緘推: 6품 이상의 관원의 경미한 죄에 대한 서면 조사와 서면 진술)까지 당했습니다. 저는 또 내각(內閣: 규장각)으로부터도 무거운 쪽으로 처벌을 받아 죗값으로 돈을 바쳤습니다. 그 돈으로 술과 안주를 마련하여 내각에서 북청 부사(北靑府使)로 부임하는 성사집(成士執: 성대중)의 송별연을 벌였는데, 성사집은 문체가 순수하고 바르기 때문에 이런 어명이 내렸던 것입니다. 영공(令公: 승지) 낙서(洛瑞: 이서구)와 여러 검서가 다 이 모임에 참여하였으니, 문원(文苑)의 성사(盛事)요 난파(鸞坡: 규장각)의 미담이라, 영광스럽고 감격스러워서 말씀드리는 바입니다."

남공철 자신이 명·청 때의 문체를 썼다는 이유로 크게 혼나고, 그 벌로 문체를 바로 쓴 성대중의 송별연 경비를 댔다는 것이었다. 이때 정조에게 문체 때문에 반성문을 제출하는 함추의 처벌을 받은 인물은 남공철과 심상규·김조순·이상황 등이었다. 이들은 모두 노론 명가의 후손들이었는데, 여기에 바로 정조의 속셈이 있었다. 노론 명가의 젊은 관료들이 경전(經典)

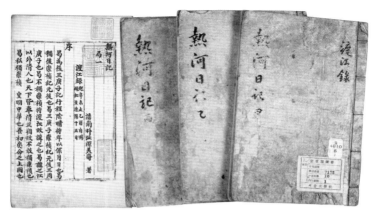

박지원 『열하일기』

이 아니라 패관소품에 물들어 있기 때문에 천주교 같은 사학이 유행한다는
논리를 성립시킬 수 있었던 것이다. 노론 명가 후손들에게 경전으로 돌아
가기를 촉구함으로써 노론이 유학을 빙자해 천주교를 공격하기 어렵게 만
들 수 있었다.

정조는 남공철을 시켜 박지원에게 채찍과 당근을 제시했다.

"신속히 순수하고 바른 글[純正之文] 한 편을 지어 급히 올려 보냄으로
써 『열하일기』의 죗값을 치르도록 하라. 그러면 비록 남행(南行: 음관)이지
만 문임(文任)이라도 주기를 어찌 아까워하겠는가? 그렇지 않으면 마땅히
중죄가 내릴 것이다."

문임은 홍문관·예문관의 제학(提學)을 뜻하는 청요직이었다. 음관이
제학을 맡은 전례가 거의 없다는 점에서 문임도 줄 수 있다는 것은 대담한
회유책이었다.

정조는 박지원이 일부러 과거를 끝까지 보지 않았음을 알고 있었다. 박
지원은 영조 46년(1770) 사마시에 응시해 모두 장원했고 영조가 직접 그를

입실케 한 후 도승지에게 답안지를 읽으라고 명할 정도로 주목을 받았다. 모두들 그가 회시에도 장원할 것이라고 예상했으나 박지원은 회시에 응시하지 않았다. 자신의 실력만 한 번 시험해 본 셈이었다. 정조는 장안의 종잇값을 올린 『열하일기』를 보았을 정도로 박지원의 문재를 인정했다. 또한 박지원의 문체가 '연암체(燕巖體)'로 불리며 한 시대를 풍미하고 있다는 사실도 알고 있었다.

박지원은 자신보다 스물네 살이나 어리고 친하지도 않은 남공철의 편지를 받고 의아했다. 그러나 그는 "반도 못 읽어서 혼비백산하여 두 손으로 서한을 떠받들고 꿇어 엎드려 머리를 땅에 조아렸"다고 답장에 쓸 정도로 크게 놀랐다. "사신(私信)이기는 하지만 임금의 명령을 받든 것"이기 때문이었다.

"처음에는 당황스럽고 두렵더니 뒤따라 눈물이 마구 쏟아졌소. 진실로 위대한 천지는 만물을 기르지 않음이 없고, 광명한 일월은 미물이라도 비추지 않음이 없음을 알게 되었소. 글방의 버려진 책〔兎園之遺冊: 자신의 저서를 일컫는 말〕이 위로 티끌 하나 없이 맑은 대궐을 더럽힐 줄 어찌 생각이나 하였겠소?"

박지원은 정조가 자신의 글을 패관소품의 원인으로 지적한 것이 뜻밖이었다.

"이곳은 천 리나 떨어진 하읍(下邑)이지만 임금의 위엄은 지척(咫尺)이나 다름이 없고, 이 몸은 제멋대로인 일개 천신(賤臣)이지만 임금의 말씀은 측근 신하를 대할 때와 차이가 없으며, 엄한 스승으로 임하시고 자애로운 아버지로서 가르치셔서 임금의 총명을 현혹시킨 죄로 처형하지 않을 뿐만 아니라 한 편의 '순수하고 바른 글〔純正之文〕'을 지어 속죄하도록 명하셨으니, 서캐 같은 이 미천한 신하가 어찌 군부께 이런 은애(恩愛)를 입는단 말이오."

박지원은 자신이 문체귀정(文體歸正)의 대상이 될 줄은 전혀 예상하지 못했다. 자신의 문장은 틀에 얽매이기 싫어하는 특유한 성격과 불우한 처지가 만들어 낸 산물일 뿐이었다.

"나 같은 자는 중년 이래로 불우하게 지내다 보니 자중하지 않고 글로써 장난거리를 삼아, 때때로 곤궁한 시름과 따분한 심정을 드러냈으니 모두 조잡하고 실없는 말이요, 스스로 배우와 같이 굴면서 남에게 웃음거리를 제공했으니 진실로 천박하고 누추한 것이오. … 차츰차츰 패관소품으로 빠져든 것은 저도 모르게 그렇게 된 것이요, 이리저리 굴러다니다가 위항(委巷: 백성들이 사는 곳)에서 흠모를 받게 된 것도 그러길 바라지 않았는데 그렇게 되고 만 것입니다. 문풍(文風)이 이 때문에 진작되지 못하고 선비의 풍습이 이 때문에 나날이 퇴폐해진다면 이는 진실로 임금의 교화를 해치는 재앙스러운 백성이요 문단의 폐물인지라 현명한 군주가 통치하는 시대에 형벌을 면함만도 다행이라 하겠지요."

박지원은 자신의 글이 그렇게 많은 인기를 얻으리라 예상하지 못했다. 더구나 임금까지 자신의 문체를 문제 삼을 정도로 파문을 일으키리라고는 생각도 하지 못했다. 자신의 불우한 처지가 고문(古文)과는 다른 자유분방한 문체를 낳았고, 겉과 속이 다른 성리학자들이 판치던 시대가 그런 문체에 열광했을 뿐이었다. 박지원은 자신의 글이 문풍과 선비의 풍습을 해친다면 국왕으로서는 우려할 만하다고 인정했다.

"허물을 용서하고 죄를 용서하시니 임금의 덕화(德化)에 함께 포용되었음을 확실히 알았소. … 지난날의 허물을 고치고 뒤늦게나마 만회할 것을 급히 도모하여 다시는 성세(聖世)의 죄인이 되지 않도록 하지 않겠소."(『연암집』 제2권)

정조는 이덕무가 지은 「어왜제론(禦倭諸論)」을 읽고 "여러 편이 다 원만

하고 좋다"면서도 "이것이 연암체(燕巖體)다"라고 말했다고 박지원의 연보인 『과정록』은 전한다. 정조는 연암체가 무엇인지 정확히 알고 있을 정도로 박지원의 문장에 익숙했다는 뜻이며, "이것이 연암체다"라고 말했을 때는 꾸짖는 뜻을 담은 것이 아니었다. 그래서 박지원의 문체를 책하는 엄한 전교가 내려졌을 때도 주위에서는 거꾸로 해석했다.

"노여워해서 내린 전교가 아니라 격식을 벗어난 특별대우를 하려는 뜻이다."

대제학까지 시키겠다는 것이니 꾸지람이 아니라 크게 등용하겠다는 의사표시로 읽혔던 것이다. 그래서 박지원의 지우(知友)들은 다투어 편지를 보내 '순수하고 바른 글'을 지어 올리라고 권유했다. 그러나 박지원은 거부했다.

"상의 하교는 실로 예전에 없었던 은혜로운 배려이다. 상께서 이것으로 죄를 주셨으니 신하로서는 오직 받들어 속죄하는 것이 옳다. 그러나 어찌 견책받은 자취를 좇아 문자를 지어서 스스로 '순수하고 바르다(純正)'고 자처하여 이전의 허물을 가리겠는가? 또 항차 문임(文任)이라는 두 글자로 나의 새로운 길을 열어 주셨는데, 만약 이 전교에 따라 의기양양하게 글을 지어 바친다면 이는 분수 밖의 것을 바라는 짓이니, 분수 밖의 것을 바라는 것은 신하로서 큰 죄악이다."

박지원은 정조가 요구하는 글을 지어 바치지 않았다. '순수하고 바른 글'을 지어 바친다면 내심 대제학이라는 '분수 밖의 것'을 바라는 것이니 그럴 수 없다는 자존심이었다. 그렇다고 임금의 명령을 정면에서 거부할 수는 없었다. 박지원은 대안으로 과거의 작품에서 패관식의 문체가 아닌 글 몇 편을 뽑고 새로 몇 편의 글을 지어 책자 하나를 만들었다.

"만약 다시 찾는다는 하교가 있으면 그때는 마지못해 받들어서 조잡하게나마 신하로서의 직분을 할 따름이다."(『과정록』)

　박지원은 정조가 '순수하고 바른 글'을 빨리 바치라고 독촉하면 형식적
으로 만든 이 책자를 올릴 생각이었다. 그러나 정조는 더 이상 글을 지어
바치라고 요구하지 않았다. 글을 바치지 않는다는 추궁 또한 없었다. 정조
가 박지원을 언급한 것은 일종의 충격요법이었던 것이다. 당대 최고의 인기
작가에게 채찍과 당근을 동시에 주는 충격요법을 통해서 문체 문제에 대한
주의를 환기시킨 것이었다. 남공철 · 이상황 · 김조순 등과 마찬가지로 박
지원 역시 노론 가문 출신이었다. 박지원이 노론 출신이 아니었다면 정조
는 그를 문체반정의 대상으로 삼지 않았을 것이다.

　천주교가 성행하는 근본적인 이유가 문체에 있다는 정조의 논리는 이제
어느 누구도 거부할 수 없게 되었다. 특히 자신들의 가문 출신이 문체반정
의 대상으로 계속 적발된 노론에서는 더 이상 천주교 공격에 나서기 어렵
게 되었다. 이제 문체반정이라는 새로운 정국 현안으로 천주교 문제는 얼
핏 사라져 가는 듯 보였다. 문체반정을 주도한 정조의 의도는 그대로 관철
되는 듯했다. 그러나 이 또한 반전의 국면을 예비하고 있었으니, 중국인 신
부 주문모(周文謨)의 밀입국이 이루어지게 되었던 것이다.

채제공과 금등지사의 비밀

피 묻은 적삼이여 피 묻은 적삼이여,

동(桐)이여 동이여,

누가 영원토록 금등으로 간수하겠는가.

천추에 나의 품으로 돌아오기를 바라고 바라노라.

도산서원에서 치른 별시

정조 12년(1788) 2월 11일.

정조는 어필(御筆)로 채제공을 우의정에 특배하고 우의정 이성원(李性源)을 좌의정으로 승진시켰다. 어필로 특배했다는 것은 정조가 직접 임명장을 썼다는 뜻으로서 극히 이례적인 인사였다. 정조는 또한 어필로 채제공에게 하유했다.

"지금 경을 정승의 직에 제수하는 것이 내가 어찌 경을 개인적으로 좋아하여 이런 거조가 있는 것이겠는가. 평소부터 말이 충성스럽고 행실이 독실하였으니 또한 늦었다고 하겠다. 경은 모름지기 나의 허저(虛佇: 마음을 비우고 신하의 말을 받아들임)의 뜻을 본받아 즉시 숙배하여 부족하고 어두운 나를 도와 널리 시사(時事)를 구제하라."

정조는 이 어필을 용정(龍亭)에 싣고 북 치고 피리 부는 무리를 앞세워 그의 집으로 가서 전하라고 명했다. 80여 년 만에 남인 정승이 탄생하려는 순간이었다. 그러나 이는 쉽게 이루어지지 않았다. 노론에서 격하게 반발했기 때문이다.

입직승지 조윤대(曹允大)와 홍인호(洪仁浩)는 채제공의 정승 임명 전교를 되돌렸다. 명을 받들지 않겠다는 뜻이었다. 승지들은 합문(閤門)에 나아가 입대를 청했다. 승지들이 임금의 명령을 면전에서 거부하는 것이었다. 정조가 이들을 삭직하자 도승지 심풍지(沈豊之)가 다른 승지들을 거느리고 와서 또 입대를 청했다. 역시 마찬가지 이유였다. 정조는 이들도 모두 파직했다. 이들은 모두 노론의 정예 당원들이었다. 채제공의 정승 임명 불가는 노론의 확고한 당론이었다. 홍문관 교리 신대윤(申大尹) 등이 또 입대를 청했고 정조는 이들도 모두 체차시켰다. 이미 삭직된 도승지 심풍지는 다른 승지들을 거느리고 승정원으로 가서 연명 상소를 올렸다. 남인 출신 채제공은 절대 정승이 될 수 없다는 것이었다. 정조 역시 물러서지 않고 상소를 불태웠다.

"앞으로 이 문제로 상소하는 자는 임금의 말을 믿지 않는 율로 논죄(論罪)하고 그런 소를 받아들인 승지도 같은 율로 논죄할 것이다."

그러나 이를 집행해야 할 이조판서 오재순(吳載純)이 왕명의 집행을 거부했다. 승지들에 이어 이조판서까지 왕명을 거부하고 나선 것이었다. 정조는 오재순도 파직했다.

체제공 초상

이들의 반대 명분은 채제공이 정조 즉위 초에 발생했던 이덕사(李德師) 등의 사도세자 복수 주장 상소에 동조했다는 것이었다. 이때 국문 받던 환관 김수현(金壽賢)이 채제공도 이 상소에 동조했다고 자백한 것이 근거였다. 이때 김수현은 채제공이 동조했다는 말을 만식(萬軾)이란 인물에게 들었다고 진술했는데, 이 때문에 당시에도 정조는 남의 말을 옮긴 것에 지나지 않는다며 사실로 인정하지 않았다. 또한 수사 기록에서도 빼게 했는데 노론에서는 12년 전의 이 일을 빌미로 채제공은 정승이 될 수 없다며 정조에 맞서는 것이었다. 그러나 정조도 물러서지 않았다. 그는 모든 반대를 물리치고 채제공을 우의정으로 삼았다.

이 조치에 영남 사대부들은 크게 고무되었다. 안동 유생 이진동(李鎭東)은 드디어 영남 유생들이 움직일 때가 되었다고 판단했고, 유생들을 모아 상소문을 작성했다. 시대의 금기였던 이인좌의 난 때의 일을 거론하는 상소문이었다. 더구나 정조 12년은 무신년으로서 무신난이라고도 불리는 이인좌의 난이 발생한 지 한 갑자(甲子)가 되는 해였다. 이인좌의 난 때 영조는 영남 사대부가 대거 가담했다는 이유로 영남을 반역향으로 지목해 과거 응시를 금지시켰다. 그러나 이진동은 그때 영남 사대부 모두가 이인좌에게 동조한 것이 아니라 반군에 맞서 싸운 사대부도 많다고 주장하고 있었다.

정조는 무신난 한 갑자를 맞아 그때 반군에 맞서 싸운 사람들을 재조사해서 보고하라고 지방관에게 지시를 내렸다. 그런데 웬일인지 영남 지역에서는 이런 조사가 전혀 이루어지지 않았는데, 영남 전체를 반역향으로 두려는 노론의 음모 때문이었다. 이에 반발해 이진동은 소두(疏頭: 상소문의 우두머리)가 되어 영남 사대부들이 연명한 상소문과『무신창의록(戊申倡義錄)』을 들고 상경했다.『무신창의록』은 무신난 때 반군에 맞서 싸운 영남 사대부들의 공적을 기록한 책자였다. 이들은 그해 8월부터 대궐 문 앞에 꿇어 엎드려 상소를 올렸으나 노론이 장악한 승정원은 상소를 받아들이지 않았다. 이진동은 궁리 끝에 11월 5일 경희궁으로 거동하던 정조가 시전 상공인들의 질고를 묻기 위해 어가(御駕)를 세운 틈을 타서 상소문과『무신창의록』을 올릴 수 있었다. 대궐에 꿇어 엎드린 지 약 4개월 만의 일이었다.

"지난 무신년에 역적 정희량(鄭希亮)이 영남에서 나왔을 때, 영남 인사들은 부끄럽고 분해 죽으려 하면서 편지와 격문으로 서로 깨우치고 고해 집집마다 창의(倡義)하였습니다. 그러나 금년 봄 그런 사람들을 찾을 때 이런 사실이 모두 누락되었으니 억울하기 그지없습니다. 그래서 책자로 안동 등 열세 고을의 창의한 사적을 하나하나 서술해서 아룁니다."

예조에서는 정조에게『무신창의록』을 읽지 말라고 권유했으나 밤새워 이를 다 읽은 정조는 채제공에게 일렀다.

"영남은 바로 사부(士夫)의 고장이다. 그때 영남 사람 중에 속임과 유혹을 받아 역적이 된 자가 간혹 있었으나 이 때문에 전체 영남 사람의 앞길을 막아서야 되겠는가. 내가 영남 유생이 올린 책자를 보건대 여러 사람들의 충의가 참으로 거룩한데 도신(道臣: 감사)의 장계에 누락된 것은 자못 괴이하다."

그러면서 정조는 채제공에게 『무신창의록』의 간행과 대상자들의 포상을 명하고 이진동 등을 친히 접견해 격려했다. 정조는 이진동 등에게 직접 교서를 써서 하사하며 말했다.

"이 교서를 가지고 귀향하여 방방곡곡에 널리 선유하고 더욱 열심히 노력하라."

이로써 상소 파문은 이진동이 주도한 영남 남인들의 승리로 일단락되었다. 그러나 노론은 『무신창의록』 간행을 거부했다. 심지어 국왕의 최측근이어야 할 승지와 사관들마저 명을 받기를 거부했다. 정조는 의정부를 비롯한 육조와 삼사의 제신(諸臣)들을 접견하면서 이들을 꾸짖으며 울분을 토했다.

"오늘날 조정에 임금이 있는가 신하가 있는가? 윤리가 있는가 강상이 있는가? 국법이 있는가 기강이 있는가?"

노론에서는 이진동을 제거하지 않으면 제2, 제3의 이진동이 나올 것이라고 우려했다. 지금은 무신난 문제를 제기했지만 종국에는 사도세자 문제를 제기할 것이기 때문이었다. 노론은 안동 수령에게 명을 내려 이진동을 제거하라고 지시했고 이진동은 계곡(谿谷) 권씨(權氏)의 집으로 숨었다. 정조 13년(1789) 이진동의 목숨이 경각에 달렸을 때 그를 구해 준 인물이 다산 정약용(丁若鏞)이었다. 정약용의 현손 정규영(丁奎英)이 쓴 정약용 연보인 『사암선생연보(俟菴先生年譜)』에는 진주 부사로 있던 부친께 인사드리러 갔던 정약용이 이진동을 말에 태우고 경상도 안동에서 충청도 단양의 운암(雲巖)에 있는 오염(嗚琰)의 별장으로 빼돌려 목숨을 건지게 했다고 전하고 있다.

정조는 이제 영남 남인들을 끌어안을 때가 되었다고 판단했다. 재위 16년(1792) 3월 3일 각신(閣臣) 이만수(李晩秀)를 영남으로 보낸 것은 이 때문이다. 이만수가 영남으로 가는 이유는 도산서원에서 치르는 별시(別試)를 주관하기 위해서였다. 이황(李滉)과 유성룡(柳成龍) 등 남인들의 정신적 지주를 모시는 도산서원에서 치러지는 별시의 의미는 각별했다. 무신난 이후 과거 응시가 금지되었던 영남 사대부들이 65년 만에 복권되는 셈이기 때문이었다.

별시는 모든 영남인들의 잔치였다. 별시장(別試場)에 입장한 유생이 7천 2백여 명을 넘었고, 시권(試券: 답안지)이 5천여 장이었으며, 구경꾼까지 합

안동 도산서원의 시사단 별시를 치른 기념으로 세운 것이다.

처 1만여 명이 훨씬 넘는 대인파가 모여들어 영남에 사대부가 만인이라는 말까지 생기게 되었다. 정조가 도산서원에서 별시를 실시한 것은 바로 이런 효과를 노린 것이었다. 정조는 별시를 주관한 이만수의 보고를 듣고 무척 기뻐했다.

"유학이 번성한 영남 지역이 우리 도(道: 성리학)를 잘 지켜왔으므로 선정(先正: 이황)에 대한 깊은 감회와 선비들에게 가상함을 보이는 뜻에서 특별히 도산서원에서 제사 올리는 날 과거를 보았으니 어찌 범연한 뜻이겠는가. 또 각신이 조정에 돌아와 아뢴 말을 들으니, 제생들이 더욱 삼가고 경계하여 과장을 열자 문에 들어오는 이가 1만 명 가까이 되었는데도 천천히 걷고 추창하며 앞을 양보하였고 감히 시끄럽게 떠드는 자가 없었다고 한다. 거듭 제생들을 위해 기쁘게 여겼는데, 시권을 합당하게 지은 자가 근 5천 명이나 되었다."(『정조실록』 16년 4월 4일)

정조는 이만수가 가져온 시권을 직접 채점해 강세백(姜世白)과 김희락(金熙洛)을 합격시켰다. 정조는 이날의 일을 책으로 만들어 배포하라고까지 명했다. 남인들은 크게 고무되었고, 정조도 기분이 좋았다.

나흘 후인 정조 16년 사월 초파일. 정조는 내원(內苑: 후원)으로 향했다. 말을 탄 정조는 이례적으로 융복(戎服: 군복) 차림이었다. 어마(御馬)의 목적지는 창경궁 후원의 춘당대(春塘臺)였는데, 이곳은 대대로 역대 국왕이 직접 활을 쏘는 친사(親射) 자리였다. 내원에는 장용영의 여러 장수들이 도열해 있었다. 말에서 내린 정조는 사대(射臺)를 향해 걸었다. 정조는 예궁(禮弓)과 정량궁(正兩弓) 중 정량궁을 선택했다. 장수들의 얼굴에 호기심이 일었다. 반면 호종한 문신들의 표정에선 당혹감이 흘렀다. 군주의 친사는 예궁을 쓰는 것이 상례인데, 정조는 전투용인 정량궁을 뽑았기 때문이다. 정조는 활시위를 가볍게 튕겨 보았다. 거문고 현처럼 파르르 떨며 나는 시위 소리가 봄날의 바람 소리처럼 경쾌했다. 정조는 서서히 활을 들어 과녁을 겨눴다. 과녁 가운데는 『국조오례의(國朝伍禮儀)』「군례(軍禮)」에 나온 대로 임금의 어사(御射) 때 사용하는 큰 사슴[麋侯]의 얼굴이 그려져 있었다. 시위를 떠난 화살은 사슴의 머리 부분을 정확히 맞쳤다.

"아!"

장용영의 장수들은 임금의 활솜씨에 크게 감탄했다. 그러나 노론 문신들의 마음은 복잡하기만 했다. 지금의 과녁엔 사슴이 그려져 있지만 정조의 마음속 과녁에는 노론이 새겨져 있을지도 모르는 일이었다. 원래 궁시(弓矢)는 조선 사대부들이 그토록 숭앙하는 『주례(周禮)』의 하나로서 사대부라면 누구나 익혀야 하는 기예였으나 조선의 사대부들에게 궁시는 이미 천한 무관들의 잡기로 전락했을 뿐이었다. 그러나 정조에게 궁시는 잡기가 아니라 선비가 당연히 익혀야 하는 기예였다. 정조는 조선 선비들이 문무겸전이란 국초의 기상을 잃고 사변적인 논쟁에만 매달리는 것을 안타깝게 생각했다. 그래서 재위 14년(1790) 규장각 검서관 이덕무・박제가와 장용영 초관(哨官) 백동수(白東修) 등에게 『무예도보통지(武藝圖譜通志)』를 편찬하게 했다. 정조가 『무예도보통지』에 직접 서문[御製序]을 쓴 것은 남다른 의미가 있었다.

"현륭원(顯隆園: 사도세자 묘소)의 뜻에 따라서 18기란 명칭이 시작되었다. 그래서 무예 의식과 전형(典刑)을 익히게 하였고 또 기예(騎藝) 등 6기(技)를 더해 24기로 늘렸다."

정조에게 무예는 현륭원, 즉 부친 사도세자의 뜻을 계승하는 의미가 있었다. 조현명(趙顯命)으로부터 효종을 닮았다는 말을 들었던 사도세자의 뜻 역시 북벌에 있었으므로 정조가 문무겸전을 지향한 것 역시 선조들의 뜻을 잇는다는 의미가 있었던 것이다. 친사(親射)를 마친 정조는 이날 특별히 야간통행금지를 풀었다. 사월초파일 연등절[放燈日]을 즐기라는 뜻이었는데, 유교 국가 조선에서 사월초파일에 야간통행금지를 푼 것은 이례적인 일이었다.

정조는 천주교에 대한 국가 차원의 억압을 거부하고, 소외당한 영남 남인들을 껴안고, 백성들의 불심도 존중하는 개방적인 방향으로 나라를 이끌어 가고 있었다. 정조가 사월초파일에 친사를 하고 야간통행금지 해제까지 단행하는 행보를 보이자 노론 벽파 내에서는 가만히 있어서는 안 되겠다는 기류가 강하게 형성되었다. 4월 18일 사간원 정언 유성한(柳星漢)의 상소는 이런 분위기에서 나온 것이었다.

목이 메어 식사를 폐한 것은

"학문 공부가 진취하지 않으면 반드시 퇴보하는 것은 제왕과 신하가 다를 것이 없습니다"로 시작되는 상소문은 정조가 공부를 게을리 한다고 강하게 비판했다.

"신이 또 삼가 항간에 전하는 말을 듣건대 '광대[倡優]가 대가(大駕) 앞에 외람되게 접근하고 여악(女樂: 여악사)이 난잡하게 금원(禁苑: 비원)에 들어간다'고 하는데, 이는 비록 사소한 절목이지만 또한 성상의 큰 덕에 누가 될 염려가 없지 않으니, 이런 것들도 또한 등한시할 수 없습니다."

정조가 학문은 등한시하면서 여악들과 금원에서 즐긴다는 비판이었다. 여악이 '금원에 들어갔다'는 날이 사월초파일이란 점에서 이는 정조가 정도(正道: 성리학)를 버리고 사도(邪道: 불교)에 기운다는 비판이기도 했다. 유성한은 또 상소에서 '목이 메어 밥을 먹지 않는다[因噎而廢食]'고 말했는데,

임금의 식사를 뜻하는 수라(水刺)가 아닌 밥[食]이라는 표현은 군부(君父)에게 쓸 수 있는 용어가 아니었다.

유성한이 군주에게 쓸 수 없는 언어를 쓰며 비난하는 상소를 올렸는데도 조정은 조용했다. 대간을 장악하고 있는 것은 노론 벽파였고 유성한 또한 그에 속했기 때문이다.

유성한에 대한 첫 비판은 상소 열흘 후인 4월 27일 장령 유숙의 상소를 통해 나왔다.

"신이 목전의 일에 대하여 놀랍고 통분함을 견디지 못하는 것이 있습니다."

유숙은 '유성한의 상소는 겉으로는 임금의 잘못을 바로잡는다는 명목을 내걸었지만 속으로는 현혹시키는 계책을 이루려는 것'이라며 유성한의 삭탈관직을 요청했다. 정조는 이에 대해 유성한의 글이 '시골의 어두운 사람[鄕闇]'의 말이라며 죄를 주지 않았다. 그러나 일단 비판의 문이 열리자 대간에서는 거듭 유성한을 탄핵하고 나서지 않을 수 없었다. 이틀 후인 4월 29일 사간원 헌납 박서원(朴瑞源)이 다시 상소를 올려 유성한을 비판하고 나섰다.

"오호라! 우리 전하께서는 조금이라도 화려한 일에는 당초부터 뜻을 두지 않아 일찍이 머리카락 한 올[一毫]이라도 그 비슷한 일도 없었다는 것은 모든 신하와 백성들이 상세히 알고 믿지 않는 자가 없는데 그가 어찌 감히 항간의 풍문을 가지고 없는 것을 있다고 상소에 써서 듣는 자들을 현혹시킨단 말입니까. 그가 말한 것은 바로 연등절 저녁에 춘원(春苑)에서 여러 장수들이 논 것을 지적하여 말한 것인데, 춘원의 위치는 대궐문 건너편에 있고 장수들이 논 것은 한때의 평범한 일에 불과하니, 성상과 무슨 관계가 있습니까. 그런데 그의 상소는 궁궐 밖의 춘원을 금원(禁苑)이라고 하여 마치 참으로 엄숙하고 깨끗한 궁궐에 여악들이 마구 들어온 것처럼 말하였습니다. 이 상소가 한 번 나오자 팔방(八方)이 놀라고 의혹하였으니, 고금천하에 어찌 이런 일이 있을 수 있습니까."

박서원의 반박 상소처럼 연등절에 여악을 부른 것은 정조가 아니라 삼영(三營)의 장수들이었다. 그 장소도 금원이 아니라 궁중 건너편의 춘원으로서 방마원(放馬苑)이라고도 불리는 곳이었다. 사녀(士女)들도 함께했던 공개된 구경거리였다. 박서원은 드디어 문제의 '밥을 먹지 않는다〔廢食〕'는 표현을 꺼내 놓았다.

"… 방자하게 식사를 폐하느니〔廢食〕 하는 등의 말을 써 내려 간단 말입니까. 비록 자기보다 낮은 사람에게라도 이처럼 흉악한 말을 쉽게 하지 못하는데, 더구나 오늘 신하가 되어서 우리 임금 앞에 상소를 하는 것이야 더 말할 것이 있겠습니까."

임금의 수라를 '밥'이라고 표현한 그 자체가 불경죄였다. 박서원은 "유성한을 빨리 의금부에게 엄히 국문하게 해서 정상을 밝힌 후 통쾌하게 법으로 바로잡으소서"라고 끝을 맺었지만 정조는 역시 허용하지 않았다. 다음 날인 4월 30일 사헌부에서 다시 나서 유성한을 공박했다. 정조가 목이 메어 식사를 폐했다는 대목은 단순히 임금의 식사를 '수라'라고 하지 않고 '밥'이라고 했다는 불경 차원의 문제만이 아니었다. 사헌부의 상소는 바로 이 대목을 지적하고 있었다.

"'목이 메어 식사를 폐한다'는 등의 말로 말하자면 비록 자기와 대등한 자라도 경중(輕重)에 관계된 일이라면 마땅히 삼가야 하는데, 지금 성상께서 부모를 사모하는 마음을 가지고 목이 메는 것에다 돌려 식사를 폐한 것이라고 배척했으니 그 뜻을 추구해 그 죄를 논하면 맹자의 무례하다는 훈계가 그에게 적당하고 한(漢)나라의 불경(不敬)에 대한 처벌도 그에게는 오히려 너무 가벼운 것에 속합니다."

'부모를 사모하는 마음을 가지고 목이 멘다'는 것은 사도세자를 애도하느라 목이 메었다는 뜻이었다. 사헌부도 유성한을 빨리 의금부에 내려 국문하라고 청했으나 정조는 역시 거절했다. 드디어 같은 날 좌의정 채제공이 상소를 올려 유성한 비판에 가세했다.

"우리 성상께서는 등극 이후 오랫동안 슬픔을 지녀 화려한 것을 가까이 하지 않으신 것을 도성 안 마을의 서민들과 지방 팔방(八方)의 백성들까지 누가 알지 못하겠습니까. 그런데도 지금 항간에 전하는 것이라고 가칭하여 갑자기 여악이란 두 글자로 거짓을 꾸며 말하였으니 이는 참으로 신하로서 죽을죄입니다."

그랬다. 채제공의 말처럼 정조는 '등극한 이후로 오랫동안 슬픔을 지녀 화려한 것을 가까이 하지' 않았던 군주였다. 뒤주 속에서 비참하게 죽은 저군(儲君: 세자)의 아들이 여색을 즐기며 화려하게 살 수는 없었다. 정조는 자신이 없었다면 사도세자가 그렇게 비참하게 죽지 않았을 것이라는 생각에 자신의 존재 자체가 하늘에 죄를 지은 것이라고 자책하며 평생을 산 인물이었다. 자신이 없었다면 영조는 '삼종의 혈맥'을 뒤주 속에서 죽이지 못했을 것이기 때문이었다.

"목이 메어 식사를 폐한다는 등의 구절은 흉악한 심보를 가리울 수 없습니다. … 아, 신하가 임금에게 진언할 적에 진실로 임금께 잘못이 있으면 무슨 일인들 지적하지 못하겠으며 무슨 말인들 하지 못하겠습니까. 그러나 허위를 실제로 만들고, 없는 것을 있는 것으로 만드는 것으로 말하자면 비록 같은 조정의 동료 간이라 하더라도 오히려 남을 모함한 벌을 주어야 합니다."

정조는 채제공의 상소마저도 거부했다. 그러나 정승까지 나선 마당에 대간에서 탄핵을 멈출 수는 없었다. 대사헌 이성규를 비롯한 사헌부의 관리들과 대사간 임시철을 비롯한 사간원 관리들이 일제히 유성한을 성토하고 나섰다. 대간 전원이 나섰던 것이다. 그런데 단 한 사람 유성한 탄핵 대열에서 빠진 대간이 있었으니 바로 윤구종(尹九宗)이었다.

노론은 경종에게 신하의 의리가 없다

공교롭게도 윤구종은 유성한의 뒤를 이어 사간원 정언으로 임명된 인물이었다. 그는 이미 정조 10~11년 무렵에 사헌부 지평을 역임했던 대간 출신이기도 했다. 유성한의 뒤를 이어 정언이 되었으므로 유성한 탄핵에 앞장서야 할 처지였지만 정신병에 걸렸다는 핑계로 한 번도 탄핵에 나서지 않았다. 그러나 윤구종은 유성한과 같은 당파이고 집도 서로 인근으로서 과거부터 잘 아는 사이였기 때문에 그의 이런 행보에는 의문이 증폭되었다.

그런 와중에 이른바 '윤구종 불경사건'이 터졌다. 윤구종이 경종의 부인 단의왕후(端懿王后) 심씨(沈氏)를 모신 혜릉(惠陵)의 홍살문을 지나면서 견여(肩輿: 어깨에 메는 가마)에서 내리지 않았다는 것이었다. 경종은 노론이 독살했다는 소문이 파다했고 이 때문에 이인좌가 경종의 복수를 다짐하며 군사를 일으켰던 일까지 있었으므로 이 사건은 파문이 클 수밖에 없었다.

유성한에 대한 공세가 한창이던 정조 16년(1792) 윤4월 10일 홍문관 부수찬 최현중(崔顯重)이 유성한을 성토하면서 윤구종까지 공격한 것이 파문의 시작이었다.

"윤구종은 본래 유성한 무리의 당파로 온 나라가 같은 목소리로 유성한을 성토하는 때를 맞았으나 대관(臺官)이면서도 성토할 뜻이 없어 미친병이라 핑계 대고 오직 피할 길만을 찾았습니다. 대론(大論)이 처음 일어난 날에도 참석하지 않았고 이튿날 연명으로 논계할 것을 논의하기 위해 소집했지만 역시 나오지 않았으니 그 음흉한 의도와 성한을 비호한 자취는 용서하기 어렵습니다. 빨리 먼 변방으로 물리치는 벌을 내리소서."

그러나 정조의 반응은 신중했다.

"윤허하지 않는다. 윤구종의 일은 풍문이니 다 믿을 수 없다. 일반 정리로 헤아려 보건대 어찌 갑자기 실성(失性)했다고 말할 리가 있겠는가."

정조는 승정원에 사실 여부를 조사시켰다. 승정원은 윤구종을 탄핵한 부수찬 최현중에게 사실 여부를 확인했다. 최현중은 윤구종에 대한 많은 정보를 갖고 있었다.

"윤구종은 지방 고을의 수령으로 나갔다가 체직되어 돌아온 지 오래되지 않았고, 그 후 또 대각(臺閣)에 출입하였으니 미친병이 있는 자가 수령 노릇을 할 수 있으며 이조에서도 또한 어찌 잇달아 대각에 의망(擬望: 추천)할 리가 있겠습니까. 금번 정언에 임명된 뒤 지난달 20일에 나와 숙배하였고, 그이튿날 또 대각에 나왔으니, 그가 병이 없는 것은 자연 알 수 있습니다."

윤구종의 병은 거짓이라는 것이었다.

"그 후 7, 8일 만에 유성한에 대한 논계가 일어난 후에 갑자기 미친병이 있다는 말을 들었습니다. 이른바 미친 증세라는 것도 큰소리로 떠들면서 사간원의 아전을 구박하고 꾸짖어 집 가까이 오지 못하게 하는 것에 불과할 뿐이었습니다. 그가 성한과는 이웃 마을에 살았고 정분도 친했는데 앞서거나 뒤늦지도 않고 성한의 상소에 대한 논계가 벌어질 초기에 갑자기 발병하였으니 그가 회피하였다는 것은 불을 보듯 환합니다. 거짓으로 미친 척한다는 말이 온 세상에 떠들썩하게 전파되어 궁벽한 시골에 살아 귀머거리와 소경이나 다름없는 신조차도 또한 듣게 되었습니다."

최현중이 이어 혜릉에 관한 일까지 폭로하면서 사건은 걷잡을 수 없는 상황으로 변해 갔다.

"이 사람이 일찍이 동릉(東陵)의 별검(別檢)이 되었을 때에 혜릉을 지나 갈 적마다 말에서 내리지 않자 능졸(陵卒)이 규례를 근거하여 하마(下馬)하라고 고하니, '이 능에서도 또한 말에서 내려야 하는가?'라고 말했다고 합니다. 그 말을 전하지 않는 사람이 없으므로 신이 일찍이 통분해하였으니 이도 또한 미친병에서 나와 그런 것입니까?"

동릉이란 현종(顯宗)과 그의 비 명성왕후(明聖王后)의 능인 숭릉(崇陵)을 뜻하는데, 윤구종이 동릉 별검으로 있을 때 혜릉을 지나며 하마하지 않았다는 것이다.

"이 능에서도 또한 말에서 내려야 하는가."

이는 혜릉의 피장자를 섬기지 않겠다는 뜻으로서 왕조국가에서는 있을 수 없는 일이었다. 보고를 들은 정조는 그러나 신중했다.

"대답한 바가 비록 이와 같으니 오래된 증상이 우연히 나타난 것이 아닌지 어떻게 알겠는가. 국가의 체통으로 헤아려 보건대 한 번 신문하지 않을 수 없다."

정조는 윤구종이 혜릉 앞에서 하마를 거부했다는 사실을 믿을 수가 없었다. 그래서 일단 조사를 시킨 것이다.

"끝에 붙인 말로 말하면 참으로 이런 일이 있다면 그가 범한 죄는 죽음을 면할 수 없다고 할 수 있다. 윤구종을 해부(該府: 의금부)로 하여금 잡아다 엄히 신문하여 가두고 공초를 받아 아뢰라."

의금부에서 체포해 신문하자 윤구종은 대부분의 혐의를 부인했다.

"유성한과 이웃 마을에 살았기 때문에 상종(相從)은 했지만 흉악한 상소가 나온 뒤에야 그 초본을 보았으니 친밀했다는 말은 매우 애매합니다. 거짓 미쳤다고 말하는데 작년 가을부터 갑자기 심병(心病)이 있었는데 겨울에 이르러 점차 심해져 발광하는 지경에 이르렀습니다. 이는 충주에 사는 의원이 약으로 치료한 바로서 실로 이웃과 마을에서도 모두 아는 바입니다. … 그때 병의 증상은 사간원의 예속(隸屬)들이 모두 알 뿐만이 아니며, 승기탕(承氣湯) 5첩을 먹은 뒤에야 비로소 차도가 있었습니다."

윤구종은 혜릉에서 하마를 거부했다는 혐의에 대해서도 변명했다.

"숭릉의 별검으로 있을 때 왕래하는 길에 번번이 혜릉의 홍살문을 지났었는데 신하로서 어찌 감히 말에서 내리지 않고 못된 말을 하였겠습니까. 이는 반드시 들은 자와 본 자가 있을 것이니 한 번 조사하면 알 수 있을 것이며 말한 자와 한 차례 대질시키면 알 수 있을 것입니다."

그러나 이 조리 있는 답변이 의금부의 의심을 샀다. 미친 사람이 이토록 조리 있게 반박할 수 없기 때문이었다. 의금부에서 엄한 형장으로 다스리자고 청했으나 정조는 그가 증거로 끌어댄 마을 사람들과 혜릉의 능속(陵屬: 능을 관리하는 아전들)들에게 방증(傍證)을 조사하게 했다. 객관적인 물증으로 판단하겠다는 뜻이었다. 형조에서 숭릉의 수복(守僕) 이성위(李成位)와 산지기 최개복(崔介福) 등 관련자들을 조사했다. 수복 이성위는 혜릉을 지날 때 내려야 한다고 말하자 윤구종이 '얼른 지나가면 된다'면서 두세 차례 그냥 지나갔다고 시인했으나 '이 능에서도 또한 말에서 내려야 하는가'라는 말은 들은 적이 없다고 증언했다. 산지기 최개복 등은 자신들이 직접 목격하지는 못했지만 당번이었던 능속들이 서로 이야기했기 때문에 그런 사실은 알고 있다고 증언했다.

이런 증언들에도 윤구종이 부인하자 드디어 형장이 가해졌다. 그러자 살기가 틀렸다고 생각한 윤구종은 더욱 놀라운 말을 털어놓았다. 경악한 판의금부사 홍억(洪檍)은 즉각 심문을 중지하고 정조에게 면대를 청했다. 정조는 시임·원임 대신과 규장각의 각신, 그리고 삼사의 여러 신하들을 배석시킨 후 금부도사를 만났다. 금부도사 홍억이 전하는 윤구종의 말은 믿기 어려운 것이었다.

"신하의 절개를 지킬 마음이 없었습니다(無臣節)."

깜짝 놀란 금부도사가 그 말뜻을 계속 캐물었더니 "의릉(懿陵)에는 신하의 마음이 없다는 것입니다"라는 대답이 나왔다고 했다.

의릉은 경종의 능이었다. 혜릉 앞에서 하마를 거부한 것이 경종에 대한 신하의 의리를 거부한 마음의 발로라는 사실이 명백해졌다. 금부도사는 떨리는 목소리로 보고를 마쳤다.

"이처럼 극도로 흉악한 말을 들으니, 마음이 오싹하고 뼈가 떨려서 차마 공초에 쓰지도 못하였고 또 감히 준례에 따라 아뢸 수도 없었기에 감히 이렇게 면대를 청한 것입니다."

정조 또한 마찬가지였다.

"이게 무슨 흉언(凶言)인가. 이게 무슨 흉언인가. 천지간에 어찌 이렇게 흉악한 역적이 있단 말인가? 더없이 존엄한 곳에 대해 함부로 말하고, 심지어 하늘을 욕하는 말까지 하였다. 이 흉언을 들은 나의 아픔이 어떠하겠는가? 선왕(先王: 영조)의 하늘이 낸 효성과 우애는 이 땅에 사는 자로서 누가 흠앙하지 않겠는가. 그런데 그가 어찌 감히 이런 흉언을 하는가? 하늘에 계신 선왕의 영혼이 밝게 내려다보신다면 그 놀람과 아픔이 어떠하시겠는가?"

정조는 금부도사 홍억에게 다시 물었다.

"공초를 올릴 때 말과 안색을 살펴보니 진정 거짓으로 미친 체한 것이더냐?"

정조는 아직도 믿고 싶지 않았다. 아무리 독살설의 한가운데에 있는 노론 세력이라지만 이렇게까지 경종을 부인하고 나설 줄은 몰랐던 것이다.

"조금도 겁내는 뜻이 없고 현저하게 독한 기색이 있으니, 확실히 병을 핑계한 것이었습니다."

정조가 친국하자 윤구종이 본심을 털어놓았다.

"오직 당론(黨論)을 위한 마음에서 나온 말입니다."

당론이란 물론 노론의 당론을 뜻하는 것이었다. 노론에게 유학의 최고 이념인 삼강오륜은 당익(黨益)과 부합할 때만 받아들이는 구절들이었다. 삼강의 으뜸인 군위신강(君爲臣綱)과 오륜의 으뜸인 군신유의(君臣有義)는 모든 임금에게 적용되는 말이 아니었다. 오로지 노론이 스스로 택한, 노론 임금에게만 적용되는 말이었다. 노론에게 경종은 임금이 아니었다. 경종 독살설은 충분히 사실일 수 있다는 반증이었다. 당쟁이 드디어 임금까지 거부하는 말기적 상황으로 치달은 것이었다.

윤구종의 발언이 전해지자 남인들은 경악했다. 노론에 비해 절대적으로 열세지만 총공세를 펴지 않을 수 없었다. 좌의정 채제공이 나서 윤구종과 유성한을 공격했는데, 경종은 물론 시대의 금기였던 사도세자까지 거론했다.

"금일 조정 신하들은 어쩌면 그리도 의리에 어둡습니까. 대저 경묘(景廟: 경종)는 4년간 왕위에 올랐던 임금이고, 선세자(先世子: 사도세자)는 14년간 정사를 보던 왕세자였습니다. … 불행하게도 사대부들 사이에 문호(門戶)가 갈라지자 국가보다 자신을 이롭게 하고, 당파 비호를 임금 높이는 것보다 중히 여기게 되었습니다. 그래서 경종에 있어서는 윤구종과 같은 극악한 역적이 감히 신하 노릇을 하지 않겠다는 말을 멋대로 하였고, 선세자에 있어서는 유성한과 같은 흉악한 역적이 목이 메이는 것으로 인하여 식사를 폐지할 수 없다는 등의 말로 은근히 위를 핍박하였습니다. 아, 마음은 하나뿐입니다. … 경종에게 신하 노릇을 하지 않는 자가 어찌 선대왕(先大王: 영조)에게 충성할 리가 있겠으며, 선세자를 무함하는 자가 어찌 우리 전하를 사랑하고 받들 리가 있겠습니까. 구종과 성한이 역적질한 조건은 비록 다르지만 그 마음은 한 꿰미에 꿰어 놓은 것 같으니, 국가가 역적을 다스리는 법에 있어서 하나는 엄하게 하고 하나는 느슨하게 할 수 없는 것이 명백합니다."(『정조실록』 16년 윤4월 17일)

윤구종은 국문 도중 사망하고 말았다. 당심(黨心)을 춘추대의로 믿었던 기개 높은 한 사대부의 무의미한 죽음이었다. 노론은 이로써 사태를 종결지으려 했다. 그러나 이 소식을 들은 영남 사대부들은 노론의 역절(逆節)이 그대로 드러난 이 상황을 그냥 넘길 수만은 없었다.

영남만인소

분개한 영남 남인들은 연명상소를 작성했다. 그해 윤4월 27일 무려 1만 57인이 연명한 '영남만인소'가 작성되었다.

"아, 신들이 한 폭의 의리를 마음속에 간직하고 있은 지 이미 30여 년이 되었는데 사람을 대할 때 감히 입을 열지 못하고 가슴을 치면서 다만 죽고 싶을 뿐이었습니다. 매번 『시경』을 읽을 때마다 '한없이 멀고 푸른 하늘아 이렇게 만든 사람 누구이던가'라는 구절에 이르러서는 책을 덮고 탄식하지 않은 적이 없었습니다."

이렇게 시작되는 영남만인소는 30여 년 동안 시대의 금기였던 사도세자 문제를 정면에서 거론했다.

"… 신들이 산을 넘고 물을 건너 천 리 길을 와서 서로 거느리고 울부짖으며 호소하는 것은, 다만 하나의 유성한 때문이 아니고 실은 성한의 소굴과 근거가 염려되기 때문이며, 단지 소굴과 근거가 염려되기 때문만이 아니고 선세자의 무함이 지금까지 해명되지 않음이 통한스럽기 때문입니다. … 신들도 이 말이 한 번 나오면 성한의 무리들이 역적으로 몰아 댈 것을 잘 알고 있습니다. 그러나 충신이 되는지 역적이 되는지는 전하께서 반드시 통찰할 것이고, 후세에 '동호〔董狐: 춘추시대 진(晉)나라의 직필로 유명한 사관(史官)〕의 붓'을 잡은 자도 또한 반드시 판단하는 것이 있을 것이니, 신들이 또 무엇을 두려워하겠습니까."

영남만인소는 노론에 대한 전면적인 선전포고였다. 노론은 이 상소가 정조에게 전달되지 못하도록 갖은 방해를 다했지만 실패하고 말았다. 정조는 파격적으로 소두(疏頭: 상소문의 대표자) 이우 등을 직접 불러 상소문을 읽게 했다. 『정조실록』은 이때 "이우가 상소를 다 읽자, 상이 억제하느라 목이 메어 말을 하려다가 말하지 못하였다"고 적고 있을 정도로 이 상소는 정조의 마음을 격동시켰다. 겨우 감정을 가라앉힌 정조는 자신의 조치를 설명했다.

자신은 즉위 후 떠들썩하게 처리하지는 않았어도 사도세자를 죽음으로 몬 자들과 자신의 즉위를 방해한 자들을 처벌했다는 설명이었다. 김상로와 영조의 후궁 숙의 문씨 등을 처벌했으며, 혜경궁 홍씨의 숙부 홍인한도 왕실의 친척이지만 처벌했다고 했다. 정조는 구선복의 예를 들며 자신이 얼마나 극도의 인내 속에서 정사를 펼쳤는지를 토로했다. 매번 구선복을 볼 때마다 '심장과 뼈가 모두 떨렸지만 오래도록 괴로움을 참고 있다가 법을 적용했다'고 전했다.

정조의 유시를 들은 유생들은 사도세자를 죽음으로 몬 자들을 처벌할 것을 다시 주청했다. 그러나 유생들은 물론 정조에게도 아직 노론과 싸워 이길 힘은 없었다. 대신 정조는 유생들이 상소를 올리는 것을 방해한 대궐의 수문장과 해당 승지를 파직시키고 소두 이우를 의릉(懿陵) 참봉으로 삼았다. 종9품 말직이지만 경종의 능인 의릉 참봉으로 삼은 조치의 상징성은 컸다.

영남만인소 파문은 이렇게 일단락되었으나 이로써 끝은 아니었다. 같은 해 5월 5일 사직(司直) 서유린(徐有隣)이 상소를 올려 사도세자를 모해한 자들의 처벌을 요구하고 나섰던 것이다.

"영남의 1만여 명의 사람들이 충분(忠憤)을 품고 서로 이끌고 와 대궐 문을 두드리며 진달한 것은 바로 군신 상하가 강명(講明)해야 할 큰 의리인 것입니다. 영남이 이와 같으니, 한 나라를 알 수가 있습니다. 한 나라가 함께 분개하여 함께 성토하는 것을 전하께서 따르지 않을 수 있겠습니까."

서유린은 영조 승하 당시 도승지로서 정조가 보위를 이양받는 데 공을 세운 인물이었다. 그 직후 영남 사대부들은 1만 368인이 연명한 2차 만인소를 올려 사도세자 사건의 전면 재수사를 요구했다. 그러나 정조는 다시 거부했다.

"그대들의 이른바 반포하라는 청을 내가 따를 수 없는 것은 비단 감히 하지 못할 뿐 아니라 차마 하지 못하는 것이다."

사도세자 사건의 전면 재수사는 집권 노론과 전면전을 뜻하는 것인데 현재 조정 내의 역학관계로 볼 때 이는 스스로 몰락을 자초하는 행위였다. 그래서 정조는 사도세자 사건에 대해 상소금지령을 내렸다. 그러나 5월 12일 외방 유생(儒生) 박하원(朴夏源) 등이 다시 사도세자를 모해한 자들과 유성한의 극형을 청했다. 국왕의 상소금지령을 어기는 것은 중죄였으나 정조는 박하원을 처벌할 수 없었다. 대신 정조는 그 다음 날부터 업무를 보지 않는 것으로 이에 대응했다.

정조의 고민

정조의 업무 거부가 계속되자 조정은 긴장했다. 사도세자 사건이 거론된 끝에 나온 업무 거부였으니 긴장하는 것은 당연했다. 폭풍 전야 같은 분위기 속에서 정조가 어떤 선택을 내릴지 모두 주시하고 있었다. 이런 긴장을 깨고 정조가 중희당(重熙堂)으로 시·원임 대신과 각신·약원제조(藥院提調)·비국당상(備局堂上)을 부른 것은 업무 거부 열흘 만인 5월 22일이었다.

"내가 경들에게 유시할 것이 있으니 도제조는 분명히 들으라."

훗날 '5월 22일의 하교'라 불리는 이날의 발언은 이후 정국에 큰 영향을 끼친다.

"경들도 생각해 보라. 내가 등극한 이후에 모년(某年: 임오년)의 의리에 대해 감히 한 번도 분명한 말로 유시하지 못했고, 그들을 주륙한 것도 다른 일을 가지고 했으며 그들을 성토한 것도 다른 조항을 가지고 했다. 화가 났지만 감히 말을 하지 않았고 말을 하고자 했지만 감히 자세히 하지 않았는데, 이것이 과연 참으로 원수를 숨기고 원한을 잊어서 밝혀야 할 의리를 밝히지 못하고 시행해야 할 징토를 시행하지 않으려고 그런 것인가…."

정조는 사도세자를 직접 거론하며, 당시의 일에 대해 밝혀 처리하지 못한 이유를 선대왕(先大王)의 유훈에서 찾았다. 이른바 '3불유훈'이었다. 영조는 죽기 한 달 전에 세손과 대신들에게 사도세자 문제에 대해 유훈을 남겼다.

"차마 들을 수 없고, 차마 보지 못하며, 차마 말할 수 없다."

영조는 앞으로 사도세자 사건을 거론하는 자는 역률로 처단해야 한다고 못 박았다. 또한 '나의 통석(慟惜)한 마음'이라는 표현으로 사도세자를 죽인 데 대한 후회의 감정을 표현하기도 했다.

이것이 바로 정조의 모순이었다. 사도세자를 죽음으로 몬 데 대한 토죄

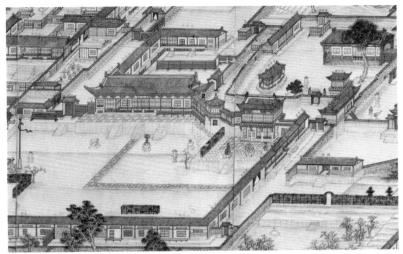

창덕궁 중희당(동궐도 부분) 정조가 신하들을 만나 보던 곳으로 지금은 없어졌다. 고려대학교박물관 소장

를 단행하면 영조의 유훈을 어기는 불효로 귀결되었다. 사도세자 신원은 그에게 풀 수 없는 난제였다. 정조는 자신의 모순된 운명을 격하게 토로했다.

"더구나 성교(聖敎) 가운데 있는 '통석'이란 두 글자는 바로 (영조가) 후회하신 성의(聖意)여서 내가 받들어 가슴에 새겨 장차 죽어도 눈을 감을 수 있는 단서로 삼고 있다. 그러나 억제할 수 없는 것은 지극한 통분이며 막을 수 없는 것은 지극한 정이다. 큰 윤리가 있는 곳에 피맺힌 원수가 저기에 있어서 이에 앞뒤의 사실들을 참작하면서 경(經)에서 권도(權道: 편법)를 찾았다."

할아버지의 유훈을 받들자니 아버지의 원혼이 울고, 아버지의 원수를 갚자니 할아버지의 뜻을 어기는 불효손이 되는 모순된 상황에서 정조가 찾은 해법은 경에서 권도를 찾는 것, 즉 편법을 찾는 것이었다.

"나의 집정(執政)은 밖으로는 형적을 드러내지 않으면서 안으로는 의리를 스스로 펴고, 밖으로는 원수를 잊었다는 비난을 감수하면서 안으로는 묵묵히 징토하는 방법을 생각하는 데 있으니, 위로는 성은을 등지지 않고 아래로는 나의 이마에 진땀을 내지 않고도 결말에 가서는 차례로 설욕(雪辱)을 하고야 말게 될 것이다."

즉 정조 자신은, 사도세자를 직접 거론하지 않고 사건 당사자들을 다른 명목으로 처벌함으로써 아버지의 원수도 갚고 할아버지의 유명도 거역하지 않는 권도를 택했다는 말이었다. 이날 채제공은 정조의 이와 같은 격한 내용의 하교를 듣고 동감을 표시했다.

"근일 이래로 의리가 분명해져 우리나라의 신민이 30년 동안 감히 말하

중희당이 있던 터

지 못하고 차마 말하지 못하여 비록 집에서 처자에게도 입을 열지 못하던 일(사도세자 사건)을 지금은 장주(章奏: 신하가 임금에게 올리는 글)에서 언급하고 부인과 아이들까지 말하게 되었으니 의리의 밝음이 어찌 이보다 더하겠습니까. 그러나 한 사람이라도 협잡하려는 사의(私意)를 품고 원한을 풀려는 계책을 한다면 참으로 난신(亂臣)입니다. … 오늘날 의리를 천명 발휘해야 할 방도는 조금 전 내리신 구전 하교가 그것이라고 여겨집니다. 신이 바란 것이 바로 이 하교를 얻기 위해서였으며 영남 유생이 청한 바 역시 이것입니다. 이밖에는 별다른 방도가 없을 것 같습니다."

뿐만 아니라 채제공은 이날 영중추부사 이복원(李福源)과 함께 연명상소를 올려 정조의 처사에 거듭 지지를 표했다.

"30년 동안 차마 말하지 못하고 차마 듣지 못했던 정미한 의리와 뜻이 근일 이래로 마치 일월처럼 밝아지고 부월(斧鉞: 도끼)처럼 내걸렸으니 동국(東國)의 대소 신민으로 사람의 마음과 신하의 분수가 있는 자라면 눈물을 흘리면서 손을 모아 받들고 장엄히 외지 않은 자가 없습니다."

연명상소에는 앞으로 이를 어기고 '불령한 무리'가 '사의를 품고서' 사도세자 문제를 다시 거론하면 '그 죄가 죽임을 당하는 것을 면치 못할 것'이라고 말했다.

정조는 채제공과 이복원의 연명상소에 크게 만족했다. 그래서 정조는 연명상소를 '특례로 등사해 조지(朝紙)에 반포'하게 했다. 나라 안의 모든 벼슬아치들과 사대부들에게 알리라는 뜻이었다. 이것이 '5월 22일의 하교'였다.

이로써 이 문제는 정리되는 듯했다. 그러나 이듬해인 정조 17년(1793) 영의정에 제수된 채제공이 사직상소를 내면서 사도세자 사건 연루자의 처벌문제를 재론하고 나와 조정은 다시 큰 풍파에 휩싸였다.

채제공의 사직상소

정조는 재위 17년(1793) 5월 25일 남인 영수 채제공을 영의정에, 노론 영수 김종수(金鍾秀)를 좌의정에 제수하는 인사를 단행했다. 탕평책을 표방했으나 숙종 20년(1694)의 갑술환국 이후 무려 100년 만에 남인 수상이 등장한 것이다. 그러나 영의정 채제공이 사흘 만에 사직상소를 올리면서 지난해 '5월 22일의 하교'를 계기로 금기가 된 사도세자 문제를 다시 제기해 정국을 급랭시켰다.

"… 대체로 나라가 나라꼴이 될 수 있는 바탕은 오직 의리뿐입니다. 의리가 행해지면 그 나라는 다스려지고 의리가 행해지지 않으면 그 나라는 어지러워집니다. … 당연히 행해져야 할 의리가 행해지지 않은 지가 그럭저럭 18년이 되었습니다. 신이 기유년(정조 13년) 현륭원을 옮길 즈음에 우리 성상께서 입으신 소맷자락에 흐른 눈물이 피로 변해 점점이 붉게 물든 것을 우러러보았습니다. 일찍이 옛 글에서 피눈물〔血淚〕이라는 두 글자가 있는 줄은 알았지만 그것을 직접 목격하지는 못했었는데 군부(君父)의 소맷

자락에서 직접 그것을 보았던 것입니다. 아 하늘이여, 이것이 무슨 까닭입니까. … 진실로 원통함이 하늘에 사무치고 맺힌 한을 펴지 못한 경우가 아니라면 눈에서 흘린 눈물이 어떻게 피가 되는 지경에 이르겠습니까."

채제공이 목도한 대로 정조는 피눈물이 흐르는 한을 간직한 임금이었다. 그러나 그 한을 극도의 의지로 억제해야만 하는 운명이었다. 채제공은 선왕의 유훈 때문에 정조가 한을 풀지 못한다고 생각했다. 이 유훈

김종수 초상

문제를 넘어서야 비로소 사도세자 신원에 나설 수 있을 것이었다. 채제공은 이를 해결하기 위해 자기 자신을 전면에 내세웠다.

"신이 수원 유수가 되면서부터 현륭원을 가까이 모시고 선세자를 아련히 바라보면서 우러러 의지하는 나머지 늘 처연한 생각이 들었습니다. … 신이 이에 눈물을 삼키며 속으로 혼자서 말하기를 '선세자를 직접 섬겼던 이 몸이 늙어서도 아직 죽지 않았으니, 침원(寢園: 현륭원)을 돌볼 사람이 이 몸 외에 다시 몇 사람이나 있겠는가. … 조석 간에 죽어서 땅에 들어가게 되면 무슨 말을 우리 선대왕에게 아뢰며 무슨 말로 우리 선세자를 위로하겠는가'라고 생각했습니다.

이런 생각 끝에 신이 굳게 결심한 것은 선세자에 대한 무함이 깨끗이 씻겨 징계와 토죄가 크게 시행되기 이전에 신이 다시 관복을 찾아 입고 반열에

선다면 이는 의리를 잊어버리고 부귀를 탐하는 것이라는 결심이었습니다. … 오직 이 큰 의리만이 가슴속에 자리 잡고 있으니 이것이 받아들여지면 나갈 것이고 받아들여지지 않으면 그대로 간직한 채 황천으로 돌아갈 뿐입니다. 삼가 바라건대 신에게 제수한 수상직을 체직하시어 하찮은 신의를 온전히 지키도록 해 주시고, 이어 신의 말을 채택하여 의리가 크게 밝혀지도록 하신다면 비록 죽는 날이라 할지라도 살아 있는 해와 같을 것입니다."

정조는 이 상소에 크게 놀랐다. 일개 유생이 아닌 수상이 직접 '천토(天討)'를 주장할 줄은 몰랐던 것이다. 정조가 보기에 이는 채제공의 과잉 행위였다. 자신이 결심한다고 해서 될 일이 아니었다. 비록 채제공을 영상으로 삼았지만 조정에서 남인은 노론의 10분의 1도 되지 않는 형편이었다. 정조는 노론에서 반발하기 전에 사태를 수습하기 위해 사관을 보내 상소문을 되돌려 주었다. 정조는 더불어 '5월 22일의 하교'를 상기시키며 다시는 이 문제를 거론하지 말고 빨리 상경해 영상직을 수행하라고 비답했다. 그러나 채제공은 상경하는 대신 사관을 통해 다시 서계(書啓)를 올렸다.

"신이 어제 올린 한 장의 상소가 우리 성상을 슬프게 할 것을 왜 몰랐겠습니까. 그러나 성상의 마음을 슬프게 하는 것은 황송스럽게도 작은 일이고 의리를 밝히는 것은 천지의 큰 법도입니다. 작은 일을 가지고 큰 법도를 방해하는 것은 임금을 섬기는 첫째 의리가 아닙니다. … 아! 전하가 간직하여 지키시는 것과 신이 굳게 간직한 것이 범연하게 보면 비록 조금 다른 것〔差殊〕 같지만 그 귀추를 돌아본다면 어찌 그 사이에 차이〔異同〕가 있겠습니까."

정조는 사태가 심상치 않게 돌아간다고 느꼈다. '다른 것 같지만 어찌 차이가 있겠느냐'는 식으로 군주의 말을 자의적으로 해석하는 것은 큰 논란을 부를 수 있었다. 정조는 승정원에 다시 전교했다.

"조금 다르다느니 차이가 있다느니 한 말들을 보노라니 나도 모르게 등에 땀이 젖고 마음이 오싹해진다. 반드시 노망 중에 미처 점검하지 못한 것이리라. 이 계문을 봉함하여 돌려보내라."

정조가 상소와 서계를 돌려보낸 것은 조보(朝報)에 싣지 않기 위해서였다. 그러나 승정원에서 이미 본 내용이었다. 비밀이 지켜질 리 없었다.

소식을 들은 노론 벽파는 발칵 뒤집혔다. 그렇지 않아도 작년 영남만인소의 배후에 채제공이 있다고 의심하던 차였다. 영남만인소로 자신들을 공격하려다가 뜻대로 되지 않자 채제공이 직접 나선 것이라고 판단한 노론 측에서는 좌의정 김종수가 직접 공격의 선봉에 나섰다. 그달 30일 채제공과 김종수는 정조와 차대(次對: 주요 신하와 임금이 만나는 것)하게 되어 있었으나 김종수는 채제공과 한자리에 앉는 것을 거부했다. 채제공이나 김종수나 물러설 수 없는 싸움이었다. 자칫 패하는 쪽이 역적으로 몰릴 판이었다. 정조는 김종수를 달랬다.

"이러한 때에 정승의 자리는 경이 아니고는 적합한 사람이 없다. 경이 어찌 나의 마음을 헤아리지 못하겠는가. 경은 다시 사양하지 말라. 영상의 상소는 이미 싸서 되돌려 보냈다."

김종수는 물러서지 않았다.

"작년 5월 22일의 하교에서 심지어 '사한(師翰) 두 글자의 흉언'이란 말씀으로 하교하셨습니다. … 신하된 자로 어떻게 감히 다시 이런 말을 할 수 있단 말입니까."

사한은 정조 즉위 직후 사도세자 문제를 거론했다가 사형당한 이덕사와 조재한을 뜻하는 것이었다.

"영상의 상소는 늙어 정신이 흐린 소치에서 빚어진 것인 듯한데, 꼭 이렇게 말할 것이 있겠는가."

그러나 김종수는 작년의 영남만인소와 이덕사·조재한 사건을 연결시켰다.

"작년 영남 사람 만여 명의 속셈을 헤아려 보면 바로 이덕사·조재한의 역모 사건과 서로 연관되어 있습니다. 영남 사람들의 이 말에 대해서는 들은 자와 전한 자가 다 따로 있으니, 대체로 김수현·이흥록 무리와 서로 체결한 자들이 모두 이 부류입니다. 그런데 만여 명을 즉각 불러 모을 수 있는 힘이란 반드시 변괴가 있게 마련이니 이것이 어찌 대단히 놀랍고 두려운 노릇이 아니겠습니까."

김종수가 김수현을 거론한 것은 의도적인 것이었다. 이덕사·조재한 사건 때 제주도로 유배갔던 환관 김수현이 국문 도중 채제공도 동조했다고 말했기 때문이다. 홍문관 부교리 어용겸(魚用謙)이 김종수에게 가세했다.

"전하의 용단을 크게 발휘하소서."

채제공을 처벌하라는 요구였다.

정조는 금오문(金吾門) 밖에서 석고대죄하고 있는 채제공을 불렀다.

"경이 스스로 죄에 빠지든 것이 이번 상소에 이르러 극에 달하였다. 경이 이 상소를 낸 것은 무슨 뜻이었는가? 상소문을 펴 들고 두어 줄도 못 읽어서 나도 모르게 마음이 오싹하고 뼈가 저리었다. 이것을 중외에 반포하였다면 장차 경을 어떤 사람이라고 하겠는가. 지금으로서는 전에 경을 살려 낸 뜻이 허사로 돌아갔음을 면치 못하게 되었고 앞으로 터져 나올 의논들을 막을 수가 없으니 비록 애써 감싸 주고자 하여도 어떻게 할 수가 없게 되었다."

'종전에 경을 살려 낸 뜻'이란 김수현의 공초에도 채제공의 이름을 빼낸 것을 뜻한다. 정조는 답답했다.

"그리고 서계에서 한 말들은 또 무슨 말인가? 이것이 만일 전파되면 경의 죄안이 장차 어느 지경에 이를지 모를 것이다."

채제공의 서계는 공격받을 소지가 넉넉했다. 유성한이 '목이 메어 밥이 넘어가지 않는다'고 한 것을 가지고도 '군부를 협박했다'고 공격받았는데, '성상의 마음을 슬프게 하는 것은 황송스럽게도 작은 일이고 의리를 밝히는 것은 천지의 큰 법도입니다'라는 말 등은 명백한 불경죄였다.

"신의 죽을죄는 신이 스스로 압니다. 죽음이 있을 뿐인데 다시 무슨 말로 우러러 대답하겠습니까. … 뜻밖에 영의정에 임명되고 보니 기필코 물러나야 하는 의리를 말씀드리려다가 죽음이 임박하여 그만 다시 이런 죄에 빠졌습니다. 속히 죽기만을 원합니다."

정조는 가슴이 막혔다.

"연명한 상소에서 맹서한 말이 그 얼마나 명백한데 지금 갑자기 이런 상소를 올려 차마 들을 수도 없고 말할 수도 없는 말을 나로 하여금 다시 듣게 한단 말인가."

채제공은 손으로 가슴을 치면서 눈물을 흘렸다.

"신이 늙고서도 죽지 않아 종전에도 건져 주시는 노고를 끼쳐 드렸고, 지금 또다시 스스로 죽을 곳으로 나아갔으니 죽지 않고 무엇을 하겠습니까."

"상상(上相: 영의정)이 되어 나와 첫 대면하는 자리에서 어찌 이러한 광경이 있을 수 있단 말인가. 지나치도다."

정조는 사태를 종결지으려 했으나 노론이 가만히 있을 리 없었다. 김종수는 이날 상소문을 올려 '5월 22일의 하교'를 언급하며 채제공의 상소문을 공개할 것을 요구했다.

정조가 채제공의 상소문을 재빨리 되돌려 준 것은 적절한 처사였다. 노론은 상소문을 보지 못하고도 '역적들의 앞잡이가 되려고 한 것이 명약관화'하다고 공격하는 중이었다. 상소문이 공개되면 채제공을 사형시키라는 상소로 조정이 마비될 것이었다. 김종수는 다음 날인 6월 1일 다시 채제공을 격렬하게 비난하는 상소를 올렸다.

"채제공의 상소 내용을 여기저기서 얻어들은 것만으로도 이미 마음이 놀라고 뼈가 저림을 감당하지 못하겠습니다. 아, 난신적자가 어느 시대인들 없겠습니까마는 마음 쓰는 것이 흉특하고 참독하여 마구 욕설을 해 대는 것이 어찌 이 역적 같은 자가 있겠습니까. 조정에 가득한 여러 신하들이 맹세코 이 역적과 함께 살지 않겠다는 마음을 가지고서도 지금까지 성토하지 못하는 것은 다만 상소가 아직까지 반포되지 않기 때문입니다. 삼가 바라건대 속히 반포할 것을 명하여 그의 죄를 분명하게 바로잡아서 종묘사직과 신민의 행복이 되게 하소서."

채제공을 직접 '흉악한 역적'이라고 지목한 것이다. 정조는 이번에도 상소를 싸서 돌려보냈으나 사태는 가라앉지 않았다. 정조는 남인 영상을 등용하려던 계획을 포기하는 수밖에 없었다.

정조는 6월 4일 영의정 채제공과 좌의정 김종수를 동시에 파직했다. 그리고 열이틀 만인 그달 16일 채제공과 김종수를 판중추부사로 삼고 22일에는 홍낙성(洪樂性)을 영의정, 김희(金熹)를 우의정으로 삼았다. 홍낙성과 김희는 강온의 차이는 있지만 모두 노론이었다.

『정조실록』 17년 6월 30일자는 '호서·호남·영남에 전염병이 돌아 많은 사람이 죽었다'고 기록하고 있다. 그러나 조정의 관심사는 전염병 퇴치가 아니라 채제공 성토였다. 전염병이 한창 도는 와중인 7월 2일 정조는 부스럼병〔癤候〕 때문에 괴로운 상태였다. 그러나 영의정 홍낙성이 거론한 것은 전염병이나 정조의 병환이 아니라 채제공 문제였다.

"채제공의 상소를 반포하지 않아서 그 숱한 패역한 말들을 상세히 알지는 못하지만 김 판부사(金判府事: 김종수)가 전하는 말만 듣고도 곧바로 극역(劇逆)이 되니 즉시 엄중 토죄하여 흉역을 징계하여야 됩니다."

채제공을 역적으로 처단해야 한다는 말이었다. 김종수가 도성에 들어왔다는 소식을 들은 정조는 그를 불러 중재안을 제시했다.

"경이 저 대신과 면대(面對)하여 상소의 구절이 흉역스러운지 아닌지를 결판짓는 것은 어떠하겠는가?"

채제공을 면담하라는 권유에 김종수는 단호히 거부했다.

"함께 한 하늘을 이고 사는 것도 오히려 통분하게 여기는 터에 더구나 함께 연석(筵席)에 오르는 경우이겠습니까. 신은 감히 명을 받들지 못하겠습니다."

이 사건으로 조정은 사실상 마비되었다. 더 이상 이 문제로 시간을 끌 수는 없다고 판단한 정조는 정면 돌파를 결심했다.

8월 8일 정조는 시·원임 대신과 2품 이상의 문무 벼슬아치와 내각·삼사의 모든 신하를 불렀다. 지난해 '5월 22일의 하교'를 내릴 때와 비슷한 상황이었다.

"경 등을 소견한 것은 나의 뜻을 말해 주기 위해서이다. 전 영상이 상소한 말을 경들은 정말 어느 사람에게 들었으며 또 무슨 일을 가지고 죄를 삼는가?"

상소문을 직접 본 사람은 작성자인 채제공과 정조, 그리고 당직 승지 외에는 아무도 없었다. 영의정 홍낙성 이하 모든 대신들은 원소(原疏: 원래의

채제공 뇌문비. 채제공의 장례일에 정조가 친히 보낸 제문을 새긴 것으로 경기도 용인시 역북동에 있다. 뇌문은 죽은 이의 명복을 신에게 비는 글로 제문의 일종이다.

상소문)를 보지 못했다고 답할 수밖에 없었다.

"이 문제가 만일 범법이라면 전 영상(채제공)이라고 하여 무엇을 아낄 것이며, 반대로 전 좌상(김종수)이라고 하여 무엇을 아낄 것인가. 전 영상의 상소 가운데 한 구절의 말은 곧 아무 해[某年: 임오년]의 큰 의리에 관한 내용이 핵심인데, 내가 감히 한 번도 이를 제기하지 못한 이유는 참으로 이 일이 아무 해에 관계된 것이어서 감히 말하지 못하고 또 차마 제기하지도 못하고 있는 것이다. … 전 영상이 남이 감히 말하지 못하는 것을 감히 말한 것은 대체로 곡절이 있어서였다."

노론은 그간 사도세자를 처분한 당사자가 영조라는 데서 자신들의 정당성을 찾았다. 따라서 사도세자 사건을 재평가하는 것은 영조에 대한 불충이었다. 후왕이 선왕을 부정할 경우 쿠데타의 명분이 될 수 있었다. 정조가 채제공을 변호하기 위해서는 채제공의 행위가 영조의 뜻과 다르지 않다는 것을 입증해야 했다. 그래서 정조는 비장의 무기를 꺼내 들었다.

어제 금등지사의 등장

정조가 꺼내 든 비장의 무기는 정조와 채제공만이 아는 비밀이었다.

"전 영상이 도승지로 있을 때 선조(先朝: 영조)께서 사관(史官)을 물리친 다음 도승지(채제공)만을 앞으로 나오게 해서 어서(御書: 임금의 글) 한 통을 주면서 신위(神位: 신주를 모신 자리) 아래에 있는 요[褥] 자리 속에 간수하도록 명했다. 전 영상의 상소 가운데 있는 한 구절은 바로 금등(金縢) 가운데의 말인 것이다."

영조가 사도세자를 죽인 후 도승지로 있던 채제공에게 자신이 직접 쓴 글 한 통을 주면서 신위 아래에 간수하라고 명했는데, 그 '금등'의 글 가운데 한 구절을 채제공이 상소에서 언급했다는 말이었다. 영조가 도승지 채제공에게 간수하게 한 금등은 무엇인가?

쇠줄로 봉한 궤짝인 '금등'은 『서경(書經)』의 한 편명(篇名)이다. 주(周) 무왕이 병들자 주공(周公)은 태왕(太王)·왕계(王季)·문왕(文王) 등 조상들에게 자신이 대신 죽을 테니 무왕의 목숨을 살려 달라고 빌고는 그 기도문(祝册)을 금등 안에 넣어 보관했다. 성왕(成王) 즉위 후 관숙(管叔)·채숙(蔡叔) 등이 주공이 조카 성왕의 자리를 노린다는 소문을 퍼뜨리자 성왕이 주공을 의심하다가 금등의 글을 꺼내 보고는 의심이 풀려 돌아오게 했다고 한다. 『사기(史記)』 「노 주공(周公) 세가」에 자세하게 나오는데 주로 자신의 목숨을 바쳐 군주를 살리려는 뜻을 나타낼 때 사용된다.

"영상이 지금 물러가기를 청하는 상소에서 죽음에 임박하여 이런 진실을 말한 것은 전 영상만이 이 사실을 알기 때문에 혼자서 그 일을 말한 것이니 이는 속에서 우러나온 충성과 의리의 발로라고 함이 옳을 것이다. 전 좌상은 이런 내막을 모르기 때문에 단지 그 표면에 나타난 것에만 의거해 지난여름 이후로는 감히 말하지 못할 의리로써 성토한 것이니 이 또한 속에서 우러나온 충성과 의리에서 발로된 것이다."

정조는 채제공과 김종수의 행위를 모두 충성과 의리의 발로로 인정하는 공생의 방안으로 사태 수습의 길을 찾은 것이다. 정조는 승지에게 쪽지를 전하며 대신들에게 보여 주라고 말했다. 영조가 손수 적은 '금등지사(金縢之詞)' 가운데 두 구절을 베껴 적은 쪽지였다.

피 묻은 적삼이여 피 묻은 적삼이여,
동(桐)이여 동이여,

누가 영원토록 금등으로 간수하겠는가.

천추에 나의 품으로 돌아오기를 바라고 바라노라.

'누가 영원토록 금등으로 간수하겠는가'라는 구절은 사도세자가 영조가
아플 때 대신 죽기를 바랐다는 내용이 담긴 것이고, '나의 품으로 돌아오기
를 바라노라'라는 구절은 사도세자가 살아 돌아오기를 바라는 영조의 마
음이 담긴 글이었다. 『정조대왕행장』은 이 비가(悲歌)를 보고 '왕도 울었고
제신들도 다 눈물을 흘렸다'고 기록하고 있다. 당심(黨心)이 뼛속 깊이 새
겨진 자가 아니라면 울지 않을 수 없는 비가였다.

정조가 금등지사를 꺼냄으로써 채제공의 상소로 시작된 파문은 비로소
끝이 났다. 그러나 이것이 진정한 끝일 수는 없었다. 서로 화해할 수 없는
모순을 선왕의 후회와 현왕의 눈물로 미봉한 것일 뿐이었다. 미봉은 언젠
가는 뜯어지게 마련이었다. 그때 어느 쪽이 세력을 잡고 있는가에 따라 피
를 흘릴 쪽이 정해질 따름이었다. 대리청정하던 저군(儲君)을 뒤주 속에 넣
어 죽인 비극이, 그 비극 속에서 죽어 간 세자의 원혼이 계속해서 조정 안을
떠돌고 있었다.

정조는 조선의 정치질서를 근본적으로 뜯어고치지 않으면 사도세자의 비극은 언제
든지 다시 재연될 수 있다고 판단했다. 이런 비극을 막기 위해서는 조선을 새롭게 개
조해야 하는데 그러기 위해서는 새로운 중심지를 만들어야 했다. 그 중심지가 바로
이곳, 사도세자가 누워 있는 화산을 배후에 둔 수원성, 즉 화성이 될 것이었다.

숙원 사업의 시작

정조는 구천(九泉)으로 떠나지 못하고 이승을 떠돌고 있는 아버지의 원혼을 항상 느끼고 있었다. 그 억울한 원혼을 자신의 손으로 꼭 달래 주고 싶었다. 그 방법의 하나가 바로 천장(遷葬: 묘소 이장)이었다.

사도세자의 묘소는 양주 배봉산 갑좌(甲坐) 언덕이었다. 정조는 즉위와 동시에 사도세자의 존호(尊號)를 장헌(莊獻)세자라 올리고 봉호(封號)를 '영우원(永祐園)', 사당을 '경모궁(景慕宮)'이라 칭했다. 영우(永祐)에는 천지신명이 사도세자를 영원히 도와 달라는 뜻이, 경모에는 자신의 지극한 사모의 염원이 담겨 있었다.

정조는 즉위년 8월 영조의 능인 원릉(元陵)을 전배하면서 영우원도 함께 전배했다. 이는 영조와 장헌세자와 자신이 하나라는 정치적 의사를 명확히 하기 위함이었다. 사도세자가 영조의 적이 아니라 자신을 매개로 하나로 맺어진 왕통임을 보인 것이었다.

정조가 매년 영우원에 전배하면서 사도세자는 시대의 금기에서 서서히 현 임금의 생부로 높아져 갔다. 정조는 사도세자가 영우원에 계속 묻혀 있어서는 안 된다고 생각했다. 양주 배봉산은 비극의 장소였다. 영조가 신경을 써서 선택한 장지(葬地)였지만 비참한 죽음 끝에 실려 온 곳이었다. 영원한 안식을 누릴 곳이 결코 아니었다. 게다가 정조는 원침(園寢)의 형국이 옅고 좁다고 여기고 있었다.

정조는 영우원을 이장해야 한다고 생각했다. 그러나 노론의 격심한 반발을 살 일이었다. 노론은 사도세자 문제만 나오면 본능적인 방어자세로 돌입했다. 대대적인 보복에 대한 두려움 때문이었다. 충성을 바쳐야 할 군주를 살해한 원죄였다.

정조의 고민에 물꼬를 터 준 인물이 금성위(錦城尉) 박명원(朴明源)이었다. 정조 13년(1789) 7월 11일 박명원은 사도세자 묘소 문제를 거론하고 나섰다.

"원소(園所: 영우원)는 그 사체가 어떠하며 관계 또한 어떠합니까. 오늘의 신하된 자로서 만세의 대계를 생각할 때 마음을 끝까지 쓰지 않을 수 없고 의리로 보아 감히 스스로 숨길 수 없기에 죽음을 무릅쓰고 아룁니다."

금성위 박명원은 사도세자의 누이인 화평옹주의 남편이었다. 사도세자와 처남·자형 사이이므로 사도세자 묘소 문제를 제기할 자격이 충분했다. 게다가 화평옹주는 동생 화완옹주와 달리 사도세자와 유독 친했던 누이였다. 화평옹주는 42년 전인 영조 24년(1748) 세상을 떴는데 그가 살았으면 사도세자가 죽지 않았을지도 모른다는 말까지 있었다.

"신은 본래 감여(堪輿: 풍수지리)에 어두워 귀머거리나 소경과 마찬가지입니다만 사람마다 쉽게 알고 쉽게 볼 수 있는 것만을 가지고 논하겠습니다.

양주 배봉산 사도세자의 묘소가 갑좌(甲坐) 자리에 있었다.

첫째는 원소의 띠가 말라 죽는 것이고, 둘째는 청룡(靑龍)이 뚫린 것이고, 셋째는 뒤를 받치고 있는 곳에 물결이 심하게 부딪치는 것이고, 넷째는 뒤쪽 낭떠러지의 석축(石築)이 천작(天作)이 아닌 것입니다. 이로써 볼 때 풍기(風氣)가 순하지 못하고 토성(土性)이 온전하지 못하고 지세가 좋지 않다는 것을 미루어 알 수 있습니다. 이 중에서 하나만 있어도 신민들이 지극히 애통해하는데 더구나 뱀 등속이 국내(局內) 가까운 곳에 또아리를 틀고 무리를 이루고 있으며 심지어 정자각(丁字閣) 기와에까지 그 틈새마다 서려 있으니 더 말할 것이 있겠습니까. 비록 옛 장릉(長陵)에 혈도(穴道)까지 침범했던 것과는 약간 차이가 있으나, 국내에 이미 많이 있고 보면 지극히 존엄한 곳까지 침범하지 않았다고 어찌 장담할 수 있겠습니까."

박명원 신도비 경기도 파주읍의 군부대 안에 있다.

사도세자 묘소는 비전가(非專家)가 봐도 지세가 좋지 않다는 풀이였다. 인조와 그의 비(妃) 인열왕후 한씨의 장릉은 당초 파주시 북운천리에 장사 지냈으나 석물(石物) 틈에 사갈(蛇蝎: 뱀과 전갈)이 집을 짓고 있는 것이 발견되어 영조 7년(1731) 파주 탄현면 갈현리로 이장한 능이었다.

"우리 성상께서 갑오년(영조 50년)에 영우원을 처음으로 참배하신 때로부터 병신년에 즉위하신 뒤에 이르기까지 걱정하신 일념이 오직 원소(園所)의 안부에 계시어 새벽에 종소리를 듣고 밤에 촛불을 대하실 때 깊은 궁중에서 눈물을 뿌리신 것이 얼마인지 모르며 봄비가 오고 가을 서리가 내릴 때면 조회에 임해서도 자주 탄식하셨다는 것을 신이 여러 번 들었습니다. … 바라건대 조정에 있는 신하들에게 널리 물으시고 지사(地師: 풍수가)들을 널리 불러 모아 길흉을 물으시어 신도(神道)를 편안하게 하시고 성상의 효성을 펴시어 천추만대의 원대한 계책이 되게 하소서."

정조는 박명원의 상소에 감복했다. 박명원은 이전부터 왕실 외척의 모범을 보여 주는 인물이었다. 부마(駙馬)였지만 일절 정사에 개입하는 법이 없었다. 화평옹주가 세상을 떠났을 때 영조가 상가(喪家)에 들르겠다고 하자 박명원은 땅에 엎드려 안 된다고 간쟁했다. 임금이 사가에 조문할 수 없다는 이유에서였다. 그러자 영조가 꾸짖었다.

"네가 나를 부옹(婦翁)으로 여긴다면 어찌 감히 그럴 수 있겠는가?"

박명원은 또 옹주의 상사를 1등의 장례(葬禮)로 하게 한 것도 사양했다. 박명원은 풍류를 알았으나 검소했고, 글씨를 잘 써서 나라에 경사나 애사가 있을 때는 금옥보책명정서관(金玉寶冊銘旌書官)으로 일했다고 실록은 전하고 있다. 그가 국사에 개입한 것은 영조 52년(1776)과 정조 4년(1780)·8년(1784) 사신으로 연경에 다녀온 것뿐으로 모두 궂은일이었다.

정조가 박명원의 상소에 비답했다.

"어리석게도 지금까지 밤낮으로 가슴속에 담아 두고 답답해하기만 하였는데 경의 요청이 이런 때에 이르렀으니 대신과 여러 신하들에게 물어 결정하겠다."

정조는 대신과 각신(閣臣), 예조 당상과 종친부·의빈부·삼사의 2품 이상을 희정당으로 불러서 승지에게 박명원의 상소를 읽게 했다. 자형이 처남의 천장을 요구하는데 반대 목소리가 나올 수 없었다. 대신과 예조 당상들이 한목소리로 성명(成命) 받들기를 청했다. 정조는 눈물을 삼키며 목멘

소리로 말했다.

"나는 본래 가슴이 막히는 증세가 있는데 지금 도위(都尉: 부마도위)의 소를 보고 또 본원(本園: 영우원)에 대한 경들의 말을 들으니 가슴이 막히고 숨이 가빠지는 것을 금할 수 없다. 갑자기 말을 하기가 어려우니 계속 진달하지 말고 나의 기운이 조금 내리기를 기다리라."

정조는 한참 심기를 가다듬었다. 사도세자 이야기만 나오면 정조는 숨이 가빠졌다. 한참 동안 호흡을 고른 정조가 다시 입을 열었다.

"만약 화복설에 현혹되어 갑자기 오래된 묘를 옮기는 것이라면 여항(閭巷) 서인의 집이라 하더라도 불가하다고 할 수 있는데 하물며 국가의 막중하고 막대한 일이겠는가. 지금 내가 이 말을 하는 것이 어찌 한 도위(都尉: 부마)의 상소로 인해서 그러는 것이겠는가. 나의 심정이 정상인으로 자처하고자 하지 않는 것은 경들도 아는 바일 것이다. 수십 년 동안 지극한 슬픔이 가슴속에 맺혀 있다."

정조는 어느 지사(地師) 못지않게 풍수에 밝았다. 그러나 그는 풍수가 후손들의 화와 복을 가져온다는 화복설(禍福說)은 배격했다. 정조는 이어 영우원의 지세에 대해 풍수설에 입각해 자세히 설명하고는 덧붙여 말했다.

"갑오년(영조 50년)에 성묘하고 나서부터 옮겨 모셔야겠다고 계획하였으나 새로 정하는 자리가 지금 자리보다 천만 배 나은 뒤에야 여한이 없을 것인데, 오늘날 행용(行用)하는 지사(地師)로서 누가 땅속의 일을 분명히 알 수 있겠는가. … 내가 즉위한 이후 14년 동안 오직 금년만이 연운(年運)·산운(山運)·원소(園所: 사도세자) 본인의 명운(命運)이 상길(上吉: 아주 좋음)하기 때문에 나의 마음이 더욱더 안정을 찾지 못했다. 그런데 지금 도위의 소를 보고 여러 경들의 말을 듣건대 숙원을 이룰 수 있겠으니 이 어찌 하늘의 뜻이 아니겠는가."

정조는 묘소 이전에 대해 수백, 수천 번도 더 생각했고, 명당들도 미리 다 조사를 해 놓은 상태였다. 풍수가들은 문의(文義) 양성산(兩星山), 장단(長湍) 백학산(白鶴山), 광릉(光陵 : 세조의 능) 근처의 달마동(達摩洞) 등을 명당이라고 추천했고, 왕조에서는 이곳들에 미리 흙을 모아 봉분을 세우고 나무로 봉표(封標)해 개인이 사용하지 못하게 방비해 두었다. 그러나 정조는 이런 봉표지들이 마음에 들지 않았다.

"전에 봉표해 두었던 곳 중 문의의 양성산 해좌(亥坐) 언덕은 예전부터 좋다는 자리지만 조산(祖山)과 거리가 너무 가까워 답답하게 막힌 것이 흠이고, 장단 백학산 아래의 세 곳은 국세(局勢)가 협소하거나 힘이 없거나 느슨하다. 광릉 좌우 산등성이 중의 달마동은 문의와 함께 좋다는 곳이지만 나는 마음에 들지 않는다. 그 가운데 한 곳은 바로 절터이니, 신당(神堂) 앞이나 불사 뒤나 폐가 또는 고묘(古廟)에 묘를 쓰는 것은 옛사람들이 꺼린 바이다. 용인의 좋다는 곳들도 역시 그러하다. 이밖에 헌릉(獻陵 : 태종과 부인 민씨의 능) 국내(局內)의 이수동(梨樹洞)과 후릉(厚陵 : 정종과 부인 김씨의 능) 국내의 두 곳, 강릉(康陵 : 명종과 부인 심씨의 능) 백호(白虎) 쪽, 가평(加平)의 여러 곳들도 마음에 드는 곳이 한 곳도 없다."

정조는 대안 없이 불평하는 인물이 아니었다. 조선의 최고 풍수가들이 꼽은 명당들이 모두 마음에 들지 않는다면 의중의 장지가 있다는 뜻이었다.

"그러나 오직 수원 읍내의 세 봉표지 중에서 관가(官家) 뒤에 있는 한 곳만은 전인(前人)들의 명확하고 적실한 증언이 많았을뿐더러 옥룡자(玉龍子 : 도선)가 말한 이른바 반룡농주(盤龍弄珠 : 누운 용이 여의주를 희롱함) 형국이다. 그리고 연운 · 산운 · 본인의 명운이 꼭 들어맞지 않음이 없으니, 내가 하늘의 뜻이라고 한 것이 바로 이곳을 말하는 것이다. 나라 안에 능이나 원(園)으로 쓰기 위해 봉표해 둔 곳 중에서 세 곳을 예전부터 가장 길지(吉

地)라고 말해 왔는데 홍제동(弘濟洞)의 영릉(寧陵: 효종과 부인 장씨의 능)과 건원릉(健元陵: 태조의 능) 오른쪽 등성이의 원릉(元陵: 영조의 능)이고, 다른 한 곳은 수원읍에 있는 그곳이다."

정조의 뜻은 바로 수원의 명당자리에 있었다.

"내가 수원에 뜻을 둔 것이 이미 오래여서 널리 상고하고 자세히 살핀 것이 몇 년인지 모른다. 옥룡자의 평(評)이 그 속에 실려 있는데, '반룡농주의 형국이다. 참으로 복룡대지(福龍大地)로서 용(龍)이나 혈(穴)이나 지질이나 물이 더없이 좋고 아름다우니 참으로 천 리에 다시없는 자리이고 천 년에 한 번 만날까 말까 한 자리이다'라고 말했으니 이곳이야말로 주자(朱子)가 말한 종묘 혈식 구원(宗廟血食久遠)의 계책이란 것이다. … 나의 뜻은 이미 수원으로 결정하였다. 지금 경 등을 대하여 속에 쌓아 두었던 말을 하게 되었으니, 이것이 하늘의 뜻이 음으로 돕고 신명(神明)이 묵묵히 도운 것이 아니겠는가."

치밀한 성격답게 정조는 온갖 명당자리의 득실을 다 평한 다음 옥룡자, 곧 도선(道詵)의 설로써 마무리했다. 수원 장지는 과거 효종의 국상 때 윤선도(尹善道)가 최길지(最吉地)의 명당으로 꼽았으나 서인 송시열 등의 반대로 무산된 곳이었다. 정조는 남인 윤선도의 예를 들면 노론에서 반대할지 모르기 때문에 대신 도선의 설을 언급한 것이었다. 판중추부사 김익(金熤)이 말했다.

"지금 성상의 분부를 들으니 신도 어슴푸레하게나마 알겠습니다. 옥룡자는 바로 도선의 호인데 그의 논평이 이와 같다면 이곳을 버리고 어디에서 구하겠습니까."

정조는 여기에서 마치지 않고 승지에게 수원산론(水原山論)을 읽게 했다. 연신들이 모두 찬성했다.

"옛사람의 논한 바가 이미 이와 같은데 지금에 와서 어찌 다른 말이 있겠습니까."

정조가 이장지로 점찍은 곳은 수원의 용복면(龍伏面) 화산(花山)이었다. 이곳을 살펴본 지관들의 말은 한결같았다. '지극히 길하고 모든 것이 완전한 묏자리'라는 것이었다. 불과 이틀 후인 7월 13일 영의정 김익, 좌의정 이성원, 우의정 채제공 등은 수원 화산에 가서 봉표 지역을 살펴본 후 정조에게 보고했다.

"화산이 왼쪽으로 돌아 서북쪽〔건방(乾方)〕으로 떨어져서 주봉우리가 되고, 서북쪽의 주산(主山)이 서북과 북쪽 사이〔해방(亥方)〕로 내려오다가 북쪽〔계방(癸方)〕으로 돌고 다시 북동쪽〔축방(丑方)〕으로 뻗어 오다가 동북쪽〔간방(艮方)〕으로 바뀌면서 입수(入首)합니다. 앞에 쌍봉이 있는데 두 봉우리 사이가 비었고, 안에 작은 언덕이 있는데 그 형상이 마치 구슬 같습니다. 청룡 네 겹과 백호 네 겹이 에워싸 자리의 기세가 만들어졌는데 혈(穴)이 맺힌 곳이 마치 자리를 깐 것처럼 평퍼짐하니 혈 자리가 분명합니다. 뻗어 온 용의 기세가 7백 리를 내려왔는데 용을 보호하는 물이 모두 뒤에 모였으며 현무(玄武)로 입수하였으니 천지와 함께 영원한 더할 수 없는 길지(吉地)라고 할 수 있습니다."

경기도 이천 세종의 영릉과 함께 국내 최고의 길지로 꼽히는 수원 화산에 대한 지관의 해석이었다. 지명이 용이 엎드린 곳이란 뜻의 용복면(龍伏面)인 것은 전부터 이곳이 길지로 꼽혀 왔다는 증거였다.

사도세자 묘소 이장이라는 국가적 대사가 단 한 명의 반대도 없이 결정된 사실에 정조는 고무되었다. 과거 윤선도가 효종의 능으로 이곳을 꼽았을 때 송시열 등은 장지로 결정되면 백성들이 이주해야 한다며 반대했었다. 정조는 송시열 등의 반대 논리가 타당성이 있다고 생각했다. 그래서 단 한 명의 백성도 손해 보지 않고 이장 문제를 처리하기로 마음먹었다. 대를 이어 살던 고향을 떠나야 하는 백성들의 원성이 따르는 것은 자신은 물론 사도세자가 바라는 바가 아니었다. 정조는 백성들의 눈물이 아니라 환호 속에 천장하고 싶었다. 그래서 대신들이나 지관들이 화산 묏자리를 살피러 갈 때마다 거듭 당부했다.

"영우원을 옮기기로 결정한 후 내가 조석으로 생각하는 것은 민가 이전에 따르는 백성들의 처지이다. 대개 민심이 즐거워해야 내 마음도 편할 것이다."

정조는 말로만 생색내는 정치가가 아니었다. 그는 장지 선정을 맡은 여러 신하들에게 이렇게 말했다.

"묏자리를 살핀 뒤에는 승지가 대신들과 함께 그곳의 부로(父老)들을 불러 모아 내가 어제 말한 대로 안심하고 생업에 종사하라고 되풀이해 타이르라. 이사한 민호(民戶)라 하더라도 조정에서 따로 구휼할 것이니 이 점도 자세히 알려 주라."

이어 용복면에 살던 백성들이 이주할 장소를 물색했고, 임금의 특명을 받은 수원 부사 조심태(趙心泰)가 면밀한 검토를 거친 후 장계를 올렸다.

"팔달산 아래의 땅이 국세(局勢)가 크게 트여 큰 고을을 조성하기에 적당한 곳입니다."

정조는 이장지에 살던 백성들을 팔달산 아래로 이주시켰다. 내탕금을 풀어 후한 보상을 해 주었으므로 백성들은 만족했다.

정조에게 사도세자 묘의 천장 목적은 사도세자의 영혼을 위로하는 데만 있지 않았다. 화산에 살던 백성들과 다른 곳의 백성들이 이주하여 건설할 새로운 도시도 장지(葬地) 이상의 중요성을 갖고 있었다. 어쩌면 이 새로운 도시에 정조의 진정한 목적이 있는지도 몰랐다. 부친 묘 이장은 정조가 수

없이 그려 보았던 원대한 구상의 첫 단계에 지나지 않았다. 그 원대한 구상
이야말로 다시는 이 나라에 사도세자와 같은 비극이 발생하지 않을 수 있
게 하는 근본방책이었다.

천장(遷葬)

정조 13년(1789) 10월 4일 사도세자의 영구(靈柩)는 양주 배봉산을 떠나
수원으로 향했다. 정조는 영우원에 나가 빈전에 곡을 했다. 곡 속에는 남다
른 의미가 담겨 있었다. 뒤주 속에서 비참하게 죽은 사도세자가 영여(靈輿:
시신을 실은 수레)를 타고 양주에서 수원까지 이 나라의 중심부를 통과할 것이
었다. 뒤주에 갇혀 죽은 세자가 자신이 갇히던 날 '아비를 살려 주옵소서'라
고 빌던 그 아들에 의해 다시 살아나 나라의 중심부를 통과하는 것이었다.

영우원의 영구를 파내니 광중(壙中)에 물이 거의 한 자 남짓 고여 있었
다. 정조의 눈시울이 붉어졌다. 사도세자의 시신이 물속에서 신음하고 있었
던 것이다. 정조는 홍살문 밖까지 걸어와 어가에 올랐다. 그 뒤에 사도세자
의 시신을 실은 영여가 따랐다. 이렇게 사도세자는 아들 정조와 새로운 안
식처로 떠나고 있었다. 열 번 죽어도 떠나지 못할 원한의 혼이 27년 만에
새로운 집으로 향하고 있었다.

어가와 영여가 함께한 행렬은 웅장했다. 백관들이 좌우로 늘어섰고 취
타수 열여덟 명과 붉은 군복을 입은 4백여 명의 군사들이 세 줄로 늘어섰
다. 임금을 나타내는 황룡기를 비롯해 사방을 표시하는 청룡 · 백호 · 주
작 · 현무기와 수많은 깃발들이 창공에서 펄럭였다. 사도세자의 영여 곁에
는 호위 군사 2백 명이 겹줄로 늘어섰다. 각각 50여 개의 만장(輓章)이 앞

뒤로 하늘을 수놓았다. 노제(路祭) 장소에는 수많은 백성들이 몰려들어 사도세자의 원혼을 위로했다. 대대로 국가의 녹이라고는 한 톨도 받지 못했어도 불쌍한 세자의 원혼에 눈물을 흘리는 이들이 진정한 신민이자 백성이었다. 29년 전 세자가 온궁에 행차할 때 어가에 몰려들어 박수를 쳐 주던 그 백성들이었다.

군사를 지휘하는 인물은 병조판서 윤숙(尹塾)이었다. 사도세자가 뒤주에 갇히던 날 예문관 검열이었던 그는 영의정 신만(申晩)과 좌의정 홍봉한 등에게 '왜 세자를 구원하지 않느냐?'고 항의하다가 전라도 해남으로 유배를 떠나야 했다. 지금 다시 돌아와 군사를 지휘하고 있었으니, 사도세자를 죽이는 데 가담한 구선복 일가가 장악했던 군권이 이제 사도세자의 충신에게 넘어온 셈이었다. 병조판서 윤숙의 지휘로 도열한 경기 감영과 수어청·어영청과 총융청 군사들은 이 나라가 누구의 나라인지를 보여 주고 있었다. 바로 신하의 나라가 아닌 임금의 나라, 사대부의 나라가 아닌 백성의 나라였다.

사도세자의 영여가 수원부의 신읍에 들렀다가 영원한 안식처인 이장지에 도착한 것은 10월 7일. 정조는 미리 재실에 들어가 의례복을 입고 정자각까지 걸어가서 재궁(梓宮: 임금의 시신)을 살펴본 다음 곡하는 자리에 가서 곡을 했다. 그리고 시신을 묻을 광(壙) 안의 흙 빛깔과 사방 산의 국세(局勢)를 자세히 살펴보았다. 총호사 채제공이 보고하기를 아침 안개가 자욱하게 끼었으나 지하의 묘도(墓道) 위에 임시로 세운 수도각(隧道閣) 안에는 한 점의 안개 기운도 없었다고 했다.

"차가운 아침과 밤바람이 싸늘한 시각에도 수도각에 들어서면 온돌방처럼 따뜻하니 상서로운 광채가 모여들고 길한 기운이 스며 있음을 여기서 알 수 있습니다."

정조는 걸어서 주산(主山) 봉우리까지 올라갔다. 보여(步舉)를 타고 산등성이를 빙 돌아 나와 보여를 멈추게 하고 하교했다.

"이 산의 이름이 화산(花山)이니 꽃나무를 많이 심는 것이 좋겠다."

이후 화산은 말 그대로 꽃산이 되었다. 사시사철 꽃과 송림이 온 산을 수놓았다.

정조는 이곳을 현릉원이라 이름 짓고는 틈만 나면 찾았다. 그리고 바로 그 이듬해 6월 18일 정조는 수빈 박씨(綏嬪朴氏)로부터 고대하던 원자를 낳았다. 55년 전 사도세자가 태어났던 창경궁 집복헌(集福軒) 바로 그 자리에 서였는데, 공교롭게도 이날은 사도세자의 부인 혜경궁 홍씨의 생일이었다.

6월 24일 정조는 원자 탄생을 축하하는 대사면을 내렸다.

"하늘의 두터운 은혜와 조종(祖宗)의 말없는 도움을 받아 원자가 탄생했다."

창경궁 집복헌 사도세자가 태어난 곳이다.

사도세자의 현륭원 사도세자가 고종 때 장조로 추존되면서 융릉으로 승격되었다.

　　정조가 강조하고 싶었던 '말없는 조종'은 부친 사도세자였다. 광중에 물
이 고여 있던 악지(惡地)에서 천하의 길지(吉地)로 이장한 보답이 서른아홉
늦은 나이의 득남이라고 믿었던 것이다.

　　이제 사도세자가 누워 있는 이곳 수원은 더 나아가 조선의 새로운 중심
지가 될 것이었다. 정조는 조선의 정치질서를 근본적으로 뜯어고치지 않으
면 사도세자의 비극은 언제든지 다시 재연될 수 있다고 판단했다. 이런 비

극을 막기 위해서는 조선을 새롭게 개조해야 하는데 그러기 위해서는 새로운 중심지를 만들어야 했다. 그 중심지가 바로 이곳, 사도세자가 누워 있는 화산을 배후에 둔 수원성, 즉 화성이 될 것이었다. 화성은 예전에 볼 수 없었던 새로운 도시, 정신과 물질이 모두 새로운 미래의 도시로 커 나갈 것이었다.

설계도 구비와 장용외영의 설치

정조는 재위 18년인 1794년이 되면 화성 건설의 첫 삽을 뜨겠다고 마음 먹었다. 태조 이성계가 한양으로 천도한 지 4백 년이 됨과 동시에 사도세자가 환갑을 맞는 해였다. 바로 그해 화성 건설을 시작해 10년 후 사도세자가 칠순을 맞는 갑자년(1804)에 완공할 예정이었다. 바로 그 순간을 위해 정조는 정치를 해 왔다고 해도 과언이 아니었다.

정조는 용의주도했다. 무작정 왕명으로 가능한 일이 아니라는 사실을 잘 알고 있었다. 화성 건설은 거대한 계획 아래 한 치의 오차도 없이 추진되어야 했다. 그런 계획의 일환으로 정조는 먼저 재위 16년(1792) 부친의 묘소 곁에서 시묘살이를 하고 있는 정약용에게 사람을 보냈다.

"화성을 쌓는 규제(規制: 기획서)를 만들어 바치라는 명령입니다."

정조는 정약용이 2년 전 한강 주교(舟橋: 배다리)를 설계했으며 공학에 밝다는 사실을 알고 있었기에 그에게 화성 설계 기획서를 작성하라고 명령한 것이었다. 정약용은 중국의 윤경(尹耕)이 지은 『보약(堡約)』과 유성룡이 지은 『성설(城設)』을 참고해서 규제를 작성했다. 정약용의 「성설(城設)」이 바로 화성건축설계도였다. 정약용의 화성설계도는 여덟 부분으로 나뉘어 있

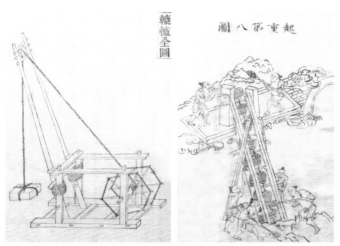
「화성성역의궤」의 기중기 정조의 명으로 정약용이 설계했다.

었다. 화성의 크기에 대한 분수(分數), 성을 쌓는 재료, 산에서 석재를 캐는 벌석(伐石), 석재를 나르는 수레 제작법인 조거(造車), 길을 만드는 치도(治道), 성에 해자를 둘러 적이 침투하지 못하게 하는 호참(壕塹) 등이었다. 화성은 벽돌로 쌓는 벽성(壁城)이나 흙으로 쌓는 토성(土城)이 아닌 석성(石城)이었다. 고구려 때부터 우리나라는 석성의 왕국이었던 것이다.

정약용의「성설」에서 무엇보다 중요한 것은 백성들의 강제 부역(賦役)이 아닌 임금 노동을 택한 점이었다. 이 역시 정조의 뜻에 따른 것이었다. 과거 모든 축성은 백성들의 강제 부역으로 이루어졌으나 화성은 역부(役夫)들의 임금 노동으로 이루어졌다. 성의 둘레 3천6백 보를 넓이 1장, 깊이 4척 정도의 구덩이로 나누어 1보마다 팻말을 세우고 1단씩 메워 나갈 때마다 일정한 품삯을 주는 방식이었다. 성과급 방식의 임금 노동인 셈이었다.

정약용의「성설」에 만족한 정조는 승정원에 다시 명령했다.

"정약용에게『도서집성(圖書集成)』과『기기도설(奇器圖說)』을 내려 줘서

인중(引重)과 기중(起重)에 대해서도 연구하게 하라."

『도서집성』과 『기기도설』은 궁중 비장 도서였다. 『도서집성』은 청나라 강희제 때 만든 백과사전이고, 『기기도설』은 스위스인 선교사이자 과학자인 요한 테렌츠(Johann Terrenz, 중국명 등옥함(鄧玉函))가 지은 물리학의 기초에 관한 책인데 도르래의 원리를 이용한 각종 기계 장치가 그림과 함께 실려 있었다. 정조는 이 책들을 보고 무거운 물건을 끌어당기거나 들어 올리는 인중기와 기중기를 설계하게 한 것이다. 이에 따라 정약용은 「기중가도설(起重架圖說: 기중기 설계도)」을 작성해 올렸다.

설계도를 손에 쥔 정조는 두 번째 사안을 처리했다. 장용위를 장용영으로 확대 개편하는 문제였다. 서울의 장용영은 5초(哨)가 있었는데, 각 초(哨)마다 전초(前哨)·좌·우초(左右哨)·중초(中哨)·후초(後哨)의 다섯 개 초가 있었고, 한 초에는 123명씩의 군사들이 배치되어 있었다. 정조는 사도세자 묘소를 이전하면서 수원에도 5초를 두었는데, 전초는 진위(振威)에 두고 좌초는 양성(陽城), 중초는 용인(龍仁), 우초와 후초는 광주(廣州)에 두어 수원을 호위하게 하였다.

「기기도설」 국립중앙도서관 소장

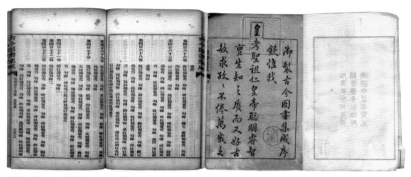

「도서집성」 국립중앙도서관 소장

정조가 장용위를 장용영이란 하나의 군영으로 확대 재편한 때는 재위 17
년(1793)이었다. 국왕 친위부대인 장용영은 서울에 주둔하는 장용영과 수
원에 주둔하는 장용외영의 둘이 있었는데, 장용외영이 바로 수원 화성을 염
두에 두고 만든 군문이었다. 노론이 장용영 강화에 의구심을 나타내자 정
조는 이렇게 답했다.

"내가 장용영을 설치한 것은 직위(直衛: 호위기구)를 중하게 하려는 것도
아니고 생각지 않던 사변에 대비하려는 것도 아니다. 나는 스스로 세상 사
람들이 알지 못하는 깊은 뜻이 있어서 병신년(즉위해) 초부터 누누이 생각
하고 계획하여 경상 비용을 번거롭게 하지 않고 이제 하나의 큰 군영을 이
루게 되었다."(『일득록』 7)

여기서 말하는 '생각지 않던 사변'이란 군사 쿠데타나 정조에 대한 암살
시도를 뜻하는 것이었다. 그러나 노론에서 볼 때는 '생각지 않던 사변'의 대
상이 자신들이 될 우려가 있었다. 경호군을 대폭 강화한 정조가 그 무력으
로 어느 날 갑자기 자신들을 공격할지도 모르는 일이었다. 명분은 '사도세
자 복수' 이상의 것이 있을 수 없었다. 그러나 이는 겉으로 드러내 놓고 말
할 수 있는 것은 아니었다. 여러 차례 암살 위협을 겪은 임금이 호위를 강

화하겠다는데 하지 말라고 할 수도 없었다. 그래서 노론은 '예산' 문제를 제기했다. 호위군대 창설을 대놓고 반대할 수 없으니까 예산 부족을 이유로 반대했던 것이다. 정조는 이런 문제가 제기될 것을 미리 예측하고 있었다.

"내가 왕위에 오른 초기부터 폐단의 근원을 깊이 생각해서 가슴속에 계획을 세웠는데 10여 년이나 지난 끝에 완성되었다. 내사(內司: 왕실)의 세입(歲入)은 수입을 헤아려 겨우 지출을 할 수 있는 정도지만 어공(御供: 임금에게 바치는 것)에 일상적으로 쓰이는 것부터 스스로 줄이고 없애 조금씩 자금을 고생해서 마련했다. 이는 오직 궁부(宮府: 왕실과 정부)가 한 몸인바 백성을 위해 고생을 줄여 주려는 고심과 지극한 뜻에서 나왔다."(『일득록』8)

왕실 비용을 아껴 조성한 내탕금으로 장용영 창설 비용의 일부를 대었다는 말이다. 정조는 또한 군사비 중 낭비 요소가 있는 부분을 철저하게 단속했다. 같은 해 정조는 김조순(金祖淳)에게, "재물을 늘리는 데는 사치를 없애는 것만 한 것이 없고, 군병을 양성하려면 먼저 경비를 아껴야만 한다"고 말했다. 정조는 규장각 각신 정민시(鄭民始)에게도 장용영 경비에 대해 언급했다.

"장용영을 설치한 이후 잘 모르는 자들은 혹 '하나의 군문을 새로 만들어 설치하는 것은 결국 경비 소모에 귀결될 것이다'라고 말한다. 그런데 장용영에 들어가는 한 해 비용은 저것을 줄여 이것을 마련한 것으로서 당연히 지출해야 할 비용이 아니면 따로 요리해서 경상비용 밖에서 마련한 것이니 돈 한 푼이나 쌀 한 톨도 애당초 경상비용에서 가져다 쓴 것이 없다."(『일득록』8)

경비를 이유로 장용영 창설을 반대하던 노론은 왕실의 내탕금과 낭비 예산을 돌려 그 운영 경비를 대자 더 이상 반대할 구실이 없었다. 이렇게 완성된 장용영은 최고의 군기(軍紀)와 장비를 갖춘 조선 최정예부대가 되었다.

명실상부하게 삼군(三軍)과 오위(伍衛)의 으뜸이었다. 정조는 장용영에 대해 이렇게 말했다.

"내가 장용영을 세운 것은 단순한 뜻이 아니라 우러러 선대의 지업(志業)을 이어받아 후대에 규범을 끼쳐 주려는 뜻이 또한 그 사이에 깃들어 있다."

이렇듯 장용외영까지 설치했으므로 이제 화성 건설을 위한 외적인 준비 작업은 다 된 셈이었다.

순조로운 준비

재위 17년(1793) 12월 6일 정조는 영중추부사 채제공과 비변사 당상 정민시 · 심이지 · 윤행임 · 조심태를 불렀다. 장용영 조직까지 끝낸 정조는 새해 벽두부터 화성 축조 역사를 시작하기로 마음먹고 관련자들을 부른 것

창경궁 명정전 행각 장용영이 있던 곳이다.

이다. 정조가 먼저 입을 열었다.

"수원의 성 쌓는 역사를 나는 10년 정도면 완공할 수 있다고 여기지만 만일 적당한 사람이 감독한다면 어찌 꼭 10년이나 끌겠는가. 모든 일은 규모를 먼저 정하는 것이 가장 중요하고 규모는 미리 경영을 하는 것이 가장 중요하며 경영은 또 적임자를 얻는 것이 가장 중요한 것이다. 오늘 경들을 특별히 부른 것은 이 때문이다. 나무·돌·재물·인력 등에 대해서 나의 생각은 원래 국가의 경비를 쓰지 않으려고 한다. 예컨대 금위영과 어영청 두 군영에 속한 정번군(停番軍)이 무는 돈을 가져다가 쓰면 공사 간에 조금도 구애될 것이 없을 듯한데 경들의 생각은 어떤가?"

정조는 화성을 축조하면서 몇 가지 원칙을 세워 놓고 있었다. 단 한 명의 백성도 강제 부역시키지 않겠다는 것과 국가 예산을 축내지 않겠다는 것 등이었다. 강제 부역도 안 시키고 국가 예산도 축내지 않는 방법은 왕실의 내탕금을 사용하는 것과 국가 예산 외에 다른 곳에서 예산을 만들어 내는 길밖에 없었다.

정조의 계획을 듣고 채제공이 아뢰었다.

"본부(本府: 수원)에 관계되는 일에는 국가의 경비를 쓰지 않으려는 성상의 뜻을 신들이 언제나 흠앙하는 바입니다. 정번군이 무는 돈을 가져다가 쓰는 것은 정말 지극히 좋겠습니다."

정번군은 군역 대신 돈이나 포를 납부하는 사람들이었다. 금위영·어영청 등에 소속된 번상군(番上軍) 숫자 중에서 일부를 정번군으로 돌리면 이들은 군복무를 면제받는 대가로 일정한 수량의 포나 돈을 납부했다. 이것을 이용하자는 것이었다. 백성들은 번거로운 군복무보다 돈을 납부하는 것을 선호하고 있었으니 누이 좋고 매부 좋은 격이었다. 정조가 정번군이 내는 돈이 매년 얼마나 되느냐고 묻자 훈련대장 조심태가 답했다.

"한 해에 2만여 냥은 될 것이니 10년을 한정하여 계산하면 25만 냥이 될 것입니다."

"4, 50만 냥 정도면 넉넉히 준공할 수 있겠는가?"

채제공이 답했다.

"신의 생각에는 30만 냥이면 충분히 경영할 수 있다고 여깁니다."

채제공의 말에 조심태가 반박했다.

"이 역사에 들어갈 물력을 아직 헤아릴 수 없지만 신의 생각에는 30만 냥을 가지고는 부족할 듯합니다."

정조가 정리했다.

"우선 이 액수에 따라 이리저리 애써 모아 보겠지만 적임자를 얻는 것이 가장 어려운 문제이다. 누가 적합하겠는가?"

채제공이 추천한 인물은 뜻밖에도 방금 자신의 견해를 반대한 조심태였다.

"훈련대장 외에는 적합한 사람이 없습니다. 이 사람은 고을을 옮길 때부터 이미 공로가 많았고 또 감독하는 일에도 익숙합니다."

금성위 박명원이 사도세자 묘소를 옮기자고 주청하자 정조는 수원 부사 김노영(金魯永)을 서울의 내직(內職)으로 옮기고 조심태를 수원 부사로 삼았다. 조심태는 사도세자 묘소를 옮기고 이장지에 살던 사람들을 팔달산 아래로 이주시키는 큰일을 한 치의 어긋남도 없이 치러 내 정조를 비롯한 대신들의 신임을 샀다. 정조가 채제공에게 물었다.

"서울에 있으면서 감독을 해야 되겠는가? 아니면 그곳에 머물면서 시설하는 일을 주관해야 되겠는가?"

"주인(主人)이 되어 하는 것이 나을 것입니다."

현지에 가서 감독하는 편이 나을 것이라는 대답이었다. 정조는 고개를 끄덕여 동감을 표시하고 채제공에게 다시 일렀다.

"이 일은 사체가 중대하여 대신이 총괄해서 살피지 않을 수 없는데, 이 일은 경 말고는 적임자가 없다."

채제공이 서울에서 총괄하고 조심태가 현지에서 감독하라는 말이었다.

정조가 다시 말했다.

"돌 뜨는 것이 가장 급한 일인데 돌 뜨는 곳이 고을에서 몇 리나 떨어져 있는가?"

조심태가 아뢰었다.

"3리나 7리 정도 지점에 있는데 길이 평탄하여 운반하기가 쉽습니다."

채제공도 수원 부사를 역임했으므로 수원 사정에 밝았다.

"팔달산 건너편 지역은 읍과의 거리가 3리에 지나지 않고 좋은 석재(石材)가 무진장 많습니다. 그곳의 지명이 바로 공석면(空石面)인데, 신은 신명(神明)이 이를 감춰 두었다가 오늘을 기다린 것이 모두 전하의 효성이 하늘을 감동시켜서 그렇게 된 것이라고 생각합니다."

모든 준비가 순조롭게 진행되고 있었다. 사도세자 묘소를 이장하고 백성들이 새로 둥지를 튼 곳에 도회지를 조성한다는 명분은 탓할 것이 없었다. 백성들에게 강제 노역을 시키지 않으면서도 국가 예산은 한 푼도 낭비하지 않을 것이니 예산 문제도 구애받을 것이 없었다. 팔달산 근처에는 하늘이 미리 예비한 것처럼 많은 석재가 준비되어 있었다. 이제 새해 벽두에 첫 삽을 뜨기만 하는 되는 것이었다. 정조는 이 역사가 성공하기를 빌고 또 빌었다.

14장

미래로 나아가다

정조는 조선 사회 밑바닥에서 끓어오른 거대한 변화의 흐름을 읽고 있었다. 사대부들이 사변적인 말장난으로 세월을 보내는 동안 사회 밑바닥에서는 거대한 변화의 흐름이 일고 있었다. 농업생산력 발전에서 시작된 변화는 수공업과 상업으로 옮겨가 사회 전반에 파급되었다. 정조는 화성이 사회의 이런 변화를 흡수할 뿐 아니라 선도하는 도시가 되어야 한다고 생각했다.

재위 18년(1794) 새해 첫날.

정조는 제야(除夜)를 창덕궁 경모궁(景慕宮 : 사도세자 사당)에서 재숙(齋宿)하며 보냈다. 새해 첫날 아침 사도세자에게 바치는 작헌례(酌獻禮)에 정성을 다하기 위한 것이었다. 새해 첫 행사로 경모궁 작헌례를 선택한 것은 이유가 있었다. 이해에는 참으로 많은 일이 준비되어 있었다. 혜경궁 홍씨의 환갑이 있었고 화성 축조의 시작이 기다리고 있었다.

작헌례 때 슬픈 감정이 복받쳐 오른 정조는 흐느껴 울면서 겨우 의식을 치렀다. 그리고 정순왕후의 오순(伍旬)과 혜경궁 홍씨의 육순(六旬)을 기념하는 행사를 합동으로 치르고 대사령을 반포했다.

그달 12일 정조는 수원을 향해 길을 떠나 과천 행궁에서 유숙했다. 다음 날 수원 행궁에 도착해 다시 작헌례를 행했다. 그런데 이날 정조는 유독 감정이 복받쳐 올라 주체를 하지 못했다.

사도세자의 위패(位牌) 앞에 서자 눈물이 저절로 흘러내렸다. 향을 피우기 위해서 엎드렸다가 일어서지 못하고 그냥 엎드려 목메어 울었다. 가슴이 막혀 의식을 수행할 수 없었다. 『정조실록』은 "상이 간장이 끊어질 듯 흐느껴 울었다"고 전하고 있다. 겨우 기력을 조금 되찾은 정조는 영의정 홍낙성 등 대신들과 승지들의 부축을 받아 현륭원으로 올라갔으나 현륭원 제단 앞에 설치된 사도세자의 진영(眞影 : 초상화)을 보자 다시 몸을 땅바닥에 던지고 통곡했다. 손으로 잔디와 흙을 움켜쥐고 뜯다가 손톱이 상할 지경이었다. 그러다가 급기야 정신을 잃고 말았다. 신하들이 약과 차를 올렸으나 들 수 없었다. 영의정 홍낙성과 영중추부사 채제공이 나섰다.

"지금이 바로 나라의 운명이 달려 있는 때입니다. 신들이 업겠습니다."

정조가 거부하자 신하들은 보여(步輿)를 무덤으로 내왔다.

"내가 어찌 여기에서 보여를 타겠는가?"

부친 앞에서 보여를 탈 수 없다는 뜻이었다. 결국 부축을 받으며 무덤에서 내려온 다음에야 비로소 보여에 올랐다. 정조가 재전(齋殿)으로 돌아와 눕자 대신과 각신들이 의관에게 진맥을 시키고 소합원(蘇合元)을 올렸다. 홍낙성이 권유했다.

"재전은 조섭하는 데에 불편하니 행궁으로 돌아가 지내소서."

"이곳에서 하룻밤 자면서 사모하는 정성을 조금이나마 펴려고 하니 경들은 더 말하지 말라."

점심때가 지나자 상태가 좀 호전되었다.

"편여(便輿)를 가져오라."

정조는 편여를 타고 현릉원 구역 안의 여러 산기슭과 새로 정한 화소(火巢)를 두루 살펴보았다. 화소란 산불을 막기 위해 능이나 원·묘의 해자(垓子) 밖에 있는 초목을 불살라 버린 곳을 뜻한다. 옛 향교 터에 오르자 비로소 마음이 가라앉은 정조는 각신 정민시 등에게 말했다.

"이곳의 지형이 매우 아름답다."

노론 대신들은 이런 정조의 거조에 불안을 느꼈다. 정조의 가슴속에는 슬픔이 가득 차 있었다. 저 슬픔이 분노로 변해 사도세자를 죽인 자신들에게 향할 때면 그 여파가 어디까지 미칠지 그 누구도 알 수 없었다.

이틀 후인 1월 15일 정조는 수원이 한눈에 내려다보이는 높은 곳에 올라 고을 터를 바라보았다.

"이곳은 본디 허허벌판으로 인가가 겨우 5, 6호였는데 지금은 1천여 호나 되는 민가가 즐비하게 찼구나. 몇 년이 안 되어 어느덧 하나의 큰 도회지가 되었으니 지리(地理)의 흥성함이 그 시기가 있는 모양이다."

다시 팔달산(八達山) 꼭대기에 설치한 장대(將臺)에 올라 성 쌓을 터를 살펴보았다. 성 쌓을 지역에 꽂아 놓은 깃발이 바람에 펄럭였다.

"현륭원이 있는 곳은 화산(花山)이고, 수원부는 유천(柳川)이다. 화(華) 땅을 지키는 사람이 요(堯)임금에게 세 가지를 축원한 뜻을 취하여 성의 이름을 화성(華城)이라고 했는데 화(花) 자와 화(華) 자는 서로 통용된다. 8백 개의 봉우리가 이 한 산을 둥그렇게 둘러싸 보호하는 형세가 마치 꽃송이와 같다고 해서 화산이라고 부른 것이다."

'요임금에게 세 가지를 축원했다'는 것은 『장자(莊子)』 '천지(天地)'조의 구절로서 요임금이 화(華) 지방을 돌아볼 때 그곳을 지키는 봉인(封人)이 장수(長壽)와 부(富)와 아들을 많이 낳는 다남자(多男子)를 축원했다는 것으로, 후세에 송축하는 말로 많이 사용된다. 화산의 의미를 설명한 정조는 유천성

화성 서장대 정조가 야간 군사훈련을 참관하던 곳이다.

(柳川城)에 대해 설명한다. 화성의 다른 이름이 유천성이라는 것이었다.

"유천성은 남북을 조금 길게 해서 버들잎 모양처럼 만들면 참으로 의의가 있을 것이다. 이 성을 버들잎처럼 길고 좁게 만들면 북쪽 모퉁이의 인가들이 서로 어울려 있는 곳에 세 굽이로 꺾이어 천(川) 자를 상징하게 되니 더욱 유천에 꼭 들어맞지 않겠는가."

화산이 꽃처럼 둘러싸고 있는 버들잎 모양의 성을 만들자는 것이었다. 정조가 원형이 아닌 타원형 성을 쌓자고 한 진정한 이유는 성 북쪽의 인가 때문이었다. 정조는 성 쌓을 곳의 깃발을 보고 이미 이렇게 말했던 적이 있었다.

"깃발을 꽂아 놓은 곳을 보니 성 쌓을 범위를 대략 알겠으나 북쪽에 위치한 마을의 인가를 철거하자는 의논은 좋은 계책이 아닌 것 같다."

처음 계획대로 하면 북쪽 마을은 철거되어야 했다. 정조는 바로 이 점이 마음에 걸린 것이었다.

"이 성을 쌓는 것은 억만 년의 유구한 대계를 위해서이니 인화(人和)가 가장 귀중하다. 아까 성터의 깃발 세운 곳을 보니 성 밖으로 내보내야 할 민가가 있었다. 이미 건축한 집을 어찌 성역(城役) 때문에 철거할 수 있겠는가. 이는 인화를 귀중히 여기는 뜻이 아니다. 성지(城池)의 남쪽과 북쪽 사이의 거리도 지나치게 가까운 결점이 있으니, 먼 장래를 생각하는 방도에 있어서도 이렇게 해서는 안 된다.

화산과 유천이 서로 바라보고 있으니 우리나라의 억만 년 유구한 태평시대를 여는 기업이 될 것이다. 성을 쌓을 때 버들잎 모양을 본뜨고 내천 자의 형태를 모방하여 구불구불 돌아서 기초를 정하고 인가들도 성 안에 들어와 살게 해야 할 터인데 경들은 어떻게 생각하는가?"

정조만큼 이 성에 대해서 많이 생각한 인물은 영의정 홍낙성을 비롯해 아무도 없었다.

"전하의 계책은 신들이 미칠 바가 아닙니다."

팔달산에 올라 화성 축조에 대한 지시를 하고 정조는 귀경길에 올랐다. 중간에 미륵당 고개[彌勒堂峴]에 이르러 말에서 내려 잠시 쉴 때 정조가 승지에게 말했다.

"현륭원에 갔다가 돌아올 때는 언제나 발걸음이 나도 모르게 더디어지고 배양재[陪養峙]를 지나 이 고개에 이르면 절로 고개를 들고 서성거리게 된다."

그만큼 사도세자와 함께 있고 싶다는 뜻이었다.

그렇게 돌아온 지 며칠 되지도 않은 1월 19일 정조는 다시 현륭원에 가겠다는 전교를 내렸다. 1월 21일이 사도세자의 탄신일이기 때문에 직접 제사를 올리겠다는 것이었다. 대신들은 귀경 사나흘 만에 다시 현륭원에 가겠다는 전교를 받고 깜짝 놀랐다. 대신과 약원(藥院)이 20일 새벽부터 면대를 요청했다. 현륭원 행차를 철회해 달라고 청하기 위해서였다. 정조는 철회 요청일 것으로 지레짐작했기 때문에 면대를 거절했다. 영의정 홍낙성 등이 세 차례나 면대를 요청했으나 거절한 정조는 수원을 향해 출발을 단행했다.

홍낙성 등은 비상수단을 동원했다. 혜경궁 홍씨에게 도움을 청한 것이었다. 영의정 홍낙성은 백관을 거느리고 뜰에 서서 혜경궁 홍씨에게 계달(啓達)하여 며칠 전 행차 때의 정경을 자세히 묘사한 다음 이렇게 덧붙였다.

"그날의 일을 자궁(慈宮: 혜경궁)께서 직접 보셨더라면 그 안타깝고 절박하셨을 마음이 어찌 뭇 신하들의 마음에 비하겠습니까. 지금 생각해도 심장과 간장이 모두 내려앉는 것 같습니다. 더구나 내일 경모궁을 참배하게 되면 사모하는 효심을 억제하지 못하는 것이 요전보다 갑절이나 더할 것이고, 허둥지둥 어찌할 바를 모르던 그런 일이 다시 빚어질 것입니다. 한 번 그런 일을 겪고 나서 옥체가 손상된 것도 이미 말할 것이 없고 아랫사람들의 놀란 마음도 아직 진정되지 않았습니다. 그런데 이런 일이 또 한 번 있게 되면 종묘는 어떻게 하며 사직은 어떻게 하겠습니까. … 나라의 중함을 깊이 생각하시고 슬픔을 애써 억제하는 방도를 생각하시어 전하의 마음을 위로하는 것과 전하의 마음을 돌리는 것이 모두 우리 자궁께 달려 있습니다. 원컨대 자궁께서는 전하를 잘 이끌어서 기필코 참배한다는 명을 속히 중지하게 하여 주시기를 천만 간절히 바랍니다."

혜경궁 홍씨는 '이제 곧 내전에서 권고하겠다'는 한글 전교를 내렸다. 그러나 정조는 이미 수원에 도착해 현륭원에 나가 있었다. 여러 신하들이 번갈아 중지하기를 요청했으나 현륭원 참배를 마치고 재전에 머물렀다. 밤을 새우겠다는 뜻이었다. 신하들은 다시 혜경궁 홍씨에게 매달렸고 혜경궁이 언문으로 비답했다.

"만일 아직까지 세상에 살아 있는 나의 마음을 생각한다면 환궁할 듯하니 이런 뜻으로 앙청(仰請)하겠다."

혜경궁 홍씨는 마음이 편치 않았다. 자신에게 아무런 말도 없이 부친 묘소에 간 이유도 잘 알고 있었다. 말릴 것을 우려하기도 했겠지만 사도세자의 죽음에 혜경궁과 외가의 책임이 있다고 생각하는 정조의 마음을 혜경궁은 알고 있었다.

돌아오라는 혜경궁의 전갈을 받고서 비로소 백관들이 모친에게 요청한 사실을 안 정조가 꾸짖었다.

"어떻게 감히 자궁의 마음을 받들지 않겠는가만 현재 가슴에 치밀어 오르는 기운을 내 힘으로 수습할 수가 없다. … 경들은 즉시 물러가라."

그러나 대신들은 계속 혜경궁에게 매달렸고, 혜경궁이 거듭 전교를 보내

오자 정조는 재전에서 밤을 새우려던 계획을 중지하고 귀경길에 올랐다. 세상을 떠난 부친에 대한 효도도 중요하지만 생존해 있는 모친의 말을 거듭 어길 수도 없는 일이었다. 효도는 정조가 노론으로 가득 찬 정국을 끌고 나가는 주요한 수단이었던 것이다.

정조가 며칠 새 수원을 거듭 방문한 이유는 그해가 바로 화성 건설을 시작하는 해였기 때문이다. 그래서 거듭 현륭원에 가서 사도세자에게 제사하고 성공을 축원했던 것이다. 화성 건설은 새로운 조선 건설의 시작이었다. 그만큼 정조는 화성 건설에 모든 신경을 집중했다.

화성 건설의 원칙

정조는 화성을 축조하는 데 단 한 명의 백성도 부역시키지 않겠다는 원칙을 세웠다. 그러나 이런 방침을 이해하는 신료들은 거의 없었다. 부역이 법으로 규정된 나라에서 굳이 임금 노동만 강조하는 이유를 알 수 없었다. 큰 성을 쌓는 데 단 한 명의 원성도 사지 않겠다는 것은 사도세자에게 일호의 원성도 돌아가게 하지 않겠다는 효심의 발로라고 해도 현실을 무시한 처사로 보였다. 그래서 정조 18년(1794) 5월 22일 영중추부사 채제공이 대안을 제시했다.

"국가에 큰 역사가 있을 경우 백성을 부리는 것은 나라를 다스리는 데 통용되어 온 관례입니다. 공자도 '백성을 시기적절하게 부린다'고 했지 언제 백성을 부리지 말라고 한 적이 있습니까. 화성 성역(城役)은 국가의 대사이므로, 일의 체모로 말한다면 나라가 백성들에게 역사를 맡기지 않을 수 없고 도리로 말한다면 백성이 나라를 위하여 부역을 하지 않을 수 없습니다. … 승군(僧軍)은 이런 일에 쓰기에 더욱 합당합니다. 백성들과 승군들을 며칠 동안 성역에 부역시키는 것은 어쩔 수 없는 일일 듯합니다.”

조선 후기 승려들은 각종 축성 공사에 단골로 동원되는 인력이었다. 하도 많이 불려 다니다 보니 그중에는 축성 전문가도 적지 않았다. 그러나 정조는 물러나지 않았다.

“경이 말하지 않더라도 내가 어찌 사세가 이러함을 모르겠는가. 그러나 본부(本府)의 성역에 기어코 한 명의 백성도 노역시키지 않으려고 하는 것은 내가 뜻한 바가 있어서이다.”

정조는 백성을 부역시키지 않고도 거대한 성을 지을 수 있다는 선례를 만들고 싶었다. 지금까지 축성은 모두 소비적인 행정 행위였다. 그러나 정조는 축성이 소비가 아니라 생산 행위가 될 수 있다고 생각했다.

그해 여름은 무더웠다. 정조는 무더위에 일꾼들이 쓰러지지 않을까 걱정

화성 전도

했다. 그래서 고심 끝에 어의들과 상의해 '더위를 씻는 알약'인 척서단(滌暑丹)을 만들었다.

"불볕더위가 이 같은데 성역처(城役處)에서 공역을 감독하고 공역에 종사하는 많은 사람들이 끙끙대고 헐떡거리는 모습을 생각하니 밤낮으로 떠오르는 일념을 잠시도 놓을 수 없다. 내가 어떻게 밥맛이 달고 잠자리가 편할 수 있겠는가. 그러나 생각만 해서야 속이 타는 자의 가슴을 축여 주고 더위 먹은 자의 열을 식혀 주는 데 무슨 보탬이 되겠는가. 그래서 따로 한 처방을 연구해 새로 조제해 내려 보내니, 장수(匠手)·모군(募軍) 등에게 나누어 주어서 속이 타거나 더위를 먹은 증세에 1정 또는 반 정을 정화수에 타서 마시도록 하라."

6월 28일 정조는 척서단 4천 정을 화성에 내려 주었다. 더위에 지친 일꾼들은 차가운 정화수에 임금이 내린 척서단을 타서 마시며 감격해 했다. 강제 부역도 아니고 품삯을 받고 나와 일하는 자신들에게 더위를 식히는 약까지 만들어 내리니 감격하지 않을 수 없었다. '성군(聖君)'이란 소리가 절로 나왔다.

그러나 척서단도 한때의 효과뿐이었고 무더위는 가실 줄 몰랐다. 가뭄이 계속되고 있었다. 정조는 그해 7월 6일 공사의 부분 정지를 명했다.

"성을 쌓는 공사장 중 돌을 뜨고 기와를 굽는 여러 곳은 뙤약볕 가운데서 있어야 하므로 서늘한 기운이 생길 때까지 멈추도록 하라."

뙤약볕 밑에서 일해야 하는 일부 공사를 중지시킨 것이다. 그러나 가뭄은 계속되었고, 수원 부사 조심태는 기우제를 지내자고 요청했다. 그래서 정조는 7월 11일 공사를 중지시켰다.

"일찍이 옛사람들이 오행(伍行)에 부연시키는 말을 보면 '많은 백성을 수고롭게 부려서 성읍을 일으키면 양기(陽氣)가 성하기 때문에 가물이 든다'

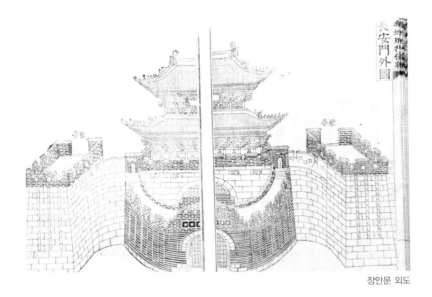

장안문 외도

고 했다. 이 가뭄이 많은 사람들을 동원했기 때문에 생긴 것인지 어떻게 알겠는가? 비록 볕을 가린 곳이거나 탁 트인 곳에서 일을 하는 인부일지라도 본인의 원하는 바에 따라 부역을 정지시켜 비가 오거나 서늘한 기운이 생기기를 기다리도록 하라.”

이렇게 아주 최소한의 부분만 남겨 두고 공사는 중지되었다. 그나마 이 공사도 오래가지 못했다. 정조는 음력 10월 모든 공사를 중지시켰다. 흉년이 들었기 때문이다. 10월 19일 차대한 자리에서 정조는 다음과 같이 말하였다.

“나는 성 쌓는 공사를 정지하는 것이 현재 황정(荒政: 흉년 정책)의 가장 큰 급선무라고 생각한다. 사람들은 모두 '이 공사는 민력을 번거롭게 하는 것이 아니고 값을 주고 일꾼을 고용하는 것이어서 흉년에 먹을 것 없는 백성들이 도리어 이 때문에 입에 풀칠을 하고 있는데, 지금 중지한다면 일꾼들의 실망이 오히려 클 것이다. 또 이 성은 소중한 점이 있으니 사소한 일로 갑자기 공사를 중지해서는 안 된다'고 말한다. 그러나 내 뜻은 그렇지 않다."

정조는 비록 임금 노동으로 공사를 하는 것이지만 많은 사람들을 동원한 것이 가뭄과 흉년의 원인이 되지 않았을까 염려했다. 하늘의 기운이 순조롭지 못한 것에 대한 자책이었다. 영중추부사 채제공이 공사 중지에 반대했다.

"이 공사를 중지하는 것은 매우 어려운 일입니다. 현재의 공장과 모집한 일꾼들은 팔도에서 모은 사람들인데, 지금 만약 돌려보낸다면 몇 년 후에 다시 모으기는 어려울 듯합니다. 또 자원하여 공사에 나와 입에 풀칠하고 몸이나 겨우 가리던 자들은 이 공사가 명줄과 관계된 것인데, 공사를 중치하고 돌려보낸다면 그 낭패가 어떠하겠습니까. 성 쌓는 공사도 흉년을 구제하는 한 가지 정책이 되는 것입니다. 게다가 소를 세내어 돌을 운반하고 시설한 것이 적지 않은데 갑자기 중지한다면 훗날 물력의 소비는 반드시 처음보다 배가 될 것입니다."

우의정 이병모(李秉模)도 반대했으나 정조의 뜻은 확고했다.

"수원성의 공사가 중요한 점이 있기는 하나 그것을 정지하는 것 또한 중요한 일이다. … 만일 흉년이 들지 않아 백성들이 굶주리지 않았다면 이 공사는 미루는 일 없이 계속 진행했을 것이다. 그러나 지금 삼남과 경기 지역은 가을이 되어서도 백성들이 잇따라 굶주림에 쓰러지고 있으며 서북 지역의 변방 고을들도 양곡을 대기가 어렵다고 보고하고 있다. … '성 쌓는 공사에 드는 비용은 없으면 만들어 내면 되고 황정(荒政)에 필요한 것은 창고를 열어 곡식을 진휼해 주면 되니, 각자 다른 두 일이니 서로 상관이 없다'고 말하지 말라. 한 나라의 재화는 일정액이 정해져 있어서 위에 있지 않으면 아래에 있고 밖에 있지 않으면 안에 있는 법이다. 이는 농민들이 한 해를 꾸려 나갈 양식이 아니면 백성들에게 입에 풀칠이라도 하도록 진휼해 주어야 할 밑천이다."

공사를 강행하려면 재정을 지출할 수밖에 없는데 그러면 흉년에 백성들을 구휼할 곡식이 모자라게 될 것이라는 말이었다. 정조는 백성들이 "구중궁궐의 광명한 불빛이 헐벗은 백성들은 비추지 아니하고 오로지 성가퀴(성 위에 낮게 쌓은 담)만 비추는구나"라고 말하지 않겠느냐고도 말했다.

정조는 화성 축성에 10년을 계획했다. 장구한 기간이지만 백성에게 일호(一毫)의 피해도 가지 않게 하기 위해서는 이 정도 시간이 필요하다고 본 것이다.

"오늘날의 방도는 황정 한 가지 일에만 정신을 쏟는 것이 제일 나으니, 비록 한 톨의 쌀이나 한 치의 베와 같이 하찮은 물건이라도 줄일 수 있는 것은 줄이고 취할 수 있는 것은 취해서 혹은 농사짓는 데에 대 주고 혹은

수원 화성의 화서문

진대(賑貸: 곡식 대여)할 밑천으로 돌려야 할 것이다. 그래야만 병약한 백성들이 다 회복되고 나 또한 자리에서 편안할 것이며 하늘도 또한 편안함을 내리어 풍년이 들 것이다."

흉년에 공사를 계속할 수 없다는 정조의 생각은 확고했다. 문제는 공사로 먹고사는 백성들이었다. 정조는 이들에 대한 대책을 미리 생각해 두고 있었다. 그해 초 화성에 행행(行幸)했을 때 정조는 성 근처의 용연(龍淵)이란 연못과 그 오른쪽의 귀봉(龜峰)을 보고 생각난 것이 있어서 조심태에게 말했다.

"오른쪽은 귀봉이고 왼쪽은 용연이어서 거북과 용이 서로 마주하고 있으니 그 이름 역시 우연하지 않다."

앞면이 석벽(石壁)으로 된 용연의 물은 광교산(光敎山)에서 흘러나와 석벽 아래에서 휘돌아 남쪽의 읍치(邑治)를 지났다. 정조는 물이 기슭을 따라 가다가 꺾이는 곳에 축대를 쌓고 수문(水門)을 만들려는 계획이었다. 즉 수문 있는 저수지를 만들려는 것이었다.

저수지를 조성하는 데는 이유가 있었다. 성의 뒤쪽 황무지를 농토로 이용하려는 것이었다. 화성 행차 때마다 그 주변을 꼼꼼히 살펴보던 정조는 화성 뒤쪽 황무지를 개간할 수 있는 방안을 연구하게 되었다. 군사를 시켜 파 보니 얕으면 반 길, 깊어도 한 길 정도만 파면 농토로 쓸 수 있다는 결론이 나왔다. 물만 댈 수 있다면 백 곡(斛: 15~20말) 정도 소출되는 농토를 수천 경(頃) 얻을 수 있다는 것이 정조의 계산이었다. 개인이 개간하기는 어렵지만 국가에서 흉년 구제 사업으로 진행하면 백성도 살리고 농토도 얻는 일거양득의 효과가 있었다. 정조는 자신감을 갖고 있었다.

"몇 천 경이나 되는 성곽 근처의 좋은 땅을 넉넉히 얻을 수 있을 것이니, 한두 해도 안 되어서 장차 사람들이 삽을 메고 구름처럼 몰려들어서 저수지를 터서 물을 내리는 좋은 일을 볼 수 있을 것이다."

정조는 진목천(眞木川)을 막아서 큰 저수지를 만들고, 황무지를 개간해 거대한 농토를 조성하기로 결정했다. 오래전부터 꿈꿔 왔던 농업 혁명의 시작이었다.

만석거와 대유둔

정조는 저수지 축조 방법에 대해 설명했다.

"그 공사를 할 때에는 품삯을 날짜로 계산해서 주지 않고 짐을 단위로 해서 거리의 원근을 헤아려 차등을 둔다면 강한 자는 넉넉히 백 전을 취할 것이요 약한 자도 제 한 몸 가리기에는 족할 것이다. 이 어찌 다만 부민(府民: 수원 백성)뿐이겠는가. 동서남북에서 적당한 거처 없이 품팔이로 살아가는 자들은 모두 소문을 듣고 다투어 달려올 것이다. 이들이 혹은 움집을 짓고 혹은 가게를 차려 술이나 밥을 팔아 그 있는 것을 가지고 없는 것을 바꾼다면 이 또한 홀아비와 과부의 이익인 것이다."

흉년 구제 사업으로 공사를 벌여 백성들이 노동력을 제공하고 임금을 지급 받아 먹고살 수 있게 하겠다는 말이었다. 이는 그야말로 생산적인 흉년 구제책으로 백성도 살리면서 저수지와 대농장의 건설도 이루어지는 것이었다.

"그러면 성은 만세토록 무너지지 않을 기반이 정해질 것이고, 백성 만여 호는 기름진 땅을 얻을 것이며, 창고에는 만 명이 충분히 먹을 수 있는 양식을 저장할 수 있을 것이니, 일거에 모든 이익이 다 갖추어지는 것이다. 어찌 참으로 아름답고 훌륭한 일이 아니겠는가."(『정조실록』 18년 11월 1일)

화성을 자급자족적인 생산 도시로 만드는 것이 정조의 꿈이었다. 소비만

하는 도시가 아니라 생산도 하는 도시가 되어야 했다. 그러기 위해서는 저수지와 대농장이 필요했다.

이 공사에도 정조는 국가 예산이 아니라 내탕고를 사용하기로 했다. 과거에도 내탕금을 풀어 백성을 구제한 적이 많았지만 이번에는 경우가 달랐다. 내탕고로 백성들을 구제한 결과 그 돈이 그냥 사라지는 것이 아니라 대규모 저수지와 농토가 생기는 것이었다.

정조는 자주 범람하던 진목천을 막아 둑을 쌓고 최신 수문과 갑문(閘門)을 설치하는 공사를 시작했다. 이렇게 조성된 저수지가 만석거(萬石渠)였다. 그리고 화성 북부의 황무지를 개간해 거대한 농장을 조성했는데 이것이 대유둔(大有屯)이었다.

흉년에 굶주려 여기저기 떠돌던 백성들은 정조의 예상대로 사방에서 몰려들었다. 만석거와 대유둔 공사장은 팔도에서 몰려든 백성들과 이들에게

만석거의 모습 대유둔은 현재 주거지로 바뀌었다.

음식과 술을 파는 사람들로 흥성거렸다.

정조는 이렇게 조성된 대유둔의 3분의 2는 장용외영의 군인들에게 둔전(屯田)으로 주고, 나머지는 수원의 가난한 백성들에게 나누어 주었다. 둔전은 군량이나 관청의 경비에 쓰기 위해서 경작하는 논밭으로 병농일치(兵農一致)의 이상을 뜻한다. 둔전은 정조의 즉흥적인 발상이 아니었다. 정조는 둔전이야말로 따로 국방비를 들이지 않고도 강군(强軍)을 육성할 수 있는 일거양득의 방안이라고 생각해 왔다. 이미 재위 11년에 각신 윤행임에게 둔전에 대해 강조한 적이 있었다.

"둔전은 훌륭한 제도이다. 그런데 우리나라는 이름만 있고 실상이 없었다. 재상 유성룡이 훈련도감을 설치해 군병 1만 명을 두고 그 반을 나누어 둔전을 경영하여 군량으로 삼으려 했지만 실행에 옮기지는 못하였다. 내가 비로소 경기 안의 두세 산군(山郡)에 장용영의 향군(鄕軍: 지방군) 2초(哨)를 두고 둔전을 설치해 봄 · 여름에는 농사를 짓도록 하고 가을 · 겨울에는 활 쏘고 사냥하게 했다. 땅에서 나는 곡식으로 군사들의 늠료(廩料)를 주고 나머지를 가지고 무기를 갖추는 데 쓰도록 해서 병사(兵事)와 농사가 서로 의지하게 하는 뜻을 붙였다."(『일득록』7)

정조는 이미 농지가 별로 많지 않은 산군 두세 군데에 시범적으로 둔전을 실시해 본 경험이 있었다. 그러나 화성에 설치하는 둔전은 달랐다. 화성은 산군과는 다른 평지이며 미래의 도읍이었다. 화성에 조성되는 둔전은 그 규모부터가 달라야 했다. 대규모 시범 둔전을 만들려는 것이 정조의 계획이었다. 그러기 위해서는 먼저 해결해야 할 문제가 농업용수였다. 그래서 매년 범람하던 진목천을 주목했던 것이다.

『화성성역의궤(華城城役儀軌)』의「대유둔 설치 절목」에 따르면 만석거는 정조 19년 5월 완성되었는데 둘레가 1,022보에 저수량을 조절하는 수문과

「화성의궤」

갑문을 갖춘 최첨단 저수지였다. 가뭄이 들면 농사를 포기해야 했던 백성들에게 만석거의 물을 이용하는 영농 방법은 경이 그 자체였다. 가뭄에도 농사를 지을 수 있다는 사실이 놀라웠다. 더구나 자신들의 주변에 그 저수지가 만들어진 것이었다.

정조 19년(1795) 무렵부터 대유둔에서 농경이 시작되었는데 병농일치의 이상을 실현하는 시범농장이었다. 둔도감(屯都監) 1명과 둔감관(屯監官) 1명을 포함해 모두 8명의 관원이 관할했는데 농토를 받은 장용외영의 군사들과 수원의 가난한 백성들은 둔소(屯所)에서 종자는 물론 소를 비롯한 모든 농기구를 제공받았다. 농부 2명이 소 1마리를 사용할 수 있을 정도로 농기구는 풍족했다. 생산물은 반은 경작자가 갖고 나머지 반은 수성고(修城庫)에 넣어 화성의 보수와 관리 비용으로 사용했다. 대유둔에서 나온 비용만 가지고도 화성을 유지할 수 있게 된 것이었다. 장용영 병사들에게 있어 이제 군역은 무조건 힘들고 괴로운 일이 아니라 이익이 남는 즐거운 일이 되었다.

대유둔에 대한 정조의 자부심은 대단했다. 정조는 재위 22년 각신 서용보(徐龍輔)에게 이렇게 말했다.

"농가의 이로움으로 수리(水利)만 한 것이 없다. 겨울과 봄, 눈이 녹을 때에 물을 모아 두었다가 봄과 여름 싹이 마를 때 물을 내려 보내면 그 이로움이 어찌 크지 않겠는가. 지금 화성의 만석거를 보더라도 제언(堤堰)을 축조하기 전에는 황폐한 논밭으로 잡풀만 자라는 땅이었는데 제언을 축조하고 나서는 원천(源泉)이 넓고 커서 척박한 땅이 비옥하게 바뀌었다. 올 4, 5월의 큰 가뭄에도 제언 아래의 수백 석(石) 넓은 들판은 한결같이 풍년이 들기를 기대할 수 있으니 가뭄이 재해가 되지 않았다. 이것을 미루어 본다면 제언이 이루어지느냐 피폐해지느냐 하는 것은 풍년이 드느냐 흉년이 드느냐 하는 큰 운수(運數)와 관계되는 것이니, 나라에 있어 실제적인 정사는 여기서 벗어나지 않는다."(『일득록』10)

대유둔은 조선 농촌이 나아가야 할 농경 방식을 실천해 보였다. 측우기를 활용하고 수문과 갑문, 그리고 수차(水車: 용골차(龍骨車), 용미차(龍尾車)) 같은 과학적 수리기구를 활용해 버려졌던 '황폐한 전답'을 옥토로 바꾸어 놓았다. 대유둔의 생산성은 뛰어났다. 첫해인 정조 19년(1795)에 1,500여석의 소출을 올렸는데, 이는 당시 조선 전체에서 으뜸가는 생산성이었다.

정조는 만석거와 대유둔을 노동의 장소만이 아니라 휴식의 공간으로도 삼고 싶었다. 그래서 만석거 남단에 세운 것이 영화정(迎華亭)이었다. 대유둔과 영화정은 수원 춘팔경(春八景)과 추팔경(秋八景)에 꼽히는 명소가 되었다. 수원 춘팔경 중 '아지랑이 피어오르는 화산 정경(花山瑞靄)'과 '맑은 날 물안개 낀 수원 유천의 풍경(柳川晴烟)', 그리고 '농요 소리 드높은 가운데 봄 농사가 한창인 대유둔 들녘 경치(大有農歌)' 등이 이에 속한다. 수원 추팔경에서는 '맑은 하늘 달 밝은 가을 밤의 연못 용연(龍淵霽月)'과 '누렇게 익은 벼가 황금 물결 이루는 만석거 주변 풍경(石渠黃雲)' 등이 이에 포함된다. 이처럼 화성은 꿈과 노동과 오락이 함께하는 이상적인 도시에 다름 아니었다.

정조는 만석거와 대유둔의 성공에 힘입어 이 사업을 확대했다. 정조 22년(1798)부터 새로운 저수지 축만제(祝萬堤)를 쌓고 그 물을 사용하는 축만제둔(祝萬堤屯)을 설치했다. 새로운 대규모 농장이 생김에 따라 대유둔을 북둔(北屯), 축만제둔을 서둔(西屯)이라고 불렀다. 정조는 만안제(萬安堤)도 쌓았다. 재위 20년에는 만안제에 거둥해 이렇게 말했다.

"건설 공사를 시행할 때 귀하게 여기는 것은 백성을 이롭게 하는 것이다. 공사를 시행했는데 백성에게 불편하다면 어찌 후세에 볼 만한 것이 될 수 있겠는가. 지금 이 제언(堤堰)에는 느릅나무와 버드나무를 심었으니 아래

로는 1만 경(頃)의 밭에 물을 대어 척박한 땅을 기름지게 변화시킬 수 있고 위로는 10리의 길을 가려 주어 나그네들이 휴식할 수 있게 되었다. 한 가지로 두 가지의 장점이 갖추어졌으니, 어찌 아무 이유도 없이 공사를 일으켜 한갓 보기에만 아름답게 하려는 것과 함께 놓고 같이 말할 수 있겠는가."

(『일득록』9)

만석거 남단에 휴식 공간으로 세운 영화정

장용영 소속의 둔전이 있는 곳은 화성뿐만이 아니었다. 정조는 황해도 봉산에도 장용영 둔전을 설치했다. 정조는 이 사업을 전국적으로 확대하고 싶었다. 병농일치의 이상도 실현하고 강군도 육성하는 일거양득의 부국강병책이 아닐 수 없었다. 봉산 둔전은 수확의 3분의 1만 국고로 들어가고 나머지는 병사들의 것이 되었다. 정조는 대유둔의 성공에 자신감을 얻어 이렇게 말했다.

　"만석거를 만들고 여의동(如意垌)을 쌓고 대유둔을 설치할 당시에는 백성들이 모두 이를 좋아하지 않았으므로, 누차에 걸쳐 권유 신칙하고 내탕전 수만 금을 내려서 결심하고 시행했었는데, 지금에 와서는 백성들이 도리어 주위가 광활하지 못한 것을 원망하고 있으니, 백성들과는 이루어진 일을 가지고 함께 즐길 수도 있으나 일의 시작을 함께 꾀할 수는 없다는 것이 바로 이러하다. 그러나 지극히 신명한 것이 또한 백성들이니, 뒤에 의당 나의 고심을 알 것이다."(『정조실록』 22년 4월 27일)

　정조는 어떤 경우에도 백성들을 원망하지 않았다. 백성들은 눈앞의 것만 바라보게 마련이었다. 그러나 제왕은 먼 미래를 내다볼 줄 알아야 했다. 정조는 또한 백성들이 눈앞의 것만 바라보는 것 같아도 '지극히 신명하다'는 믿음을 갖고 있었다.

　정조는 재위 22년 6월 5일 화성부에 미곡 대신 메밀을 심으라고 명령하면서 이렇게 말했다.

　"왕기(王畿: 경기) 지역은 전국의 표준이니, 먼저 이곳의 읍들이 정력을 들여 명령을 충실히 받들어 준행해야 호남·영남 지방까지도 보고 느껴서 그림자처럼 따라오게 할 수 있을 것이다."

　정조는 화성과 그 일대를 시범지역으로 만들어 백성들이 풍족하게 살게 함으로써 다른 지역들이 자발적으로 이를 본받게 하려고 했다. 정조는 모든 백성들이 굶주림 없이 풍요롭게 생활하는 조선을 만들고 싶었다. 그리고 그 꿈은 바로 이곳 사도세자의 도시, 화성에서 시작되어 실현될 것이었다.

금난전권의 폐지

조선에는 육의전(六矣廛)으로 대표되는 시전(市廛)이 있었다. 비단을 취급하는 입전(立廛), 무명을 취급하는 면포전(綿布廛), 명주를 취급하는 면주전(綿紬廛), 베를 취급하는 포전(布廛), 모시를 취급하는 저전(紵廛), 종이를 취급하는 지전(紙廛)이 육의전이다. 임진왜란과 병자호란을 거치면서 극심한 재정 부족에 빠졌던 조정은 관상(官商)인 시전에게 상업적 특권을 주는 조건으로 특별세를 받아 재정 위기를 넘기려 했다. 시전 상인들은 특별세를 납부하는 대신 평시서(平市署)와 한성부의 상인 명부인 「전안(廛案)」에 등록하고 특정 물품을 독점할 수 있는 특권을 부여받았다. 그중에 '난전을 금지시킬 수 있는 권리'라는 뜻의 금난전권(禁亂廛權)이 가장 큰 특권이었다. 금난전권은 서울 도성 안과 도성 아래 10리[城底十里]까지 광범위한 지역에 「전안」에 등록하지 않고 상행위를 하는 사상(私商)들을 금지시킬 수 있는 권리였다. 시전 상인들은 사상들의 상행위를 난전(亂廛)으로 규정하여 세금을 거두거나 소유 물품까지 압수했으며 이를 거부할 경우 형조나 한성부에 넘겨 처벌받게 했다. 처음에는 육의전에서 다루는 여섯 품목에 국한되었으나 나중에는 쌀과 소금, 생선에 이르는 모든 상품이 금난전권의 대상이었다. 시전 상인들은 금난전권을 무기로 물가를 마음대로 조절해 거부가 되어 갔고, 그 일부를 유력 벼슬아치들에게 뇌물로 바쳐 특권을 유지하는 정경유착 또한 성행했다. 조정에서 재정 부족을 메우기 위해 만든 금난전권은 차차 조선의 상업 발전을 가로막는 족쇄가 되었다.

조선 후기 농업 생산력이 발전하면서 수공업과 상업 또한 크게 발전하여 전국 각지에 오일장이 섰다. 곳곳에는 포구(浦口)가 개설되어 한밤중에도 불이 꺼지지 않았다. 이렇게 상업으로 큰 재산을 모은 사상(私商)들의 소원은 서울로 진출하는 것이었다. 그러나 금난전권을 가진 시전 상인들에 막혀 번번이 좌절되었다. 그러자 사상들은 칠패(七牌: 지금의 남대문 시장)와 이현(梨峴: 배오개, 지금의 동대문 부근) 등에 독자적인 시장을 열어 시전에 맞섰다. 칠패에는 한강 연안의 마포(麻浦)나 서강(西江)에서 들어오는 곡식과 생선 등이 모여들었는데, 「한양가(漢陽歌)」의 "칠패 생선전에 각색 생선 다 있구나"라는 표현처럼 크게 흥성했다. 그러자 시전, 즉 관상(官商)들은 칠패와 이현에 진출한 사상들을 억제하기 위해 금난전권을 휘둘렀고 곳곳에서 큰 갈등이 빚어졌다.

정조는 당초 난전을 금했으나 금난전권을 가진 시전이 산지보다 몇 배씩 폭리를 취하여 일반 백성들의 생활이 어려워지자 생각이 바뀌었다. 정조 15년(1791) 1월 25일 채제공이 정조에게 금난전권을 철폐하자고 건의한 것은 이런 배경에서 나온 것이었다.

"도성에 사는 백성의 고통으로 말한다면 도거리 장사가 가장 심합니다. 우리나라의 난전을 금하는 법은 육의전이 위로 나라의 일에 수응하고 그들로 하여금 이익을 독차지하게 하자는 것입니다. 그런데 요즈음 빈둥거리며 노는 무뢰배들이 삼삼오오 떼를 지어 스스로 가게 이름을 붙여 놓고 사람들의 일용품에 관계되는 것들을 멋대로 전부 주관합니다. 크게는 말이나 배에 실은 물건부터 작게는 머리에 이고 손에 든 물건까지 길목에서 사람을 기다렸다가 싼값으로 억지로 사는데, 만약 물건 주인이 듣지를 않으면 곧 난전이라 부르면서 결박하여 형조와 한성부에 잡아넣습니다. 이 때문에 물건을 가진 사람들이 간혹 본전도 되지 않는 값에 어쩔 수 없이 눈물을 흘리며 팔아 버리게 됩니다."

도거리는 도고(都賈·都庫)라고 부르는데 상품을 매점매석해서 가격 상승과 매매 조작을 노리는 상행위를 가리키는 말 자체로 사용될 정도로 이들의 횡포는 컸다. 농촌에서 물건 몇 개를 가져온 농부나 사상들은 울며 겨자 먹기로 본전 이하에 물건을 빼앗기기 일쑤였다. 거절하면 금난전권을 이용해 형조나 한성부에 잡아넣었기 때문이다.

"가게의 물건 값은 배 이상 비싼데 사지 않으면 그만이지만 사지 않을 수 없는 경우에 그 가게를 두고는 다른 곳에서 살 수가 없습니다. 이 때문에 그 값이 나날이 올라 물건 값이 신이 젊었을 때보다 세 배 또는 다섯 배나 비쌉니다. 근래에는 심지어 채소나 옹기까지도 가게 이름이 있어서 사사로이 서로 물건을 팔고 살 수가 없으므로 백성들이 음식을 만들 때 소금이 없거나 곤궁한 선비가 조상의 제사를 지내지 못하는 일까지 자주 있습니다. 이런 모든 도거리 장사를 금지한다면 그러한 폐단이 중지될 것이지만 입을 다물고 있는 것은 단지 원성이 자신에게 돌아올까 겁내는 것에 지나지 않습니다."

채제공이 '원성이 자신에게 돌아올까 겁낸다'고 말한 대상은 시전 상인들과 결탁한 벼슬아치들이었다. 이들이 뒤를 봐주고 있기 때문에 금난전권이 계속 유지되는 것이었다. 물론 이 벼슬아치들은 노론 계열의 벌열(閥閱)이었다. 채제공은 대안을 제시했다.

"평시서로 하여금 2, 30년 사이에 새로 벌인 영세한 가게 이름을 조사해 모조리 혁파하게 하고 형조와 한성부에 분부하여 육의전 이외에 난전이라고 잡혀 온 자들에게 벌을 주지 말고, 반좌법(反坐法)을 적용시키면 장사하는 사람들은 서로 매매하는 이익이 있을 것이고 백성들도 곤궁한 걱정이 없을 것입니다. 그 원망은 신이 스스로 감당하겠습니다."

반좌법은 사람을 무고해서 죄에 빠지게 했을 경우 그와 같은 형을 받는 것을 뜻한다. 정조는 채제공의 건의를 즉각 받아들였다. 이미 금난전권의 폐해를 알고 있었기 때문이다.

이것이 조선 상업에 혁명적 변화를 가져온 신해통공(辛亥通共)이었다. 전통적인 육의전의 특권은 계속 유지되었으나 나머지 잡다한 명목의 시전 상인들의 금난전권은 모두 폐지되었고 이로써 일반 사상들은 서울 시내에서 상업 행위를 하고 백성들은 육의전 이외의 사상들에게서 물건을 살 수 있게 되었다.

신해통공이 반포되자 그 효과는 즉각적이었다. 며칠 만에 생필품 가격이 크게 내렸다. 이를 확인한 채제공은 2월 12일 기쁜 마음으로 정조에게 보고했다.

"신이 경연에서 아뢴 뒤로 어물 등의 물가가 갑자기 전보다 싸졌다고 하니, 개혁을 하고 난 뒤에 실효가 있는 것은 이로 미루어 알 수 있습니다."

반면 육의전은 큰 충격에 빠졌다. 이들은 자신들과 결탁한 노론 벌열들을 움직여 신해통공을 폐지하고 금난전권을 부활시키려 노력했다. 평시서 제조 김문순(金文淳)이 정조에게 금난전권을 폐지하지 말자고 요청하고 나섰다. 그러나 정조의 마음은 이미 굳어져 있었다.

"대신(채제공)이 아뢴 것도 여러 가지 점포와 난전을 모두 철저히 금지하자는 것은 아니고 그중에서 일상생활에 가장 긴요한 물품을 취급하는 점포에 대해서 말한 것일 뿐이다. 다시 더 헤아려서 속히 이 폐단을 바로잡으라."

정조가 김문순의 요청을 거부하면서 금난전권 폐지는 다시 확인되었다. 이로써 조선의 상업은 큰 발전의 계기를 맞게 되었다. 소수의 특권이 무너지자 다수가 만족하는 상황이 실현된 것이다.

정조는 수원 화성에서도 이러한 상황을 실현하고자 했다. 화성을 농업혁명을 선도하는 농업도시로뿐만 아니라 상업혁명을 선도하는 상업도시로 만들려고 한 것이다. 그러려면 먼저 화성에 백성들이 많이 모여들어야 했다.

화성에 상가를 조성하라

정조는 미리부터 좌의정 채제공에게 화성에 인구를 많이 모을 수 있는 방안을 연구해 보고하라고 지시를 내려 두었다. 정조 14년(1790) 2월 채제공은 화성 인구 증진 방안을 마련해 보고했다.

"수원부에는 원래 가난한 백성 1천여 호가 살고 있었는데 집들은 모두 달팽이집처럼 생긴 오두막뿐입니다. 이번에 고을을 옮기고 나서도 예전과 같다면 모양을 제대로 갖추지 못할 것입니다. 그러나 가난한 사람들에게 강제로 큰 집을 지으라고 아무리 을러대고 권고해도 결코 해내지 못할 것입니다."

채제공은 인구를 모으는 방법으로 상가 조성을 제안했다.

"길거리에 집들이 가득 들어차게 하는 방법은 전방(廛房: 상가)을 따로 짓는 것보다 더 나은 수가 없습니다. 우선 서울의 부자 2, 30호를 모집해 무이자로 1천 냥을 주는 것입니다. 그리고 그들에게 새 고을에 집을 서로 마주 보도록 짓게 해서 장사를 해 이익을 보게 한 다음 몇 해를 기한으로 차차 나누어 갚게 한다면, 조정에도 별로 손해가 없고 새 고을은 부락을 이루고 도회(都會)를 형성할 수 있게 될 것입니다. … 이익을 내는 데는 별다른 도리가 있는 것이 아닙니다. 고을 근방에 한 달에 여섯 번 시장을 열어 서로 장사하게 하되 한 푼의 세금도 받지 않으면 사방의 장사치들이 소문을 들

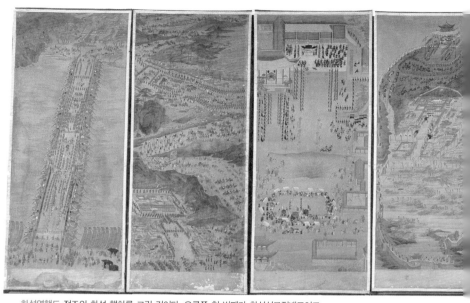

화성연행도 정조의 화성 행차를 그린 것이다. 오른쪽 첫 번째가 화성성묘전배도이고,
다섯 번째가 서장대야조도이다. 왼쪽 끝이 한강주교환어도이다.

고 구름떼처럼 모여들어서 전주(全州)나 안성(安城) 못지않은 큰 시장이 형
성될 것입니다. 이렇게 되면, 주민들은 저절로 살림에 재미를 붙일 것이고,
다른 고을의 백성들도 일부러 모아들일 필요 없이 제 발로 찾아올 것입니
다. 만약 고을의 모양을 새롭게 하고자 한다면 이보다 더 나은 방법이 없을
듯합니다.”

화성에 상가를 조성하고 5일장을 열어 장사하게 하되 세금을 걷지 않으
면 사방에서 상인들과 백성들이 살려고 몰려들 것이라는 말이었다. 정조가
다른 대신들의 견해를 묻자 상가 조성에 난색을 표하는 이들이 있었다.

“부자들을 이주시키고 시장을 옮기는 것은, 참으로 백성들을 모아들여
잘살게 하는 방법인 셈입니다. 그러나 전방(廛房)을 따로 짓는 것은 서울

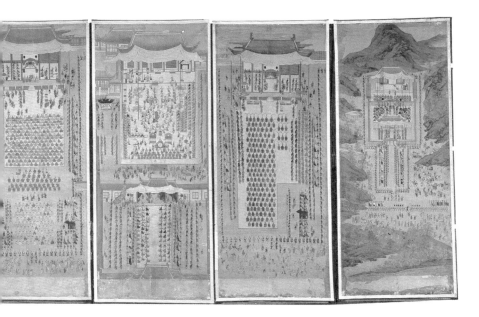

시장의 전방과 서로 방해가 될 염려가 없지 않을 것 같습니다."

서울 시전 상인들이 피해를 볼 우려가 있다는 것이었다. 물론 시전 상인들과 결탁된 벌열들의 말이었다. 정조는 서로 다른 견해들을 조정했다.

"백성들을 모아들이는 계책을 시임·전임 고을 수령들에게 물었더니 그들의 말도 경(채제공)의 말과 같았다. 지금 이 연석의 여러 의견들도 조금씩의 차이는 있으나 큰 줄기는 그다지 다른 것이 없다. 경은 연석에서 물러난 뒤에 척도(尺度: 기준)를 정하여, 묘당에서 편할 대로 시행할 것은 즉시 결정해 주고 품지(稟旨: 임금의 분부를 받는 것)를 거치지 않을 수 없는 것은 즉시 품처함으로써 영구히 전할 수 있는 실효가 있도록 하라."

정조의 명에 따라 채제공은 널리 의견을 구했다. 서울 시전 상인들의 기득권도 무시할 수는 없었고, 1천 냥을 무이자로 빌려 준다고 서울의 상인들이 이주할 것인가도 문제였다. 이 문제에 대한 해법을 낸 인물이 수원 부사 조심태였다. 서울 상인들을 이주시키기보다 수원 상인들을 이용하자는 것이었다.

"신이 여러 사람들의 의견을 널리 물어보았더니 본부(本府: 수원)는 삼남(三南)으로 통하는 요로이기는 하나 물산이 본디 적어서 부호(富戶)를 많이 모으고 점포를 설치하려고 해도 갑자기 생각대로 되기는 어렵겠습니다. 본고장 백성들 중 살림 밑천이 있고 장사 물정을 아는 사람을 골라 읍 부근에 살게 하면서 관청에서 빌린 돈으로 이익을 남기며 살아가게 하는 것이 좋은 대책이 될 것이라는 의견이 있었는데 이야말로 한번 시도해 볼 만합니다. 어떤 관청의 돈이든 이자가 없는 돈 6만 냥을 떼어 내 고을 안에서 부자라고 이름난 사람 중에 받기를 원하는 자에게 나누어 주어 해마다 이익을 나게 하되, 3년을 기한으로 정하고 본전과 함께 거두어들인다면 백성들을 모집하고 산업을 다스리는 데 큰 도움이 될 것입니다. 이때 관청 돈을 빌리려는 사람들과 구획하게 되면 점포란 명칭의 설립이 필요 없을 것입니다. 쌀 때 사서 비쌀 때 팔면서 꾸려 가게 한다면 새 읍치(邑治)도 완전히 형성될 가망이 있습니다. 그리고 조포사(造泡寺) 중들의 생활이 빈약합니다. 그들에게도 다같이 참작해 나누어 주고 지혜(紙鞋: 종이신)를 만드는 본전으로 삼게 한다면 반드시 혜택을 입히는 방법이 될 것입니다."

조심태의 견해는 수원 사람들의 의사를 반영한 것이었다. 수원 사람들은 굳이 서울 사람들을 부를 것 없이 자신들에게 돈을 빌려 주면 상가를 조성해 보겠노라고 나섰던 것이다. 조심태의 말을 들은 정조는 대신들의 의견을 물었다. 좌의정 채제공은 찬성했다.

"운영에 조리가 있으니 마땅히 진술한 대로 시행해야 합니다. 전물(錢物:

돈)은 균역청과 금위영·어영청 두 군영의 관서별향고(關西別鄉庫)에서 적당히 분배해 주어야 할 것 같습니다."

우의정 김종수도 찬성이었다.

"수원 부사가 아뢴 말은 정말 허점을 잘 맞혔습니다. 6만 냥의 돈이 적지 않지만 3년 내에 본전을 갚는 조건으로 좌의정의 말대로 균역청과 금위영·어영청 두 군영의 관서별향고에서 조성하게 하소서. … 더없이 중요한 일에 들어간 수량을 수년 내에 본전으로 도로 들여놓는 것이므로 망설일 이유가 없을 것 같습니다."

남인 정승 채제공뿐만 아니라 노론 정승 김종수까지 찬동했으므로 장애 요소는 없었다. 두 당수가 찬성했으니 당론이 통일되어 국론(國論)이 된 것이다. 정조는 균역청 예산에서 떼어 주라고 명했고, 균역청 산하 진휼청(賑恤廳)의 자금 6만 5천 냥이 대여되었다. 『수원부읍지(水原府邑誌)』에 따르면 이때 1만 5천 냥을 수원 상인들에게 대여해 미곡전(米穀廛: 곡식상), 어물전(魚物廛), 목포전(木布廛: 옷감상), 유철전(鍮鐵廛: 놋과 철상), 관곽전(棺槨廛: 관과 곽 등 장의상), 지혜전(紙鞋廛: 종이·신발상) 등의 시전이 개설되었다.

정조는 화성을 상업도시로 건설하기 위해 화성 안 중심지에 인위적으로 '십자가로(十字架路)'를 조성했다. 원래 조선의 도시 건설은 십자형이 아니라 정자(丁字)형으로서 그 북쪽에 관청을 설치하는 식으로 조성되는 것이 일반적이었다. 그러나 화성은 독특한 십자 형태를 취한 것이다. 계획적인 상업지구로 만들기 위한 것이었다. 이렇게 조성된 화성의 십자로에는 수많은 상점들이 들어서서 흥성거렸다. 삼남(三南)으로 통하는 요지인 화성의 십자로에서 시작된 상업혁명은 삼남 각지로 퍼져 나갔다. 화성은 조선 후기 상업혁명을 선도하는 도시로 우뚝 섰다.

미래 지향의 도시, 화성

정조의 말대로 화성 성역은 10년의 세월이 걸리지 않았다. 채제공이 총괄하고 조심태가 현장에서 직접 성역을 지휘한 화성 성역에는 정조의 명으로 정약용이 고안한 기중기가 사용되는 등 조선의 모든 과학 지식이 총동원되었다. 조심태는 '화성이 성화요 조심태가 태심(너무 심하다)하도다'라는 노래가 생길 정도로 철저하게 감독했다. 정조는 조심태에 대해 크게 만족했다.

"천하의 일은 적임자를 얻어 맡기면 반은 이루어진 것이다. 인재는 다른 시대에서 빌려 올 수 없는 것이다. 화성 축성을 이미 조심태에게 맡겼으니 내가 어찌 친히 방략(方略)을 일러 줄 필요가 있겠는가. 나는 성곽 제도에 대해 평소 헤아려 본 적이 있어서 지난 시대의 축성 가운데 어떤 것이 잘되었고 어떤 것이 잘못되었는지를 모두 강구해 그 대의를 알고 있다. 그래서 옛날 제도 가운데 가져다 본보기로 삼지 않을 수 없는 것과 근래의 제도 가운데 변통하지 않을 수 없는 것에 대해 그 대략을 들어 조심태에게 일러 주었다."(『일득록』 8)

정조 18년(1794) 정월부터 시작된 화성 축성은 원래 10년 기한이었다. 그러나 정조의 예상대로 기한은 단축되어 불과 3년 만인 정조 20년(1796) 10월 낙성식을 할 수 있었다. 34개월 만이었는데 시공 연도의 흉년으로 6개월 간 공사를 중지했으니 실제

로는 28개월 만에 6백 칸에 이르는 행궁을 비롯한 모든 공사를 완공했던 것이다. 정조의 치밀한 기획과 채제공의 총괄, 그리고 조심태의 현장 감독 능력이 잘 맞아떨어졌기 때문이다.

강제 부역이 아니라 도급제 임금 노동을 실시함으로써 노동 효율성이 크게 높아진 것도 큰 몫을 했다. 강제 부역 때는 마지못해 시간만 때우던 백성들이 도급제 임금 노동을 실시하자 밤낮을 가리지 않고 열심히 일했다. 정약용이 설계한 기중가(起重架)를 사용해 '4만 냥(兩)의 비용을 절약했다'

수원성

고 정조가 기뻐한 것처럼 첨단 과학지식과 장비가 모두 동원된 것도 조기 준공에 큰 몫을 했다. 한마디로 조선의 모든 과학 건설 역량이 총동원된 공사였다. 낙성식 전날 정조는 용이 여의주를 물고 올라가는 꿈을 꾸었는데, 이 때문에 사도세자의 원찰로 정해졌던 조포사의 이름을 용주사(龍珠寺)로 바꾸기도 했다.

정조는 조선 사회 밑바닥에서 꿈틀대는 거대한 변화의 흐름을 읽고 있었다. 사대부들이 사변적인 말장난으로 세월을 보내는 동안 사회 밑바닥에서는 거대한 변화의 흐름이 일고 있었다. 농업생산력 발전에서 시작된 변화는 수공업과 상업으로 옮겨 가 사회 전체에 파급되었다. 정조는 화성이 사회의 이런 변화를 흡수할 뿐 아니라 선도하는 도시가 되어야 한다고 생각했다. 그러기 위해서 화성은 행정도시이자 상업도시가 되어야 했고, 농업 발전을 선도하는 농업 시범도시가 되어야 했다. 조선이 나아가야 할 미래 계획도시가 되어야 했다.

화성은 정조 20년 낙성되었지만 진정한 준공은 재위 28년째인 갑자년(1804)이 될 것이었다. 갑자년은 세자가 15세 성년이 되는 해이자 아버지 사도세자와 어머니 혜경궁 홍씨가 칠순이 되는 해이기도 했다. 정조는 이해에 왕위를 세자에게 물려주고 상왕으로 물러나 화성으로 가려는 계획을 세우고 있었다. 화성에서 평생 가슴속에 담아 두었던 계획을 실천할 것이었다. 그것은 사도세자 추숭사업이자 정치개혁이었다. 화성은 바로 그런 의미가 담긴 도시였다.

느닷없는 무사들의 출현에 은언군은 크게 놀랐다. 혹시 자신을 죽이려는 정순왕후와
노론의 흉계가 아닌가 의심했으나 곧 정조의 조치란 사실을 알고 안도의 한숨을 쉬었
다. 동시에 눈물이 쏟아져 나왔다. 형제의 지극한 정에 절로 쏟아지는 눈물이었다. 따지
고 보면 자신들처럼 기구한 운명의 형제도 없었다.

기구한 운명의 형제

재위 18년(1794) 4월 10일 아침.

정조는 강화부 유수 이홍재(李洪載)를 파직했다. 경기 관찰사 서용보(徐龍輔)도 파직했다. 느닷없는 인사에 조정은 긴장에 휩싸였다. 이홍재와 서용보에게 갑자기 파직당할 만한 잘못이 없었기 때문이다. 그러나 정조의 조치는 여기서 끝나지 않았다. 파직에 이어 금부도사를 파견해 이홍재와 서용보가 갖고 있던 병부(兵符: 병력동원권)를 넘겨받으라고 명령했다. 강화부 유수와 경기 감사가 갖고 있는 병권(兵權)을 무력화시킨 것이었다. 강화부는 새 유수가 섬으로 가서 전 유수에게 부신(符信: 병부)을 직접 받는 것이 관례였다. 한순간이라도 군사 지휘권이 비는 경우를 막기 위한 제도였다. 그러나 정조는 아랑곳하지 않고 강화도 유수의 병권을 먼저 무력화시켰다. 병권 무력화 조치까지 취해지자 조정은 더욱 경악했다.

이날 아침.

강화도에 배를 대는 일단의 무사들이 있었다. 강화도는 사전 허락 없이 배를 댈 수 없는 군사 요충지였다. 사전 통보가 없는 배가 다가오자 강화 유수부는 비상이 걸렸다. 유수부 병사들이 상륙을 저지하기 위해 집결했다. 한바탕 전쟁이라도 벌어질 태세였다. 그때 배 안에서 놀라운 소리가 들려왔다.

"우리는 금군(禁軍)이다. 왕명으로 왔다."

국왕 호위무사와 궁중의 액정서 소속의 액예(掖隸)들이라는 것이었다. 분명히 왜적의 배는 아니었다. 그렇다고 화적(火賊)들의 배도 아니었다. 금군임을 표시하는 깃발도 있었다. 그러나 강화 유수부 군사들은 상륙을 허가하지 않았다. 지휘권을 갖고 있는 강화 유수로부터 아무런 통보가 없었기 때문이다.

"강화 유수는 이미 파직되었다."

그래도 강화 유수부의 군사들은 완강했다. 드디어 양측 사이에 전투가 벌어졌다. 강화 유수부의 군사들은 맹렬히 맞섰으나 국왕 호위무사의 상대는 아니었다. 유수부의 병사 한 명이 칼에 찔려 쓰러졌다. 그러자 유수부 군사들은 뒤로 물러섰고, 친위병과 액정서 무사들은 목책을 헐고 강화도에 상륙했다.

그 직후 영부사 채제공이 합문 밖에 나와서 정조의 면대를 요청했다. 정조는 채제공의 면대 요청은 특별한 사유가 없는 한 거부한 적이 없었다. 그러나 이날은 달랐다. 정조는 면대를 허락하기는커녕 채제공을 고양군에 부처(付處)하라고 명했다. 각신 · 승지 · 옥당이 합문 밖으로 달려와 면대를 요청하였으나 허락하지 않았다. 그러자 영의정 홍낙성이 상차를 올렸다.

"강화도는 역적 이인(李䄄)이 살아 있는 곳이므로 지키는 책임자를 한 각도 비울 수가 없습니다."

영의정 홍낙성은 이 소동의 목적이 강화도에 귀양 가 있는 은언군 이인에게 있다는 사실을 알아차린 것이었다. 정치 고수다운 감각이었다.

조정이 이런 소동에 휩싸여 있는 동안 강화도에 상륙한 무사들은 재빠르게 움직였다. 이들의 뒤로 액정서 소속의 궁예들이 몇 개의 빈 가마를 들고 따랐다. 이들의 목적지는 바로 은언군 이인의 유배지였다.

"도성으로 올라오시라는 왕명입니다."

느닷없는 무사들의 출현에 은언군은 크게 놀랐다. 혹시 자신을 죽이려는 정순왕후와 노론의 흉계가 아닌가 의심했으나 곧 정조의 조치란 사실을 알고 안도의 한숨을 쉬었다. 동시에 눈물이 쏟아져 나왔다. 형제의 지극한 정에 절로 쏟아지는 눈물이었다. 따지고 보면 자신들처럼 기구한 운명의 형제도 없었다. 부친은 뒤주 속에서 죽고 형은 우여곡절 끝에 왕위에 올랐으나 동생을 죽이라는 강한 압력을 받고 있었다. 자신이 귀양지에서 목숨을 부지하고 있는 것 자체가 형의 부단한 투쟁의 결과였다. 그렇게 자신의 목숨을 살린 형이 도성으로 올라오라고 가마를 보낸 것이었다.

은언군과 가족들이 가마에 오르자 무사들은 재빨리 섬을 빠져나와 도성으로 향했다. 경기 감영의 군사들은 이 가마를 저지하지 않았다. 경기 관찰사 서용보의 병권이 무력화되었기 때문이다. 모든 것이 전광석화처럼 진행되었다. 정조는 내시를 비롯한 궁속(宮屬)들에게 절대 함구를 지시했다.

그러나 비밀은 곧 새어 나갔다. 정조가 아니라 정순왕후를 주군(主君)으로 생각하는 궁속들이 적지 않았기 때문이다. 소식을 들은 정순왕후는 급히 언문 전교를 써서 내려 보냈다.

"내가 세상에 살아 있는 것은 국가를 위하여 일푼이나마 돕고 보호하는 이익이 있을까 해서이다. 연전에 역적 이인(은언군)에 대해 형률을 적용하자고 여러 차례 말했지만 조정이 비단 머리가 부서지도록 강력히 간쟁하지 못했을 뿐 아니라 또 나의 성의가 주상을 감동시키지 못하여 저번에 강교(江郊)에서의 당황스러운 사태까지 있었다. 그 뒤부터 내가 스스로 잠자리와 음식을 박하게 하는 뜻을 보여서 주상을 감동시키려고 하였다. 그동안 다행히 그런 일이 다시 거론되지 않았기 때문에 마음에 조금 위안이 되어 죽은 뒤에 선대왕의 얼굴을 뵈올 수가 있게 되었다."

'강교의 당황스러운 일'이란 정조가 지난해 강화도 근처에 가서 은언군을 만난 일을 말하는 것이었다. 이때 정조의 목적은 은언군을 도성 안으로 데려오는 것이었는데 정순왕후가 감식(減食) 투쟁에 나서는 바람에 중지하고 말았다.

"지난겨울부터는 상의 마음이 또 달라진 듯하므로 내가 죽기를 각오하고 만류하였다. 그런데 뜻밖에도 요즘에 또 이인을 석방하려는 기미가 있기 때문에 내가 내시를 보내어 길을 막고 못 가게 하면서 몸소 주상에게 만류하였다. 그런데 오늘 들으니 가마와 종자를 모두 갖추어 보냈다고 한다. 사태가 매우 급하게 되었는데도 누설하지 못하도록 엄금하였기 때문에 내시와 궁속들이 와서 고하지 못했다. 내가 비록 짐작으로 그런 기미를 알았는데 마음과 뼈마디가 모두 떨렸다."

내시나 궁속들이 고하지 않았는데 짐작으로 알았다는 말은 궁중 내 자신의 간자(間者)들을 보호하려는 속셈이었다.

"대신 이하 백관들은 수백 년간 세록(世祿)의 신하이면서도 나라를 위한 토역(討逆)에 평범하게 대처하고 있다. 만일 오늘의 의심스럽고 염려스러운 생각이 맞는다면 내 어찌 이 세상에 살아 있을 생각이 있을 것인가?"

'오늘의 의심스럽고 염려스러운 생각'은 정조가 은언군을 도성으로 데려오는 일이었다. 정순왕후의 언문 전교는 노론에 대한 총궐기 명령이었다. 언문 전교를 받자마자 영의정 홍낙성이 백관을 이끌고 정조에게 달려갔다. 그들은 잠겨 있는 합문을 밀치고 들어가 급히 내달렸다. 그러나 홍낙성과 신하들은 대현문(待賢門)에서 막히고 말았다. 문에 자물쇠가 굳게 채워지고 액례(掖隸)들이 늘어서 있었던 것이다.

"영의정 된 사람이 어찌 함부로 들어올 수 있는가."

정조는 홍낙성을 밖으로 내치게 했다가 채제공처럼 고양에 귀양 보냈다. 판중추부사 박종악(朴宗岳) 등이 아뢰었다.

"신들이 문을 밀치고 들어간 죄는 진실로 용서받기 어렵다는 것을 알고 있습니다. 그러나 이런 위급한 때를 당하여 다른 것은 돌아볼 겨를이 없었습니다. 신들은 죽음이 있을 뿐 들어가지 못하면 물러갈 수 없습니다. 더구나 자전의 언문 전교를 받들고 문 밖에서 방황하게 되니, 비단 뭇사람들의 심정만 억울할 뿐 아니라 전하의 타고난 효성으로서 자교(慈敎: 대비의 교서)의 소중함을 생각하지 않으시고, 신들에게 끝내 방황하게 하십니까?"

정조의 금령(禁令)에도 신하들은 다시 합문을 밀치고 들어왔다. 이 바람에 문짝이 부서졌다. 이들은 일제히 중희당(重熙堂) 창 밖에 서서 다급한 소리로 울부짖었다.

"강화도의 역적이 아직도 살아 있어서 종사가 한 가닥 머리카락같이 위태로운데 지난번 강교의 일은 지금까지 뼈마디가 떨립니다. 다행히 우리 자전의 덕택으로 오늘이 있게 되었는데 전하의 지금 거조는 또 무슨 일입니까. 가마와 종자를 이미 갖추어 보냈건만 신들은 듣지를 못했습니다. 자전의 언문 전교가 없었다면 신들이 어떻게 알았겠습니까. 신들이 죽음을 무릅쓰고 여기까지 이르렀으니 접견하여 주소서."

정조는 양보하지 않았다. 그는 물러가지 않는 신하들을 귀양 보내라고 명했다. 그러자 신하들은 정순왕후를 찾아갔다. 정승들은 고양에 유배 갔기 때문에 판중추부사 김희(金熹)가 백관을 거느렸다.

"신들이 조금 전 자교를 받들고 놀랍고 두려워 서로 이끌고 전하에게 면대를 청하여 문을 두드리며 부르짖었으나 접견을 받지 못했습니다. 위급한 형편이 호흡처럼 박두했으나 호소할 곳이 없기에 자전께 일제히 호소하오니 전하의 마음을 돌이키셔서 위태로움을 편안하게 돌리소서."

정순왕후의 언문 비답은 싸늘했다.

"경들은 당연히 힘껏 성의를 다해서 전하에게 청해야 하는데 어찌 내게 와서 호소하는가. 조정 일은 내가 알 바가 아니니 경들은 물러가라."

명령을 내렸으면 알아서 정조와 싸울 일이지 왜 자신에게 와서 시끄럽게 구느냐는 말이었다. 자신이 전교를 내려 궐기를 촉구하고서도 '조정 일은 내가 알 바 아니다'라며 모르는 체하는 데서 정순왕후의 성격이 잘 드러난다. 정순왕후에게 면박받은 신하들은 다시 정조에게 다가가 청대를 요청할 수밖에 없었다.

정조 역시 물러서지 않았다. 합문을 밀치고 들어온 신하들을 고양으로 귀양 보내고 물러가라는 명을 받고도 물러가지 않는 신하들은 광주로 귀양 보냈다. 그리고 훈련대장에게 문을 지키는 수문별감(守門別監)을 곤장 치고 조리돌리라고 명했다. 제신들이 문을 밀치고 들어올 때 막아 내지 못했다는 이유였다.

정조가 강경하게 맞서자 신하들은 수그러들었다. 수문별감을 곤장까지 치는 판국에 더 저항했다가는 자신들에게 화살이 날아올지 모른다는 생각이 들었던 것이다. 그러자 전 지평 강극성(姜克成)이 나서 사태를 반전시켰다. 강극성은 도끼를 가지고 합문 밖에 엎드려 직접 혈서를 써 바쳤다.

"역적 이인의 머리를 베어 종묘사직을 편안하게 하소서."

강극성은 정조가 마음을 돌리지 않으면 도끼에 엎드려 죽겠다고 극언했다. 그러나 도끼는 이미 수문장에게 빼앗긴 뒤였다. 정조는 분노했다.

"하는 행위가 흉측하고 패역스러우니 이것이 어찌 기절(氣節)인가. 이렇게 기회를 엿보는 간사한 꾀에 대해서는 마땅히 내가 직접 국문하여 엄하게 처치할 것이다. 당장 숙장문에 국문장을 설치하라."

강극성의 행위는 절개가 아니라 정순왕후 편에 서서 '기회를 엿보는 간사한 꾀'라는 것이었다. 정조가 강극성을 국문하려 하자 다급해진 정순왕후가 다시 나섰다.

"충분(忠憤)이 있는 신하를 장차 국문하여 엄하게 처치하려고 하는데도 조정에서는 한마디도 만류를 청하는 사람이 없다. 나는 어제부터 잠도 못 자고 밥도 먹지 못하고 있다. 오늘 제신(諸臣)들의 일은 한심스럽다. 강극성은 충신이니 경들이 구원하라."

강극성이 국문을 당하면 은언군 사태에 대한 간쟁이 사라질 것을 우려해 급히 나선 것이었다. '조정 일은 내가 알 바 아니다'라고 했던 전날의 말을 스스로 뒤엎은 셈이었다. 대비의 명령이 내려지자 백관들이 다시 면대를 요청했다. 정조는 면대 요청은 거절했으나 강극성의 국문 계획도 취소하고 거제부(巨濟府)로 유배 보냈다.

강극성의 국문을 취소하자 사태는 다시 정조에게 불리하게 돌아갔다. 봉조하 정존겸(鄭存謙)과 창성위 황인점(黃仁點) 등을 비롯해 많은 신하들과 사학 유생들까지 상소에 가담했다. 상소에 가담하지 않으면 큰일에서 소외되는 듯한 분위기가 형성되었다. 정순왕후와 노론의 힘은 이처럼 막강했다. 정순왕후는 다시 금식하는 것으로 노론의 투쟁을 촉구했다. 약원에서 탕약을 올리자 정순왕후는 이 또한 도로 내려 보냈다. 모두 노론에 대한 무언의 명령이었다. 뿐만 아니라 대비전에 올리는 공상(貢上) 물품도 모두 거부했다.

"죄인이 성 안에 들어온 지 며칠이나 되었는지 모르는 터에 지키는 사람도 없고 또 쫓아 보내는 일도 없으니 조정의 처사가 어찌 이럴 수가 있는가. 모든 공상하는 물건을 어제 받아들이지 말라고 하교하였는데 왜 다시 올리는가."

정순왕후의 분노는 하늘 끝까지 닿아 있었다. 은언군을 죽이기 위해 언문 전교를 내렸다가 되레 군권을 쥐고 있던 구선복 일가만 제거된 8년 전의 일이 아프게 다가왔다. 이번에는 패배하지 않으리란 투지가 불타올랐다.

정조의 타협안

은언군이 강화도를 나온 지 나흘째인 4월 14일. 정조는 대신과 경재(卿

군)들을 만나 타협안을 제시했다.

"현재의 제일가는 의리는 자전의 마음을 받드는 것보다 더한 것이 없는데 어제부터 이미 수라와 탕약을 드시고 있다. 내가 어찌 필경에는 자전의 전교를 받들지 않을 수 없다는 것을 알지 못하고 이런 조치를 하였겠는가. 지난해 강교에서 소견한 것처럼 하는 것도 괜찮겠지만 그의 가족들까지 함께 거느리고 오게 한 것은 역시 내가 많은 마음과 힘을 쓴 것인데 지금에 와서 벌어진 광경은 내가 어찌 난처하지 않겠는가."

정조의 타협안은 단순하고 소박한 것이었다.

"경들에게 한마디 물어볼 말이 있다. 올해를 맞는 나의 심정이 어떠하겠는가. 이 말을 다 하려고 하면 혹 놀라운 일이 일어날 듯하다. 오직 한 가닥 마음을 위로할 길이 있으니 매년 한 번씩 그를 데려다가 만나는 것이다. 만난 후 즉시 내려 보내는 것을 일정한 법으로 삼으면 공적인 의리와 사적인 은혜가 둘 다 행해지게 될 것이다. 경들이 이렇게 하는 것을 괜찮다고 한다면 의당 즉각 돌려보낼 것이고, 경들이 만일 이 한 가닥의 길도 열어 주지 않는다면 끝내 돌려보낼 수가 없다. 경들은 장차 어떻게 하려는가?"

'올해'는 정조와 은언군의 부친 사도세자 탄신 60주년이었다. 그 60주년 행사에 은언군만 빠졌기 때문에 '나의 심정이 어떠하겠는가'란 말을 한 것이다. 정조는 은언군을 강화도에 돌려보내되 매년 한 번씩 불러다 만나는 것을 법식으로 삼자는 타협안을 제시하고 있었다.

"또 경들의 체면과 도리로도 이것을 가지고 매번 자전께 고해서는 안 된다. 한 번은 그래도 괜찮겠지만 두 번 세 번씩이나 해서야 되겠는가. 경들은 또 생각해 보라. 세월은 쉽게 흘러간다. 내년이나 내후년에 해마다 한 번씩이라도 만나 볼 기약이 있으면 설사 오늘 내려 보내더라도 나의 마음이 조금은 위로가 될 것이다. 그러나 이 한 가닥 길마저도 불가하다고 한다면 경들은 기필코 내려 보내려고 할지라도 나는 기필코 내려 보내지 않을 것이다."

그러나 신하들은 정조의 타협책을 거부했다. 좌의정 김이소(金履素)가 반박했다.

"이 역적이 아직까지 천지 사이에 용납을 받고 있는 것만도 벌써 말이 되지 않는데 또 어찌 시행될 수 없는 일을 가지고 신들에게 묻는 것입니까. 오늘 돌려보내는 것은 일시적으로 자전의 분부를 받드는 데에 지나지 않습니다. 해마다 올라오게 한다면 자전의 전교를 받드는 일이라고 말할 수 있겠습니까."

판중추부사 김희도 가세했다.

"오늘의 전교가 신들에게 미칠 줄은 뜻밖입니다. 자전의 전교를 받드는 일 이외에 만일 억만 년 종묘사직의 중함을 생각한다면 어찌 이런 전교를 내릴 수가 있겠습니까."

정조가 다시 신하들을 설득했다.

"경들의 대답은 진실로 성실한 도리가 아니다. 내년에 데려올 때 어찌 방법이 없겠는가. 경들도 거의 알겠지만 내가 지금 이 뜻을 가지고 미리 경들에게 질문하는 것은 내년에 데리고 올 때는 오늘 같은 광경이 없게 하기 위해서이다. 그런데 경들의 대답이 이러하다면 끝내 돌려보낼 수 없다. 내 생각은 애당초 돌려보내려는 것이었는데 경들이 한 해에 한 번씩 만나 보는 길도 열어 주지 않기 때문에 돌려보내지 못하게 되었다."

박종악 등이 일제히 같은 소리로 외쳤다.

"갔다가 다시 오게 되면 결국 자전의 전교를 받드는 도리가 아닙니다."

조선의 임금은 정조가 아니라 정순왕후였다. 이 자리에 있는 인물 중 은언군이 정국에 아무런 위협이 되지 않는다는 사실을 모르는 사람은 아무도 없었다. 그가 정국에 위협이 될 수 있는 경우는 단 하나, 노론에서 임금으로 추대하는 경우뿐이었다. 노론 외에는 은언군을 임금으로 추대할 수 있는 정치세력이 조선에는 존재하지 않았다. 정조를 지지하는 소론과 남인이 은언군을 추대할 리는 만무했다. 결국 은언군 문제는 정순왕후와 노론이 정조를 압박하기 위한 수단일 뿐이었다. 정국의 가장 큰 문제는 정조보다 정순왕후를 임금으로 받드는 노론의 속마음이었다.

정조가 은언군을 만난 것은 전날인 4월 13일이었다.

"그를 어제 만나 보았더니 살가죽만 겨우 보존하고 있는 상태로서 내려가거나 여기 머물러 있거나 아무 관계될 것이 없었다. 애당초 데리고 오게 한 뜻에 비하면 지금 돌려보내는 것도 걸맞지 않은 일이지만 한 해에 한 번 만나겠다는 뜻은 사사로운 정을 공법(公法) 밖에서 펴자는 것이다. 말이 여기에 미치니 나도 모르게 서글퍼진다."

그러나 그대로 물러설 노론이 아니었다. 다시 김희 등이 아뢰었다.

"전하께서 끝내 사(私) 한 글자를 끊어 버리지 못하기 때문에 매번 이런 조치가 있는 것입니다. 빨리 사 자를 제거하소서."

사간원 정언 안정선(安廷善) 등은 한술 더 떴다.

"이 역적이 한 번 섬에서 나오자 온 나라가 몹시 소란스러워졌습니다. 만일 제 마음대로 왕래하도록 하면 종묘사직이 당장 위태로울 것입니다. 신들이 주장하는 것은 오직 공법(公法)일 뿐입니다. 자전의 뜻을 체득하여 사사로운 은혜를 끊어 버리고 의리로 처단하소서."

은언군을 죽이라는 뜻이었다. 정조는 다시 타협에 나섰다.

"위로는 자전의 전교를 받들고 아래로는 뭇사람들의 마음을 따르면서 그 중간에 나의 작은 사사로운 정을 끼워 넣는다면 어찌 좋지 않겠는가. 한 해에 한 번 만나 보는 것은 애당초 영영 데려오려던 본의에 비하면 맨 끝에서 맨 끝이며 가장 아래에서 가장 아래인 정도도 안 된다. 세상에 국가(임금)를 몸과 같이 생각하는 사람은 한 명도 없고 다만 삼사(三司)의 합계(合啓)만이 두려워 말을 꺼내려고 하지 않으니 어찌할 수 없는 일이다."

정조는 "이것이 바로 권도(權道: 임시방편)인데 권도를 써서 도리에 맞기만 하면 경도(經道: 원칙)에 해가 되지 않는 것이다"라고 덧붙였다. 그러자 "역적에 대하여 어찌 권도를 쓸 수가 있겠습니까" 하는 반박이 뒤따랐다.

"경들이 경도를 지키는 것에 대해서는 나도 그르다고 여기지 않으나 또한 부득이 권도를 따를 수밖에 없는 경우가 있는 것이다. 경들은 고(故) 최명길(崔鳴吉)의 일이 어떠했는지 아는가. 그가 어찌 화의(和議: 주화론)가 척화(斥和: 주전론)보다 못하다는 것을 몰라서 삼학사(三學士: 홍익한·윤집·오달제)같이 되지 못하였겠는가. 이것이 이른바 경도를 지킬 때에도 권도를 쓸 경우가 있다는 것이다."

그러자 대신과 제신들이 말했다.

"그것은 오로지 나라를 위하여 나온 것이었습니다."

"그렇다면 경들이 오늘 끝까지 주장하는 것도 나라를 위해서 하는 것인가."

정순왕후와 당파를 위한 것이 아니냐는 꾸짖음이었다. 『정조실록』은 이때 상이 "차마 들을 수 없는 전교를 내렸다"고 전하고 있다. 박종악 등은 관을 벗고 울면서 말했다.

"전하께서는 어찌 한 명의 역적 종실을 위하여 이런 차마 들을 수 없는 전교를 내리십니까."

잠시 후 진정한 정조는 승지 서영보(徐榮輔)에게 전교했다.

"승지는 합문 밖에 나가서 아까 내린 전교를 가지고 3품 이하의 관원들에게 자세히 물어보고 회주(回奏)하라."

1년에 한 번씩 은언군을 만나는 문제를 3품 이하 관원들에게 물어보고 대답하라는 말이었다. 밖에 나갔던 서영보가 돌아와 보고하려 하자 정조가 먼저 입을 열었다.

　　"아마 나의 전교를 받드는 사람이 없으리라고 생각한다."

　　서영보가 답했다.

　　"오늘 신하된 사람으로서 누가 이 전교를 받들겠습니까. 합문 밖의 제신들은 모두 감히 받들지 못하겠다고 강력히 말했습니다. 그러나 오직 이주혁(李周爀)이란 자가 전교를 받드는 것이 옳다고 하니 지극히 흉측하고 패역스럽습니다."

　　정조는 의외였다. 이런 상황에서 전교를 받드는 것이 옳다고 나서는 것은 큰 용기였다.

　　"이주혁은 들어와서 자신의 소견을 진술하라."

　　이주혁이 들어와 공술했다.

　　"온 나라가 함께 주장하는 공론에 대하여 신이 어찌 다른 의견이 있겠습니까. 다만 전하께서 이 일 때문에 건강이 상하시게 된다면 신은 전교를 받드는 이외에 다른 도리가 없다고 생각합니다."

　　이주혁의 말을 듣고 대신과 제신들이 일제히 같은 소리로 말했다.

　　"지극히 흉악하고 지극히 놀랍고 통탄스럽습니다. 오늘날 북면(北面)하여 전하를 섬기는 신하로서 어떻게 이런 말을 할 수 있겠습니까."

　　삼사의 제신들은 앞으로 나서며 일제히 같은 소리로 아뢰었다.

　　"이 같은 세변(世變)은 전고에 없었으니 나라가 망하게 되었습니다."

　　정조가 답했다.

　　"경들은 나라가 장차 망하게 될 것이라고 말하지만 나는 나라가 망하지 않는다고 생각한다. 지금은 한 사람의 기(夔)가 있으면 족하다. 다른 말은 기다릴 필요가 없이 일이 순조롭게 잘 처리되었다고 할 만하다. 즉각 행장을 꾸려서 보낼 것이니 경들은 나가라."

기(夔)란 다리가 하나로 용과 비슷한 고대 전설상의 영물(靈物)을 뜻한다. 정조는 이주혁의 찬성을 근거로 1년에 한 번씩 은언군을 만나는 것을 법칙으로 정하고 사태를 종결지었다. 더 이상 이 문제를 거론하지 못하게 금령을 내렸던 것이다. 그러자 화살은 이주혁에게로 향했다. 대사간 권유(權裕)가 아뢰었다.

"이 역적(은언군)과는 한 하늘 아래 살지 않겠다는 마음은 누구나 같은데, 이주혁의 말은 흉악한 역적의 속마음이라고 이를 만합니다. 먼저 안치하는 형률을 적용하소서."

정언 안정선 등은 더 나아가 국문을 청했다.

"어찌 단지 안치만 청할 수 있겠습니까. 만일 국청을 설치하여 진상을 밝혀내지 않으면 난적들이 두려워하는 바가 없을 것입니다."

대사간 권유 등이 같은 소리로 외쳤다.

"이주혁은 온 나라 사람들이 다 같이 분하게 여기는 때에 감히 기회를 넘보는 마음을 가지고 이런 흉측하고 패역스런 말을 하였으니 국청을 설치하여 진상을 밝혀내소서."

정조는 거부했다.

"다시 말하지 말고 속히 자리를 물러가라."

정조는 이주혁을 승지로 삼았다가 다시 전라도 병마절도사로 삼았다. 그에 대한 공격이 계속되었으나 정조는 중비(中批)로 이주혁의 형 이응혁(李應爀)을 부총관으로 삼고 이주혁도 부총관으로 삼았다. 삼사가 일제히 나서 이주혁을 국문하라고 요청했으나 정조는 계속 거부했다. 은언군이 도성에 올라옴으로써 촉발된 사태는 은언군이 다시 강화도로 돌아간 후에도 계속 여진을 남기고 있었다.

은언군을 다시 만나다

이듬해(정조 19년) 3월 18일.

정조는 총융청으로 행차했다가 다시 용산(龍山) 읍청루(挹淸樓)로 향했다. 한강에서 벌어지는 수군(水軍) 훈련을 행순(行巡)하기 위해서였다. 읍청루로 향하던 정조는 갑자기 선전관에게 신전(信箭: 국왕의 군령을 전하는 신표)을 주었다. 군사들을 동원해 동구(洞口)에 작문(作門: 출입을 통제하는 문)을 설치하라는 명을 내린 것이었다.

"나의 명이 없이는 아무도 들이지 말게 하라."

신하들의 수군 훈련 참관을 불허한다는 뜻이었다. 이는 전례를 찾기 어려운 일이었다. 신하들이 중지를 요청했으나 정조는 거부했다.

비상 군사 훈련으로 생각한 장수들은 왕명을 한 치의 오차도 없이 따랐고 금군들은 작문을 철벽처럼 지켰다. 정조는 배종(陪從)한 신하들은 물론 대신들도 군영 안에 들어오지 못하게 막았다. 오직 승지 두 사람과 사관(史官) 두 사람만 따라 들어오도록 명했다. 역사의 기록에만 남기겠다는 의도였다.

한강 일대에는 3백여 척의 배가 모여 있었다. 정조는 다섯 척씩 선대(船隊)를 형성하게 하고 군사 훈련을 시작했다. 훈련이 시작되자 악대(樂隊)가 일제히 음악을 연주했다. 장엄한 음악이 울려 퍼지는 가운데 수군 훈련이 진행되었다. 훈련 같기도 하고 연회 같기도 한 묘한 광경이었다.

정조가 대신들의 입시를 허락한 것은 행순을 마치고 별영(別營: 총융청)의

직소(直所)로 돌아왔을 때였다. 좌의정
유언호(兪彦鎬) 등이 앞으로 나와 문안
인사를 다 마치기도 전에 정조가 말을
잘랐다.

"옛사람은 '병사(兵事)에서는 속이는
일도 마다하지 않는다'고 말했고, '임시
방편으로 행하되 중도(中道)를 얻는다'
고도 말했다. 비록 병사가 아니라도 더
러는 속이는 일을 마다하지 않는 경우
가 있는 법이다. 그리고 권(權: 편법)이란
한 글자는 성인(聖人)이 아닌 한 무턱대
고 의논할 수가 없는 법이다.

유언호 초상

내가 감히 스스로 성인이라고 말하지는 못하겠지만 내 진실한 소망은
성인을 배우는 것이다. 만약 임시방편을 행할 적에 상도(常道)에 어긋나지
만 않는다면 권(權)이 경(經: 원칙)과 합치되는 것이니 이 또한 하나의 방법
이 될 수도 있는 것이다. 내가 강구해 온 것은 오로지 여기에 있다."

이때만 해도 좌의정 유언호를 비롯한 신하들은 정조가 갑자기 왜 이런
설명을 하는지 알지 못했다. 정조는 설명을 계속했다.

"내가 경들을 속일 이야기를 할 것이 뭐가 있겠는가. 올해의 큰 경사는
나에게 있어서는 천 년에 한 번 기회를 맞게 되는 그런 경사라 할 것이다."

올해의 큰 경사란 바로 사도세자와 혜경궁 홍씨의 회갑연을 뜻했다. 바
로 전달인 2월 정조는 혜경궁 홍씨를 모시고 현륭원으로 가서 성대한 잔치
를 열었다. 『원행을묘정리의궤(園行乙卯整理儀軌)』에 자세히 기록되어 있
는 이 연회는 온 백성이 함께한 전국적인 잔치였다. 정조는 10년 후 갑자년

(1804)에 아들에게 왕위를 물려주어 사도세자를 국왕으로 추존하려는 계획의 첫 단추를 이날 꿰었다.

정조는 계속해서 지난달의 회갑연에 대해 설명했다.

"백성들은 물론 초목과 금수까지 모두 즐거움에 동참했다고 해도 과언이 아닐 것이다."

그랬다. 정조는 회갑연 때 모든 백성들에게 혜택이 돌아가도록 하기 위해 내탕고를 듬뿍 풀어 베풀었다. 산천초목과 금수까지 즐거움을 누렸다고 자부할 만한 잔치였다. 이 말을 마친 직후 정조는 드디어 신하들이 경악을 금치 못할 말을 꺼냈다.

"그런데, 유독 저 심도(沁島: 강화도)에 유배되어 있는 자만은 일찍이 한 번도 연회에 참석해 본 적이 없다. 그에게 죄가 있고 없고는 우선 따질 것 없이 인정(人情)과 천리(天理)로 헤아려 보면 내가 어찌 심회(心懷)가 없을

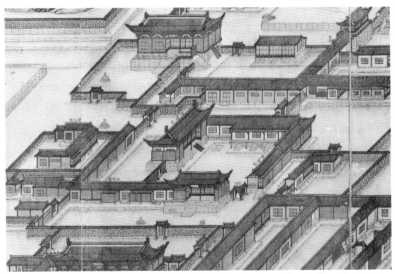

창경궁 연희당(동궐도 부분) 혜경궁 홍씨의 회갑잔치를 치른 곳으로 유명하다. 고려대학교박물관 소장

수 있겠는가. 일곱 순배 잔을 올리는 의식을 행했는데, 한 잔씩 올릴 때마다 내가 안주 한 조각도 입에 대지 않았던 것은 그 자리에 있던 사람들이 눈으로 확인한 바이다. 단지 술만 들고 안주를 입에 대지 않은 것은 내가 그를 생각하는 마음을 표시하기 위함이었다. 그날 이후 밤이나 낮이나 기다려 온 것이 오늘이었다."

'심도'에 유배된 자란 물론 은언군 이인이었다. 은언군만이 환갑잔치에 참석하지 못하자 그에 대한 안타까운 마음에 정조는 안주를 먹지 않았고,

화성 행궁의 낙남헌 행궁 중에 유일하게 원형이 보존된 곳이다.

그날 이후 오늘의 일만을 기다려 왔다는 말이었다. 이는 갑자기 실시한 수군 훈련의 목적이 은언군 이인이었다는 사실을 뜻했다. 신하들은 경악했다.

하루 전인 재위 19년(1795) 3월 17일.

정조는 강화도에 있는 은언군 이인을 도성으로 불러올렸다. 금군이 다가갔을 때 강화도 유수군은 작년처럼 막아서지 않았다. 작년의 사례로 보아 실제 왕명임을 알았기 때문이었다. 정조는 정보가 정순왕후에게 새 나갔기 때문에 큰 소동이 났던 작년의 일을 기억하고 같은 일이 반복되지 않도록 세밀하게 준비했다. 그래서 신하들은 물론 정순왕후도 은언군이 이날 도성으로 올라와 자기 집에서 잔 사실을 전혀 모르고 있었다.

신하들의 놀란 표정을 모르는 체 정조는 지난달에 있었던 사도세자와 혜경궁의 환갑잔치 때 모든 백성들이 즐겼음을 다시 강조했다.

"음식을 백관들에게 두루 대접해 주었음은 물론이요 삼군(三軍)에게까지 꽃을 나누어 주었으며, 낙남헌(洛南軒)에서 주연을 베풀어 노인들을 취하도록 대접했고 신풍루(新豊樓)에 미곡을 쌓아 두고 사민(四民)을 배불리 먹였다. 헐벗고 굶주린 백성들에게는 죽을 쑤어 구제하였고 대규모 선단(船團)에게 험한 파도를 헤치고 쌀을 나르게 해

흉년이 든 지방을 구제하였다. 심지어 말도 동원해 돈을 싣고 가서 구제함으로써 마침내 삼도(三都)로부터 팔도〔八路〕에 이르기까지 은혜가 미치게 하였으니 그야말로 초목과 금수도 즐긴 것으로 바다에 둘러싸인 우리 동방이 온통 환희에 휩싸였다고 해야 할 것이다."

사도세자 부부의 회갑을 맞아 백관에서부터 기아선상의 백성들까지, 그리고 초목과 금수까지 즐겁게 지냈다고 말하는 의도는 분명했다. 은언군 때문이었다.

"그런데 유독 저 강화도에 귀양 가 있는 사람만은 도대체 어떤 사람이기에 끝내 자리에 한구석이나마 참여하여 술잔 하나도 같이 나누게 할 수가 없단 말인가. 지팡이 짚은 시골 노인이나 백발이 성성한 마을의 하인들에 비교해 보아도 오히려 그보다 못하다 할 것이니, 내 마음에 어찌 섭섭하지 않을 것이며 허전하지 않을 것인가. 이에 그를 보고 싶은 생각에 취한 듯 깬 듯하여 음식을 대하다가 몇 번이나 젓가락을 놓곤 하였으며 밤중에 자다가 탑전(榻前) 주위를 돌아다닌 지가 여러 차례나 되었다. … 1년에 한 번씩 만나기로 한 약속을 이때에 지키지 않고 장차 언제 실행에 옮길 것인가."

정조는 은언군과 잔치를 벌인 정경을 자세히 설명했다.

"어제 저녁에 그를 도성 안으로 데려와 그의 집에서 밤을 보내게 한 뒤 아침에 강루(江樓)에 나오게 했다. … 5강(江)의 선박을 집결시키고 8영(營)의 악대를 모이게 하고 내부(內府: 내시부)에서 음식을 대접하고 액원(掖垣: 액정원)에서 장막을 설치했다. 악공은 연주하고 기녀는 춤을 추었다. … 바람은 끊임없이 불어와 물결을 일으키는데 돌려보낸 자가 온 것만 같아 섭섭했던 마음이 채워지고 허전했던 심정이 기뻐지기만 한다. …『시경』의 '옛날 내가 떠날 때는 흰 눈이 펑펑 내렸는데 이제 내가 돌아오니 버들가지 휘휘 늘어졌구나〔昔我往矣, 雨雪霏霏, 今我來思, 楊柳依依〕'라는 시는 바로 오늘을 두고 한 말인 듯하다."

신하들이 반발했다.

"이것이 얼마나 지나친 거조이십니까. 신들은 자신도 모르게 모골이 송연해지면서 가슴이 답답하게 막혀 옵니다."

"오늘 취한 거조에 대해서 나는 지나친 행동이라고 생각하지 않는다. 이것은 바로 권도(權道)를 써서 중도(中道)를 얻은 것이라 할 것인데 이렇게라도 해야만 내 뜻을 표시할 수 있었고 내 심회를 풀 수가 있었다."

"신들은 역적이 올라온 것을 눈으로 보았으면서도 까마득히 알지 못했고 지금 일단 알고 나서도 곧바로 죽지를 못했습니다. 전하의 궁궐에 올곧은 충신이 한 명이라도 있었다면 전하께서 어찌 혹시라도 이런 지나친 거조를 취하실 수 있었겠습니까."

좌의정 유언호가 거듭 물었다.

"죄인이 지금 어느 곳에 있습니까?"

정조가 채찍으로 가리켰다.

"저 배 위의 군막(軍幕)에 있다."

영돈녕 김이소가 아뢰었다.

"신들이 역적과 같은 하늘 아래에서 살고 있는 죄를 짓고 있는데, 지금 또 악대를 강 복판에 띄우고 기녀와 악공을 가득 실은 광경을 보고도 당장 죽지를 못하였으니, 모두가 신들의 죄입니다."

정작 죽는 인물은 한 명도 없으면서 입만 열면 '죽고 싶다'는 것이 이들의 말버릇이었다. 정조가 화를 냈다.

"올해는 다른 해와 다른데 이것이 무슨 거조인가. 내가 지난해부터 영돈녕의 이런 꼴을 보아 왔는데 나도 모르게 심화가 다시 치밀어 오른다. 경들은 빨리 물러들 가라."

이날 연회는 이렇게 끝이 났다. 정조의 완벽한 한판 승리였다. 그러나 정조는 여기에서 만족하지 않았다. 신하들의 상소 소동이 뒤따를 것이었기 때문이다. 그런데 이번에는 남인들도 가세한다는 소문이 있었다. 그래서 정조는 정약용을 불렀다.

"그대를 우부승지로 임명한다."

느닷없이 승지가 된 정약용은 대궐로 따라 들어가야 했다. 게다가 첫날부터 입직(入直: 숙직)이었다. 직숙소에서 밤을 새우고 있는데 갑자기 임금이 찾는다는 전갈이 왔다. 정약용은 황급히 달려갔다. 머리를 조아리는데 갑자기 머리 위로 무엇인가 날아와 쨍그랑거리며 방바닥에 떨어졌다. 보니 상방검(尙方劍)이었다.

"이가환(李家煥)·이익운 등이 속습(俗習)에 따라 강화도에 귀양 가 있는 사람을 성토한다는데 상소해서 자수하게 하라. 그렇지 않으면 이 검으로 두 사람의 목을 베겠다."

정약용은 정조의 조치가 타당하다고 생각했다. 정조가 1년에 한 차례씩 은언군을 만나는 것은 문제될 것이 없었다. 1년에 한 번이 아니라 열 번 만난다 해도 문제될 것이 없었다. 문제될 경우는 노론에서 은언군을 추대하는 경우뿐이었다. 남인은 정조를 절대적으로 지지하고 있고 소론도 마찬가지였다. 정조를 반대하는 노론에서 은언군을 추대할 생각이면 모르되 그렇지 않으면 위협될 리가 없었다. 노론에서 은언군에 대해 지금과 같은 행태를 보이는 것은 정순왕후의 명에 따라 정조가 사랑하는 은언군의 목숨을 끊기 위해서일 뿐이었다.

정조는 이가환·이익운 같은 남인들까지 분위기에 편승해 은언군 성토에 나서려는 것이 문제라고 생각했다. 그래서 상황 판단이 빠른 정약용을 시켜 자신들의 잘못을 시인하는 상소를 올리게 했다. 그러나 이가환이 이런 내용의 상소를 올렸던 사실은 정약용의 『자찬묘지명』 외에는 나오지 않는다. 노론이 『정조실록』에서 자신들에게 불리한 부분은 빼 버렸기 때문이다.

정조는 여기서 그치지 않고 6개월 후인 19년(1795) 10월에 다시 은언군을 만났다. 이번에도 군사작전을 통해서였다. 정조는 사도세자의 모친 사당인 선희묘(宣禧墓)에 작헌례(酌獻禮)를 행하고 돌아오는 길에 샛길로 접어들었다. 앞뒤 부대에게 명하기를 각별히 방비를 엄히 하고 신하들은 일절 들여보내지 말라고 하자 다들 은언군 문제가 다시 발생했다는 사실을 알게 되었다. 정조는 태창(太倉)을 거쳐 서강(西江)

정약용 초상

제일루(第一樓)로 거둥했다. 미리 명령을 받은 은언군이 와 있었다.

영돈녕 김이소를 필두로 신하들이 다시 간쟁하고 나섰다. 그러나 정조는 결연히 자신의 의지를 표명했다.

"이것은 두 번 다시 범해서는 안 될 그런 잘못이 아니다. 나는 세 번 하고 네 번 하고 나아가 열 번을 하고 백 번이라도 해서 기필코 사람들이 보는 데에 익숙하고 듣는 데에 면역이 생기게 만들고야 말 것이다."

노론에게 은언군 문제는 정조를 압박하는 수단일 뿐이었다. 그 배후에는 노론의 절대 당수인 정순왕후가 있었다. 숙종의 모후 명성왕후(明聖王后) 김씨의 부친 김우명(金佑明)이 무고죄로 걸려들자 명성왕후는 부친을 살리기 위해 정청에 나와 크게 통곡했는데, 이때 남인 조사기(趙嗣基)는 "장차 문정왕후를 다시 보겠구나"라고 비판했을 정도로 대비의 정사 관여는 국법으로 엄격히 금지되어 있었다. 그러나 노론은 정조가 대비의 전교를 받들지 않는 것이 불효라고 공격할 뿐, 누구도 대비의 정사 관여 자체가 국법 위반이란 사실을 지적하지는 않았다. 그들은 정순왕후의 신하들이었기 때문이다.

할머니 정순왕후와 어머니 혜경궁

이른 아침.

정조는 동궐(東闕)로 향했다. 대비에게 문안하기 위해서였다. 아침에 일어나면 특별한 일이 없는 한 먼저 대왕대비 정순왕후가 있는 동궐로 가서 문안인사를 드려야 했다. 매일 반복되는 이 일은 괴롭기 그지없는 일이었다. 촌수로는 할머니지만 영조 21년(1745)생으로서 영조 28년(1752)생인 정조보다 불과 일곱 살이 많을 뿐이었다. 사가(私家) 같으면 누이가 될 정도의 나이차였으나 열다섯 살에 예순여섯의 할아버지 영조와 대혼(大婚)을 치름으로써 법적인 할머니가 되었던 것이다. 영조 11년생(1735)인 혜경궁 홍씨보다는 열 살이 적었으나 혜경궁 역시 어머니로 깍듯이 섬겨야 했다. 광해군이 계모 인목대비를 폐모시켰다가 쫓겨난 전례가 있으므로 정순왕후를 대할 때 정조는 정성을 다해야 했다. 국왕은 효도에 있어서도 모범이 되어야 했기 때문이다.

그러나 정순왕후는 같은 하늘 아래 함께 살 수 없는 불구대천(不俱戴天)의 원수였다. 그녀의 친정이 사도세자를 죽이는 데 직접 가담했음은 모두 알고 있는 사실이었다. 정순왕후의 오빠 김귀주는 부친 김한구, 홍계희(洪

啓禧) 등과 짜고 사도세자를 죽이는 데 앞장섰다. 그 배후에는 정순왕후가 있었다. 김귀주는 과거 급제도 못한 처지였으나 여동생이 국모가 되자 음보(蔭補)로 조정에 나와 왕비의 오라비라는 배경으로 정국을 좌지우지했다. 사도세자가 죽은 후에는 그의 죽음이 당연하다는 정견을 갖고 있던 노론 벽파의 맹장으로 활약했다.

정순왕후 또한 정조에게 원한을 갖고 있었다. 정조 즉위 후 오라비 김귀주가 탄핵을 받아 흑산도로 유배 갔다가 끝내 나주에서 세상을 떠났기 때문이다. 그러나 그 원인은 정순왕후의 친정에서 제공했다. 김귀주가 사도세자 죽이기에 가담하지 않았다면 발생하지 않았을 비극이었기 때문이다.

정순왕후는 이런 인과관계를 무시했다. 원인은 무시하고 결과에만 원한을 갖고 있었다. 그 원한을 풀기 위해 틈만 나면 언문 하교를 내려 정조의 하나 남은 이복동생이자 사도세자의 핏줄인 은언군을 죽이려 압박했다. 명분은 '국왕을 보호한다', '사직을 위한다'는 것이었지만 누구보다 그녀가 정조를 저주하고 있음을 모르는 사람은 없었다. 정순왕후에게 은언군은 정조를 압박할 수 있는 좋은 먹이였다. 정조는 자신이 이 여인보다 먼저 죽으면 강화도의 은언군은 죽은 목숨이 되리라는 사실을 잘 알고 있었다.

정조가 보기에 은언군은 피해자에 불과했다. 홍국영 등이 뜻을 둔 인물은 상계군이지 은언군이 아니었다. 역모 사건 때 연좌는 사가(私家)에 국한되어야 했다. 왕가를 연루시키면 살아남을 종친이 있을 수 없었다. 상계군이 추대되었다고 그 아비를 연좌시키면 현재의 왕실에서 연루되지 않을 왕족은 드물었다. 당장 정순왕후도 연루를 피할 수 없었다. 그러나 그녀에게 중요한 것은 은언군을 공격함으로써 정조를 괴롭히고 사도세자의 핏줄을 끊는 것이었다.

그런 정순왕후에게 매일 아침 문안을 드려야 하니 정조는 괴롭지 않을 수 없었다. 동궐 문안이 끝나면 자경전(慈慶殿)으로 가야 했다. 혜경궁 홍씨의 거처였다. 정조는 혜경궁을 자궁(慈宮)이라 부르고 그 거처를 자경전이라 불렀다. 혜경궁은 정조의 모순을 극명하게 보여 주는 인물이었다. 노론 당론에 따라 사도세자 제거에 가담했으나 정조의 즉위에는 공을 세웠던 것이다. 정조는 즉위 후 어머니 홍씨를 높이지 않을 수 없었다. 그리하여 즉위년(1776) 6월 16일에 혜경궁에 대한 명령을 내렸다.

"내가 춘저(春邸: 동궁)에 있을 때 자궁의 탄일에 궁료(宮僚)들이 자궁께는 문안하지 않고 단지 동궁(東宮)에만 문안을 했지만 이제는 조정에서 대전에도 문안하라."

그간 혜경궁의 탄신일 때 궁료들이 정작 혜경궁에게는 문안하지 않고 세손 정조에게만 문안했는데 앞으로는 혜경궁에게도 문안하라는 명령이었

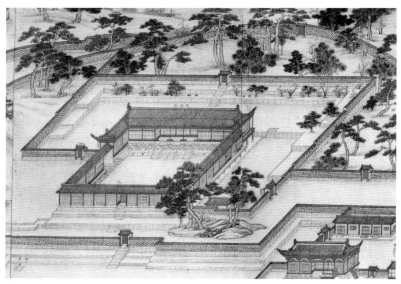

창경궁 자경전(동궐도 부분) 혜경궁 홍씨가 거주하던 곳이다. 고려대학교박물관 소장

다. 이틀 후인 6월 18일이 혜경궁의 탄신일이기 때문에 새로운 관례를 만든 것이었다. 재위 2년에는 혜경궁에게 존호를 올리게 했다. 그러나 여전히 대비는 될 수 없었다. 사도세자가 임금으로 추존되어야 가능한 일이었기 때문이다.

정조는 혜경궁을 바라보았다. 정조 21년(1797)에 이미 예순셋의 고령이 되어 있었다. 스물여덟에 남편을 잃고 청상으로 살아온 세월만 30년을 넘고 있었다. 혜경궁 홍씨와 정조는 보통의 모자지간이 아니었다. 보통의 모자지간이면 아들이 대보(大寶)에 오른 순간부터 앞길에 주단이 깔려 있어야 했다. 그러나 남편의 비참한 죽음에 친정과 자신이 직접 관련되었다는 원죄 때문에 주단은커녕 눈물과 핏물 적신 무명 수건을 움켜쥔 채 나날을 보내야 했다. 혜경궁도 임금인 아들을 물끄러미 바라보았다. 아들은 즉위 후 남편 사도세자가 그랬던 것처럼 애증의 대상이 되어 버렸다.

혜경궁은 남편은 버렸지만 아들은 버릴 수 없었다. 숙부 홍인한이 세손을 제거하려 했을 때 그러지 말라는 편지를 보낸 이유도 그 때문이었다. 법적으로는 자신의 아들이 아니었다. 시아버지 영조는 사도세자의 삼년상이 끝나는 재위 40년(1764) 2월 '갑신년 처분'을 내려 세손의 호적을 사도세자에게서 효장세자의 아들로 옮겼다. 혜경궁은 『한중록』에서 이를 사도세자의 죽음만큼이나 슬퍼했다.

"갑신년 2월 처분은 천만뜻밖이니 위(영조)에서 하신 일을 아랫사람이 감히 이렇다 하리요마는, 내 그때 정사(情事)의 망극하기가 견주어 비할 곳이 없으니… 그 망극 비원(悲寃)하기가 모년(사도세자가 죽은 해)보다 못하지 않고…."

아들이 효장세자의 법적인 아들이 됨으로써 그 어머니도 자신이 아니라 이미 죽은 혜순빈 조씨로 바뀌었다. 혜경궁에게는 이것이 사도세자의 죽음에 못지않은 원통한 사건이었다.

그러나 이때까지도 남편과 자신과 아들이 하나로 묶인 운명임을 알지 못했다. 그래서 남편을 제거하려는 노론의 당론에는 따랐으나 아들을 제거하려는 당론에는 강력히 저항했다. 자신의 저항이 없었어도 아들이 왕위에 올랐을지는 알 수 없지만 어쨌든 아들의 즉위에 일조한 것은 사실이었다.

하지만 아들은 즉위 일성으로 "과인은 사도세자의 아들이다"라고 선포했고, 비로소 혜경궁은 남편과 자신과 아들이 끊으려야 끊을 수 없는 천생(天生)의 인연으로 맺어졌다는 사실을 깨달았다. 그리고 자신과 아들 모두 모순된 상황에 처했다는 사실도 깨달았다. 아들 정조가 사도세자의 아들이라면 당연히 자신의 아들이기도 했다. 그러나 정조는 자신의 친정을 몰락시켰다. 숙부는 사형당했고 부친은 연일 사형에 처해야 한다는 공격을 받았다. 사도세자를 죽이는 데 동조했다는 이유였다. 결국 아들이 부친 사도세자의 복수에 나서면 모친인 자신의 친정이 다치는 모순이 발생하는 상황이었다. 그것은 혜경궁 자신과 국왕 아들이 함께 져야 할 업보였다. 홍봉한이 사도세자를 죽인 주범이라는 상소에 아들은 "처분이 곧 뒤따를 것이다(從當處分)"라고 답했다. 처분이 뒤따른다는 것은 곧 죽이겠다는 뜻이었다. 혜경궁은 단식으로 맞섰고 아들은 겨우 부친의 목숨을 살려 주었다. 혜경궁은 자신과 정조 모두가 풀 수 없는 모순에 빠졌음을 절감했다. 정조가 이미 죽은 부친을 잊고 살아 있는 자신만을 위해 주는 것이 해결책일 수 있지만 정조는 부친을 잊지 않았다. 뒤주 속에서 여드레 동안이나 신음하다 죽은 아버지의 원혼을 잊을 수 없었던 것이다.

혜경궁은 정조 사후 손자 순조에게 보여 주기 위해 쓴 『한중록』에서 격하게 토로했다.

"내 비록 사기(史記)는 모르지만, 선왕(先王: 정조)의 어미를 앉혀 놓고 선

『한중록』

왕의 외조를 역적이라고 반교문에
올려 팔방에 전하는 흉적은 아무리
망한 세상에도 없을 것이라.”

　친정과 자신이 사도세자를 죽이
는 데 가담한 원죄는 떨쳐 버릴 수
없는 것이었다. 그러나 그녀는 원죄를 인정할 생각이 없었다.

　“내 이제 오래지 아니하여 수명이 다할 것이니, 만일 중부(仲父: 홍인한)의
누명을 씻지 못하고 돌아가면 만고에 삼촌 죽인 사람이 되어서 귀신도 용
납할 곳이 없을 것이니 공의대비(인종의 비 박씨)의 한때 무언(誣言) 들으신
일이 어떠하리오. 공의대비는 조카님을 감화시켰으니, 내 비록 정성이 천박
하나 설마 주상(主上: 순조)을 감동시키지 못하랴.”

　아들이 세상을 떠난 후 혜경궁은 숙부 홍인한의 신원까지 요구했다. ‘누
명’이라는 것이었다. 그녀는 남편과 아들은 모두 잊기로 했다. 남은 것은
오직 친정뿐이었다.

　혜경궁은 손자 순조에게 정조가 이렇게 말했다고 여러 차례 주장했다.

"중부(仲父: 홍인한) 일도 같이 풀어 주려고 하노라."

자신의 집을 신원시킬 때 홍인한도 같이 신원시켜 주겠다고 정조가 여러 차례 말했다는 것이다. 그러나 이는 정조가 세상을 떠난 후에 제기된 확인할 수 없는 주장일 뿐이었다. 정작 정조가 살아 있을 때 혜경궁은 홍인한의 '인' 자도 꺼내지 못했다. 부친을 사형시키지 않고 자연사하게 해 준 것만도 다행이라고 해야 할 판국이었기 때문이다.

그런데 오늘 아침 혜경궁은 정조에게서 남다른 기운을 느꼈다. 정조도 마찬가지였다. 이른 아침인데도 열기가 느껴지는 무더운 여름이었다. 그러나 정조에게 더위는 밖이 아니라 가슴에서 왔다. 사도세자의 원혼을 풀려고 하면 혜경궁이 울고, 모친을 위해 복수를 포기하면 지하의 부친이 통곡하는 상황이 주는 화기(火氣)였다. 이 상황을 풀 묘책이 정조에게는 없었다. 무엇보다도 이 비극적 사건의 뿌리에 자신도 한몫했음을 정조는 알고 있었다. 혜경궁 홍씨는 『한중록』에서 "대조(大朝: 영조)께서 세손(世孫: 정조)을 자주 데려다가 두시고 점점 근심이 중하시니 연중(筵中: 경연)에서도 … 종사를 위해서 세손을 믿으시어 나라를 세손께 의탁하신다 일컬으셨다"고 쓰고 있다. 영조가 사도세자가 아니라 세손에게 나라를 의탁한다고 말했다는 것이다.

"소조(小朝: 사도세자)께서 연설(筵說: 경연 때의 임금의 말)을 매양 사관(史官)에게 써 오게 해 보시니, (영조의) 연설 중에 세손을 일컬어 사랑하시며, '나라의 중탁(重託)을 세손에게 하노라.' 하시는 마디에 미쳐서는 소조께서 세손을 사랑하시나…."

'나라의 중탁을 세손에게 한다'는 영조의 말은 정조에게 뼈를 깎아도 지워질 수 없는 아픔이었다. '나라의 중탁'을 맡길 자신이 있었기 때문에 할아버지는 아버지를 죽일 수 있었던 것이다. 사도세자 역시 그 사실을 알고 있었다.

"그날 (사도세자가) 나(혜경궁)더러, '아마도 무사치 못할 듯하니 어찌할꼬'
하시거늘 내 갑갑하여 대답하기를, '안타깝소마는 설마 어찌하오시리까?'
또 말씀하시되, '어이 그러할꼬, 세손은 귀하여 하시니 세손 있는데 내가 없
어도 관계할까' 하시거늘 내 대답하기를, '세손이 마누라 아들인데 부자가
화복이 같지 어떠하오리까' 하니 또 말씀하시되, '자네는 못 생각하네, 병이
이미 심하여〔疾之已甚〕 점점 어려우니 나는 폐하고 세손은 효장세자의 양
자를 삼으면 어찌할까본고.'"

사도세자는 영조의 속마음을 정확히 알고 있었다. 세손이 있기 때문에
자신을 죽일 수 있다고 본 것이다. 정조는 이 대목에 생각이 미칠 때마다 뼈
마디가 아파 왔다. 자신이 없었으면 할아버지는 아버지를 죽일 수 없었다.
또한 자신이 없었다면 모친도 남편을 버릴 수 없었다. 사도세자가 뒤주에
갇히던 날의 정경을 『한중록』은 이렇게 전하고 있다.

"이때 대조께서 휘녕전(徽寧殿)으로 오셔서 동궁(東宮: 사도세자)을 부르
신다는 전갈이 왔다. 그런데 이상하게도 '피하자'는 말도 '도망가자'는 말
씀도 안 하시고 좌우를 치지도 않으시며 조금도 화증내신 기색 없이 용모
를 달라 하셔서 썩 입으시는 것이 아닌가. '내가 학질을 앓는다 하려 하니
세손의 휘항(揮項)을 가져오라' 하고 동궁이 말씀하시기에, '그 휘항은 작
으니 이 휘항을 쓰소서' 하며 내가 당신 휘항을 권했더니 뜻밖에 하시는 말
씀이, '자네는 참 무섭고 흉한 사람일세, 자네는 세손 데리고 오래 살려 하
기에 오늘 내가 가서 죽겠기로 그것을 꺼려서 세손 휘항을 내게 안 씌우려
하니 내가 그 심술을 알겠네.'"

사도세자는 혜경궁이 자신을 버렸음을 분명히 알고 있었다. '세손 데리
고 오래 살려 하기에'라는 말처럼 그 배경에도 세손이 있었다. 정조는 이 대

목에 이를 때마다 전율이 일지 않을 수 없었다. 자신이 없었다면 할아버지도 어머니도 부친을 버릴 수 없었을 것이기 때문이다. 사도세자는 아들을 죽이는 것이 스스로 사는 유일한 길이라는 사실을 알고 있었다. 그러나 그는 자신을 죽여 아들을 살렸다. 이 생각에 이르면 정조는 저절로 눈물이 쏟아지고 가슴이 아파 올 수밖에 없었다.

이날 아침 정조는 오랜 계획을 말할 때가 되었다고 생각했다.

"소자 임금 자리를 탐해서가 아니라 나라를 위해서 마지못해 임금 자리에 있었는데, 갑자년이면 왕세자가 15세가 되니 족히 임금 자리를 전할 수 있을 것입니다."

혜경궁은 귀를 의심했다. 갑자년(1804)에 왕위를 내놓고 물러나겠다는 소리였기 때문이다. 혜경궁은 정조가 말 한마디 거동 하나 생각 없이 하는 인물이 아니라는 사실을 잘 알고 있었다. 그렇기 때문에 더욱 놀라지 않을 수 없었다.

"그때 마마(혜경궁)를 모시고 화성으로 가서 평생에 사도세자께 자식으로서 하지 못한 통한을 이루어 낼 것입니다."

정조의 입에서 나온 '사도세자'란 말이 혜경궁의 가슴에 와 박혔다. 그런 혜경궁의 속내를 아는지 모르는지 정조는 계속 말을 이었다.

"내가 선왕의 하교를 받아 이 일을 이루어 내지 못하는 것이 지극히 원통하나 이것 또한 의리요, 왕세자가 나의 부탁을 받아 내 소원을 이루어 내어, 내가 못한 일을 내 대신 행하는 것도 또한 의리입니다."

드디어 정조의 눈에서 눈물이 쏟아져 나왔다. 혜경궁은 새삼 이 아들이 무서워졌다. 왕위를 내던지려는 이유가 바로 사도세자 추숭 사업을 위해서였던 것이다. 생모만 아니라면 자신은 목숨이 열 개라도 부족했을 것이란 생각이 새삼 들었다. 외조부 홍봉한을 사형시키지 않은 것 자체가 자신에 대한 초인적인 효도에서 나온 것이었다.

정조가 말하는 것은 영조의 유훈 때문에 자신은 사도세자 추숭 사업을 할 수 없지만 세자가 국왕이 되면 대신 나설 수 있다는 논리였다. 영조로부터 사도세자의 일은 '보지도, 듣지도, 말하지도 말라'는 3불유훈을 받은 것은 자신이지 그때 태어나지도 않은 세자가 아니었다. 세자가 국왕이 되어 할아버지를 국왕으로 추숭하는 것이 정조가 영조의 유훈을 어기지 않고 부친에게 효도를 할 수 있는 유일한 방법이었다. 눈물 속에서 정조의 말은 계속되었다.

"오늘 여러 신하들이 내 뜻을 따라 이 일을 안 하는 것이 의리요, 훗날 여러 신하들이 새 임금을 좇아 그 뜻을 받드는 것이 의리요, 의리가 일정한 것이 없이 때에 따라 의리가 되는 것이니, 우리 모자가 살아 있다가 자손의 효도로 훗날의 영화와 효도를 받게 된다면 어떻겠습니까."

정조는 지금의 신하들이 사도세자 추숭 사업을 하지 않는 것도 의리고 훗날 신하들이 새 왕을 모시고 추숭 사업을 하는 것도 의리라고 했다. 전자는 영조에 대한 의리고, 후자는 자신에 대한 의리였다.

그 시기가 바로 갑자년(1804)이었다. 정조의 나이 쉰셋이자 사도세자가 살았으면 칠순이 되는 해였다. 그 한창 나이에 정조는 부친을 국왕으로 추숭하기 위해 왕위를 물려주려는 것이었다. 그것이 자신의 통한을 풀고 효도를 다하는 유일한 방법이기 때문이었다.

어머니 혜경궁 앞에서 이 구상을 밝힌 정조는 슬피 울었다.

"내가 하지 못한 일을 아들의 효도로 이루고, 죽어 지하에서 아바마마를 뵙는다면 무슨 여한이 있겠습니까."

부친 추숭 사업을 하기 위해 대보를 내놓아야 하는 아들, 그 가슴속 깊은 원한이 혜경궁을 전율케 했다. 추숭 사업으로 끝나지 않으리라는 예감이 들

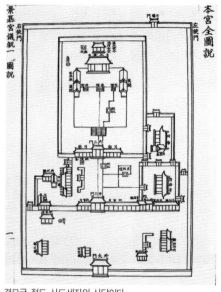

景慕宮儀軌一 圖說
本宮全圖說

경모궁 전도 사도세자의 사당이다.

었다. 추숭 사업과 동시에 대대적인 정치 개혁에 나설 가능성이 높았다.

'그러면 우리 친정은?'

혜경궁의 복잡한 속내를 아는지 모르는지 정조는 하직 인사를 마치고 밖으로 나왔다. 저 앞에 경모궁이 보였다. 순화방(順化坊)에 있던 사당을 자신이 궁중으로 옮겨 건립하고 수은묘(垂恩廟)라고 호칭한 사도세자의 사당이었다. 그 사당이 보이는 곳에 자경전을 지어 어머니를 모셨던 것이다. 지근거리에 있는 경모궁과 자경전은 정조의 모순을 극

명하게 보여 주는 두 전각이었다.

부인 효의왕후

자경전을 나온 정조는 내전으로 향했다. 오랜만에 효의왕후 김씨와 조반(朝飯)을 함께할 생각이었다. 효의왕후 김씨는 공손하게 남편을 맞이했다. 세자가 김씨 곁에 있다가 절을 했다. 정조는 기쁘게 자신을 맞아 주는 효의왕후가 사랑스러웠다. 돌이켜 보면 효의왕후 김씨는 자신처럼 신산스런 삶을 살아왔다.

효의왕후는 정조보다 일 년 뒤인 영조 29년(1753) 12월 가회방(嘉會坊)

에서 김시묵(金時默)의 딸로 태어났다. 모친 남양 홍씨가 회임 중이던 그 해 가을, 집 안에 있던 복숭아나무와 오얏나무, 그리고 다른 꽃나무들이 다시 꽃을 피웠다는 이야기가 전해지고 있었다. 큰 인물이 날 것으로 기대했던 식구들은 딸이 태어나자 실망했으나 빈(嬪)으로 간택되자 비로소 왕후 탄생 조짐이었다고 서로 말했다고 한다. 효의왕후는 어린 시절부터 남달랐다. 동네 아이들과 같이 놀 때 한 아이가 자라나는 풀을 뽑자 꾸짖었다.

"이렇게 무럭무럭 자라는데 풀을 왜 뽑아 생기(生氣)를 해치느냐?"

이 소식을 들은 친척들이 모두 기특하게 여겼다. 김씨가 세손의 배필이 되었을 때 집안에서는 두 번째 왕비가 나오는 것으로 여겼다. 현종의 왕비였던 명성왕후 김씨는 효의왕후의 고조부인 청풍부원군(淸風府院君) 김우명의 딸이었다.

겨우 아홉 살 때였던 영조 37년(1761). 그녀는 세손의 빈으로 간택되어 입궐하였다. 영조는 기뻐하며 손수 글을 내렸다.

"오세(伍世) 동안 옛 가풍을 계승했으니 이는 나라의 종통이 될 만하다〔伍世繼昔寔爲宗國〕."

오세라는 것은 김우명의 부친 김육(金堉)부터 효의왕후의 아버지 김시묵까지 5세를 일컫는 말이었다. 이렇게 모두의 축복 속에 빈으로 간택되었으나 그 후 그녀의 인생은 그리 순탄하지 못했다. 간택 후 별궁(別宮)으로 들어갔으나 그때 마침 마마가 찾아왔기 때문에 그 다음 해에야 가례를 올릴 수 있었다. 그렇게 가례를 올린 때가 영조 38년(1762), 운명의 해인 임오년 2월이었다. 가례 때 인사를 올리자 시아버지는 만면에 웃음을 띠며 말했다.

"과연 소문대로 훌륭하다."

불과 넉 달 후인 임오년 윤5월. 영조는 그녀에게 친정으로 돌아가라고 명했다. 파혼이 아니라 험한 꼴을 보이지 않기 위해서였다. 그러나 그녀는 시어머니와 함께 있겠다고 말했다고 『효의왕후 행장』은 전하고 있다. 혜경궁의 안국동 친정으로 간 어린 소녀는 궁중에서 들려오는 흉흉한 소식에 몸을 떨었다. 더욱 놀라운 것은 사도세자가 뒤주에 갇혀 신음하던 그 여드레 동안 안국동 식구들이 보인 태도였다. 그들은 아무 일도 없다는 듯 태연하게 생활했고 혜경궁의 친정아버지는 심지어 사위가 끝내 숨을 거두던 날 한강에서 뱃놀이를 하고 있었다. 시아버지가 비명에 가자 영조는 비로소 그녀를 궁중으로 다시 들어오라고 명했다.

그렇게 다시 본 남편. 그 얼굴에 깃든 슬픔과 분노, 그리고 두려움의 표정을 김씨는 평생 잊을 수가 없었다. 그래서였을까. 남편과 단둘이 있을 때 시아버지 이야기가 나오면 남편보다도 먼저 눈물이 흘러나왔다. 남편이 의아하다는 듯이 말했다.

"섬긴 지 반년이 채 못 되었는데 그렇게 슬픈가?"

"내가 인자하신 은혜를 가장 많이 입었는데 어찌 오래 섬겼다고 더 슬퍼하고 잠깐 섬겼다고 덜 슬퍼하겠습니까?"

그녀의 답변에 정조는 만족했다. 그녀는 혜경궁도 극진하게 섬겼다. 혜경궁이 사도세자를 죽이는 데 동조했다는 주위의 수군거림이 없었다 해도 그녀는 이미 알고 있었다. 안국동에서 보낸 그 시절, 이미 시어머니의 속내를 알아 버렸던 것이다. 그러나 그녀는 아무런 내색을 하지 않았다.

자신이 시집온 곳은 사가가 아닌 왕가였다. 바깥사람들이 상상도 할 수 없는 일들이 아무렇지도 않게 벌어지는 곳이었다. 못 들은 척 못 본 척 자신의 할 일만 하는 것이 화를 입지 않는 첩경이란 사실을 그녀는 안국동에서 보낸 그 시절에 다 알아 버렸다. 그런 안국동에 대한 반발로 일부러 정사에 대해 모르는 체한 것이기도 했다.

마음의 갈등도 있었다. 시어머니의 친정에서 남편의 즉위를 극력 저지하고 있다는 소문이 파다할 때였다. 그러나 자신은 이에 맞서 싸울 아무런 수단이 없었다. 부친이 영조 48년(1772) 이미 세상을 떠난데다 시어머니의 친정에 맞서 싸울 만한 벼슬에 있는 일가붙이도 없었다. 그녀의 현조(玄祖)는 중종 때 조광조와 사림파를 이끌었던 김식(金湜)이었으나 그런 기개를 이은 사람이 그녀 당대에는 없었다. 다행인 것은 시어머니가 남편의 즉위를 위해 노력한다는 것이었다. 시어머니는 친정은 물론 숙부 홍인한에게 편지를 보내 아들의 즉위를 방해하지 말라고 만류하고 나섰다. 그래서인지 남편은 즉위할 수 있었고 자신은 왕비가 되었다.

그러나 무턱대고 기뻐할 수만은 없는 상황이었다. 남편의 유일한 소원을 들어주지 못해서였다. 바로 아들 문제였다. 즉위 당시 효의왕후는 혼인 14년째로 접어들고 있었으나 아들을 낳지 못했다. 아들은커녕 딸도 낳지 못했다. 급기야 정조 2년(1778) 대비 정순왕후는 왕비가 병이 있어서 아들을 가질 수 없다면서 사족(士族) 중에서 후궁을 간택하라는 언문 교서를 내렸다. 온 나라가 자신을 손가락질하는 것 같았으나 효의왕후는 아무런 내색을 할 수 없었다. 아들도 없는 터에 투기한다는 말까지 들을 수는 없었다.

그러나 궁녀들이 수군거리는 말은 효의왕후에게 위기감을 느끼게 했다. 간택령은 형식일 뿐 홍국영의 여동생이 이미 간택되었다는 말이었다. 홍국영의 여동생이 간택된다면, 그리고 득남까지 하게 된다면 일개 후궁이 아니라 왕비 위에 군림하는 상전이 될 것이었다. 그만큼 홍국영의 위세는 대단했다. 궁중에서는 홍국영을 두려워한 나머지 이에 대해 가타부타 나서는 사람이 없었다. 그때 사간원 헌납 박재원(朴在源)이 반대 상소를 올렸다.

"곤전(坤殿: 왕비)께서 환후가 심하다고 하시지만, 그 원위(源委: 원인)를 자세히 밝히고 그 증상을 잘 살펴서 양의(良醫)를 널리 맞아 이리저리 진기한 약을 써 치료한다면 어찌 치료할 수 있는 방도가 없겠는가 여겨집니다."

그러나 정조는 받아들이지 않았다.

"어찌 내 생각이 네가 진달한 것에 미치지 못했겠느냐만 이는 의약으로 치료할 수 있는 증세가 아니다. 이미 자전의 분부도 계셨고, 궁위(宮闈: 궁궐 내부의 일)의 일은 너의 알 바가 아니다."

효의왕후가 미워서가 아니었다. 암살 사건까지 잇따르는 상황에서 정조는 빨리 후사를 보아야만 할 다급한 입장이었다.

이렇게 해서 간택된 홍국영의 여동생은 그러나 얼마 안 가서 죽고 말았다. 이 소식을 들었을 때 효의왕후의 심정은 착잡했다. 그래서 홍국영이 자신의 궁녀들을 끌어다 원빈의 죽음 배후에 자신이 있는지를 캐물었을 때도 일절 대응하지 않았다. 억울했지만 모든 것이 아이를 낳지 못하는 자신의 죄처럼 여겨졌기 때문이다. 그리고 남편에 대한 믿음도 있었다. 득남(得男)을 바라는 남편의 소원을 꺾어 버릴 만한 독기가 자신에게는 없다는 사실을 남편은 알 것이라 생각했다. 과연 남편은 자신을 핍박한 홍국영을 얼마 후 궁중에서 내쫓아 버렸다.

그렇게 궁중에는 다시 평화가 찾아왔지만 그녀에게는 평화가 아니었다. 아이가 없는 한 그녀에게 진정한 평화는 없었다.

정미년(정조 11년) 봄. 서른다섯의 효의왕후는 몸에 산기(産氣)를 느꼈다. 헛구역질하는 증상이 회임과 같았다. 조정이 흥분한 것은 당연했다. 정조도 그해 5월부터는 산기가 있는 것을 알았고, 7월에는 소식을 들은 영의정 김치인(金致仁)이 대신들과 함께 와서 말했다.

"신이 삼가 듣건대, 곤전께 임신의 징후가 있다는 항간의 말이 사실이라고 합니다. 또한 달수가 찼다 하니, 신민의 기뻐하는 마음을 이루 말할 수 없습니다."

그러면서 대신들은 산실청(産室廳) 설치를 건의했다. 왕자 출산에 대비해 임시로 차리는 기구가 산실청이었다. 그러나 정조는 속마음과 달리 천천히 해도 늦지 않는다며 반대했다.

"내가 탄강할 때에도 그 달이 되어서야 비로소 산실청을 설치하였다."

그해 9월 18일 정조는 대조전(大造殿)에 산실청을 설치하고 홍낙성(洪樂性)을 약원 도제조로 삼았다. 그리고 그달 21일부터는 형벌 사용도 금지시켰다. 혹시나 액이 낄까 염려한 것이었다. 이렇게 모든 준비가 끝났다. 정조는 기도하는 심정으로 왕자가 태어나기를 기대했다.

그러나 한 달이 가고 두 달이 가도 출산 기미가 보이지 않았다. 상상임신이었던 것일까. 정조는 이듬해(1788) 12월 말일까지 산실청을 철수하지 않고 기다렸으나 끝내 아이 소식은 없었다. 효의왕후는 온 세상을 속인 것 같은 생각에 몸 둘 바를 몰랐다.

2년 후인 정조 14년(1790) 6월 18일 아들을 낳은 것은 그녀가 아니라 후궁 수빈 박씨였다. 온 나라가 경축 분위기에 휩싸였다. 아이가 태어나자마

창덕궁 대조전

자 홍낙성 등이 아뢰었다.

"거룩하신 후사가 태어났으니, 신인(神人)이 모두 의탁할 곳이 있게 되었습니다. 중궁전에서 데려가 아들로 삼아 원자로 정하는 것을 조금도 늦출 수 없습니다. 이에 감히 다 같은 목소리로 간청하는 바입니다."

수빈 박씨가 낳은 아들을 효의왕후에게 입적시켜 원자로 삼자는 것이었다. 노론 영수 송시열이 희빈 장씨 소생의 왕자를 원자로 삼는 것에 극구 반대하다가 사형당한 전례는 아무도 언급하지 않았다. 원자 책봉은 출생 당일로도 할 수 있는 일이었기 때문이다.

칠궁 수빈 박씨를 비롯한 후궁들의 사당으로 효자동 청와대 옆에 있다.

"수빈 박씨가 순산하여 아들을 낳았으니 내전(內殿)에서 데려다 아들로 삼고 원자로 칭호하여 종묘에 고유하고 대사령을 반포하라."

효의왕후는 정조의 조치에 만족했다. 낳은 여인은 수빈 박씨였지만 키우는 이는 자신이었다. 그녀는 원자를 친아들처럼 보살폈다. 정조가 조반을 위해 내전에 들른 지금도 이 아들과 함께 정조를 맞이했다. 세 사람은 사가(私家)에서처럼 단란하게 조반을 들었다. 정조는 문효세자가 죽은 후 다시 얻은 이 아들에 만족했다.

정조는 아이를 쓰다듬었다. 자신의 가슴속 한을 풀어 줄 아들이었다. 갑자년(1804)에 이 아이는 임금이 되어 자신과 부친의 한을 신원해 줄 것이었다.

"고맙소."

정조가 효의왕후에게 말했다.

"송구스럽습니다."

효의왕후가 대답했다. 정조는 밝은 얼굴로 자리에서 일어섰다. 이제 정사를 보러 가야 할 시간이었다.

"증자(曾子)가 매일 세 가지로 자신을 반성했다는 교훈은 학자의 실천하는 공부에 가
장 긴요하다. 나는 어릴 때부터 이 교훈을 가슴에 담아 왔다. 오늘날 『일성록』을 편찬
한 것은 바로 그러한 뜻이다. 밤에는 하루의 일을 점검하고, 한 달이 끝날 때면 한 달 동
안 한 일을 점검하고, 한 해가 끝날 때면 한 해 동안 한 일을 점검한다."

독서 군주

멀리서 닭 우는 소리가 들렸다. 아직도 창밖은 어슴푸레했지만 정조는 일어나 옷을 입었다. 지난밤 야연(夜筵: 야간 경연)에서 김재찬(金載瓚)에게 한 말이 생각나 입가에 가만히 웃음이 떠올랐다.

"한번은 한밤중까지 책을 읽다가 피곤이 몰려오고 졸음이 쏟아졌는데, 갑자기 한 줄기 닭 울음소리를 듣자 몽롱한 기운이 단번에 사라지고 청명(淸明)한 기운이 저절로 생겨서 이 마음을 일깨울 수 있었다."(『일득록』 4)

어제도 밤을 새우다시피 했다. 읽기로 마음먹었던 책을 다 읽지 못했기 때문이다. 정조는 경연 후 시신(侍臣)에게 이렇게 말했다.

"나는 어려서부터 언제나 반드시 일과를 정해 놓고 글을 읽었다. 병이 났을 때를 제외하고는 일과를 채우지 못하면 그만두지 않았고, 임금이 된 뒤에도 폐지하지 않았다. 저녁에 신하들을 만난 후에 깊은 밤까지 촛불을 켜고 책을 읽어 일과를 채우고 나서 잠을 자야만 비로소 편안하다."(『일득록』 1)

정조 어진 가장 오래된 현존 자료로, 『선원보략』에 실려 있다.

정조는 하루의 독서 목표량을 정해 놓고 있었다. 그러나 정무 중에는 너무나 바빠서 독서할 틈을 찾을 수 없었다. 정조는 일을 적체시키는 성격이 아니었다. 그날 처리할 일은 그날 처리하는 것이 원칙이었는데, 만기(萬機)를 친림(親臨)하는 국왕의 업무가 많을 수밖에 없었다. 그래서 승지들은 괴로워했다. 매일 새벽부터 출근해서 업무 보고를 해야 했기 때문이다. 그러나 불평할 수도 없었다.

"승지들이 새벽에 출근해 신시(申時: 오후 5시경)에 퇴근하는 것도 힘든 노고지만 나와 비교할 수는 없을 것이다."(『일득록』9)

　조정에서 업무량이 가장 많은 사람이 정조라는 사실을 잘 알고 있었기 때문에 어느 승지도 불평할 수 없었다. 새벽부터 밤까지 정력적으로 일하는 군주가 정조였다.

　이런 정조가 주간(晝間)에 독서 시간을 낸다는 것은 생각할 수 없었다. 결국 밤 시간을 이용하는 수밖에 없었는데 밤을 새우는 일이 잦자 시신들이 건강을 돌보라고 권유했다. 그러자 정조는 다음과 같이 답했다.

　"예로부터 궁중에는 시간을 보낼 만한 일들이 꽤 있지만 나는 천성적으로 그런 것을 좋아하지 않는다. 환관이나 궁녀들은 부리기나 하면 되지 그들과 수작하는 것이 무슨 의미가 있겠는가. 그래서 때로 신하들을 불러다가 글 뜻을 토론하기도 하고 고금의 일을 헤아려 보기도 하는데 이는 심신에 유익할 뿐만이 아니라 매우 즐거운 일로 생각한다."

　천생 학자 군주였다. 궁녀들과 수작하는 것보다 학문 높은 신하들과 글 뜻을 논하거나 역사서를 보는 것을 좋아한다는 말이었다.

　"그렇지 않으면 조용히 앉아 책을 보는데 그 맛이 매우 깊다. 때로 마음에 꼭 맞아서 흔연히 얻는 것이 있는 것 같으면 해가 저물었는지 밤이 깊었는지 모르기도 한다. 옛사람이 이른바 '내가 좋아하면 피곤하지 않다'는 말이 빈말이 아니다."

『선원보략』의 정조 어진과 현존하는 영조 어진을 토대로, 인물화를 연구해 온 박상경, 이영일 화백이 사실에 가깝게 복원한 정조 초상 ⓒ 박상경ㆍ이영일

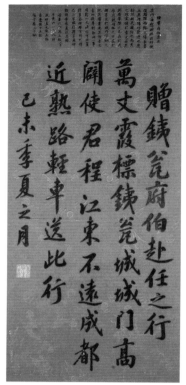

칠언시 1799년 정조가 영변 부사로 부임하는 서형수에게 준 시다. '증철옹부백부임지행'에서 철옹은 지명으로 영변의 또 다른 이름이다.

이처럼 정조는 독서의 군주이자 학문의 군주였다. 그리고 그 학문은 스스로에 대한 반성이자 자기완성을 위한 것이기도 했다.

"증자(曾子)가 매일 세 가지로 자신을 반성했다는 교훈은 학자의 실천하는 공부에 가장 긴요하다. 나는 어릴 때부터 이 교훈을 가슴에 담아 왔다. 오늘날 『일성록(日省錄)』을 편찬한 것은 바로 그러한 뜻이다. 밤에는 하루의 일을 점검하고, 한 달이 끝날 때면 한 달 동안 한 일을 점검하고, 한 해가 끝날 때면 한 해 동안 한 일을 점검한다. 이렇게 여러 해 동안 실천하니 정령(政令)과 일 처리 과정에서 잘한 것과 잘못한 것, 편리한 것과 그렇지 못한 것을 마음속에 깨닫게 된다. 이 역시 날마다 반성하는 한 가지 방도이다."(『일득록』 1)

공자의 제자 증자가 매일 세 가지로 반성했다는 '일일삼성(一日三省)'은 『논어』 「학이」 편에 나온다.

"남을 위해서 일하는 데 정성을 다했는가? 벗들과 사귀는 데 신의를 다했는가? 배운 가르침을 실천했는가?(爲人謀而不忠乎, 與朋友交而不信乎, 傳不習乎)"

정조는 이런 정신을 현재의 국사에 반영하고 후대의 참고자료로도 쓰이게 하기 위해 『일성록』을 편찬했다. 『일성록』에 서문을 쓴 이복원(李福源)

은 증자의 일일삼성 외에 자하(子夏)가 말한 "날마다 잘못한 것이 무엇인지 알려고 하고 달마다 잘한 것이 무엇인지 잊어버리지 않으려 한다〔日知其所亡 月無忘其所能〕"는 것도 『일성록』의 편찬 배경이라고 말하고 있다.

정조는 매일 밤 하루의 일과를 점검하고 반성했다. 잘못된 것은 반복하지 않기 위해서였고, 잘 된 것은 계속 발전시키기 위해서였다. 그리고 매월 마지막 날과 매년 마지막 달에도 마찬가지로 점검했다.

밤을 새우다시피 했다고 대궐의 두 어른께 문안하는 것을 생략할 수는 없었다. 군주는 나라 안 모든 사람의 스승이자 모범이 되어야 했다. 군주 자신이 효도를 다해야 신민들도 가정에서 효도를 다할 것이었다. 조선은 효자 집안에서 충신이 난다며 효도를 권장했다. 대비 김씨가 머무는 동궐이나 어머니 홍씨가 머무는 자경전은 정조가 머무는 전각에서 멀리 떨어져 있었다. 대비를 문안한 다음 어머니를 문안하고 나오면 부친의 사당인 경모궁이 보였다. 월왕(越王) 구천(勾踐)이 가시나무 위에서 자고 쓸개를 맛보며 잊지 않았던 와신상담(臥薪嘗膽)의 심정으로 정조는 경모궁을 바라보았다. 잠시 후 정조는 신하들이 기다리고 있을 관물헌(觀物軒)으로 향했다. 이제 본격적인 하루 일과가 시작되는 것이었다.

"제왕에게는 사(私)가 없다."

정조가 자주 되뇌는 말이었다. 사가 없다는 말은 원래 하늘과 땅과 일월은 사사로움이 없다는 뜻이지만 정조는 사생활이 없다는 뜻으로도 사용했다. 정조는 서용보에게 이런 말도 했다.

"제신은 혹 휴가라도 내지만 나는 일찍이 잠시도 쉬어 보지 못하였다."
(『일득록』 10)

부친은 이 자리에 올라 보지도 못하고 비참하게 세상을 떠났다. 그 부친을 생각하면 자신에게 딴생각이 있을 수가 없었다.

검소함은 왕가의 전통

정조는 관물헌으로 거둥했다. 무척 더운 날이었다. 관물헌은 협소한데다 좌우의 담장이 바짝 붙어서 뜨거운 햇볕이 사방에서 들어왔다. 연신(筵臣)들에게도 관물헌은 고역이었다. 가만히 있어도 등 뒤에 땀이 줄줄 흘렀다. 그래서 이날은 연신들이 굳게 결심하고 말을 꺼냈다.

"날이 너무 더워서 옥체가 손상될까 염려되옵니다. 부디 별전(別殿)으로 옮겨서 더위를 피하소서."

그러나 정조는 주청을 받아들이지 않았다.

"마음이 안정되면 기운이 정해지고 기운이 정해지면 몸이 편안해진다. 나는 어릴 때부터 고요한 곳에 안정하는 것이 습성이 되어서 이처럼 작은 방에서도 더운 줄을 모른다."

연신들은 탄복했다. 그러나 이날은 연신들도 물러서지 않았다. 아침에도 이렇게 더우니 한낮이면 더 말할 나위가 없었다. 정조라고 어찌 덥지 않으랴. 연신이 다시 아뢰었다.

"이 방은 협소하여 한여름이면 더욱 불편합니다. 별도로 짓자는 유사(有司: 담당 관리)의 청은 비록 윤허를 얻지 못하였으나 서늘한 곳을 가려서 여름을 보낸다면 안 될 것이 없을 듯합니다."

"지금 좁은 이곳을 버리고 다른 서늘한 곳으로 옮기면 또 거기에서도 참고 견디지 못하고 필시 다시 더 서늘한 곳을 생각하게 될 것이다. 그렇게 되면 어떻게 만족할 때가 있겠는가. 능히 이를 참고 견디면 바로 이곳이 서늘한 곳이 된다. 이로써 미루어 나간다면 '만족할 줄 안다[知足]'는 두 글자가 해당되지 않는 곳이 없다. 그러나 학문 공부와 평치(平治)의 도(道)만은 조그만 완성으로 만족할 줄 알아야 된다고 하면 안 된다. 더욱 힘써 정진하면서도 언제나 부족함을 탄식하는 생각을 가져야 될 것이다."(『일득록』1)

만족할 줄 아는 것이 중요하지만 자신을 완성하는 학문과 천하를 평안하게 다스리는 평치는 작은 것에서 만족하면 안 된다는 뜻이다. 현재 이 무더위에 만족할 줄 알면서 공부에 전념하자는 말이었다. 정조는 연신들이 힘들어하자 독서피서법을 권했다.

"더위를 물리치는 데는 책을 읽는 것만큼 좋은 방법이 없다. 책을 읽으면 몸이 치우치거나 기울어지지 않고 마음에 주재(主宰)가 있어서 외기(外氣)가 자연히 들어오지 못하게 된다."(『일득록』4)

더위뿐만이 아니었다. 비가 와도 마찬가지였다. 재위 13년(1789) 장맛비가 내릴 때 정조가 거처하는 전우(殿宇)에 비가 새 그릇으로 받았다. 신하들이 이를 보고 민망하게 여겼으나 정조는 태연했다.

"예전에 어떤 어진 재상이 비바람을 가리지 못했는데, 비가 내릴 때마다 번번이 우산을 펴고 앉아, '나는 비를 피할 수 있다. 우산도 없는 자들은 어떻게 비에 젖는 것을 피할 수 있겠는가'라고 말했다. 지금까지도 이를 우스갯소리로 전하면서 우활(迂闊)하다고 여긴다. 그러나 그 말을 자세히 생각해 보면 우활한 이야기가 아니다. 온 나라 안은 논하지 말고 도성 안팎만을 가지고 말하더라도 초가집이 반이나 되니, 빈한한 백성과 선비들의 집안 곳곳은 비가 새는 것을 면하기가 어렵다. 지금 비 새는 곳을 마주 대하고 보니 이 말에 내포된 마음 씀씀이를 절실하게 깨달을 수 있겠다."(『일득록』7)

정조가 예로 든 어진 재상은 세종 때 우의정을 역임한 유관(柳寬)이다. 비 올 때 방 안에서 우산을 펴고 부인에게 "이 우산도 없는 집은 어떻게 견디겠소"라고 하자 부인이 "우산 없는 집은 다른 준비가 있답니다"라고 쏘아붙였다는 이야기가 서거정(徐居正)의 『필원잡기(筆苑雜記)』에 전한다.

군주 역시 유관처럼 우산으로 비를 막으며 우산 없는 백성을 걱정해야 한다고 정조는 생각했다. 그는 이날 선전관(宣傳官)과 오부(伍部) 관원에게 방내(坊內: 서울) 인가 가운데 무너진 집을 두루 살펴 휼전(恤典)을 시행하라고 명했다.

임금 자리는 천하의 모든 일을 걱정해야 하는 자리였다. 정조에게는 더위도 장마도 모두 걱정이었다. 무더위에 '만족함을 알아야 한다'고 별전으로 옮길 것을 거부했지만 정조는 사실상 더위를 많이 타는 체질이었다. 재위 22년(1798) 정조는 각신 이만수에게 이렇게 말했다.

"나는 본래 더위를 참지 못하기 때문에 매년 삼복더위가 지나고 서늘한 바람이 처음 불어오면 마치 옛 친구가 찾아온 것처럼 기쁘다. 그러나 올해는 가뭄 때문에 농사가 아직 제대로 되지 않아서 날씨가 일찍 서늘해지는 것을 꺼리고 있다. 백성을 위하는 나의 일념 때문에 날씨가 서늘해져도 기쁜 줄을 모르겠다. 방백(方伯: 감사)과 수령들도 이러한 나의 마음을 체득할 수 있겠는가."

정조는 또한 검소함에 대해 김조순에게 이렇게 말했다.

"부지런히 일하고 검소함을 밝히는 것이 우리 왕가의 법도이다."(『일득록』 10)

그랬다. 부지런히 일하되 검소하게 생활하는 것이 정조가 생각하는 조선 왕가의 법도였던 것이다. 영조도 그랬고 자신도 그랬다. 그 누구보다 부지런히 일했지만 그 누구보다 검소했다. 규장각 각신들은 정조의 검소함에 여러 차례 탄복했다. 각신 서유방(徐有防)의 기록에 따르면 재위 11년(1787) 정조의 거처는 벽지를 바른 지 오래되어 검게 변했고, 기둥과 서까래도 계속 내린 비로 다 썩었다. 경연 신하가 유사(有司)에게 고치게 하자고 청하자 정조는 서두르지 말라고 말렸다.

"어찌 서둘러서 할 것이 있겠는가. 계속된 비가 20일째 이어져 각 도에서 재해를 보고하고 있다. 민간의 누추한 집들이 크게는 무너져 깔리고 작게는 틈이 갈라져 비가 샐 것을 생각할 때마다 측은한 마음이 들지 않은 적이 없었다. 고치는 일은 그만두라."

정조는 비단옷도 사양했다. 재위 14년(1790) 규장각 각신 정민시는 정조의 의식(衣食)에 대해 다음과 같이 기록했다.

"나는 사치스러움을 좋아하지 않는 성격이라 옷은 모시와 목면에 지나지 않고 음식은 몇 가지에 지나지 않는데 억지로 애써 그러는 것이 아니다. 그러나 내가 몸소 행한 효과가 있으면 세상이 변하지 않을까 생각하는데 지금 도리어 온 세상이 사치스럽고 화려할 뿐 변화했다는 소리를 듣지 못했다. 아마도 나의 정성이 감동시키지 못해서 그런 것인가, 아니면 습속이 갑자기 변화하기 어려워 그런 것인가."(『일득록』7)

정조는 특별한 경우가 아니면 명주옷, 즉 비단옷을 입지 않았다. 부드러운 명주옷보다 거친 무명옷을 선택했다.

"명주옷이 편리한 무명옷보다 못하다. 사람은 대체로 화려한 옷을 한 번 입으면 사치하고 싶은 마음이 생기므로 사치하는 풍습이 점점 성하게 된다. 이는 재물을 축내는 것일 뿐 아니라 실로 끝없는 폐해와 연관된다. 내가 나쁜 옷이 좋다고 말하는 것이 아니다. 가볍고 따뜻한 옷을 입으면 가난한 여인의 고생하는 모습이 생각나고, 서늘한 궁전에 있을 때면 여름에 밭에서 땀 흘리는 농부의 노고가 생각나 경계하고 두려운 마음이 항시 간절하다. 옛사람이 이르기를, '검소함에서 사치로 가기는 쉬워도 사치에서 검소함으로 가기는 어렵다'고 했으니, 이것이 경계해야 할 점이다."(『일득록』1)

그 무명옷도 여러 번 빨아 입었다. 대개 군주들은 옷을 빨아 입지 않고 새 옷만을 입는 경우가 많았다. 그러나 정조는 달랐다.

"경연 신하 가운데 내가 여러 번 빤 옷을 입는다고 찬미한 사람이 있는데 나는 우습게 여겨진다. 당 문종(唐文宗)이 옷을 세 번이나 빨아 입었는데 유공권(柳公權)이, '임금은 어진 이를 나오게 하고 착하지 못한 사람을 물러나게 하며 간쟁을 받아들이고 상벌을 분명하게 하는 것이다. 옷을 깨끗이 빨아 입는 것은 작은 일일 뿐이다'라고 말했다."(『일득록』 7)

자신이 옷을 여러 번 빨아 입는 것은 찬미 받을 만한 일이 아니며, 군주는 큰 정사를 잘하는 것이 중요하지 옷을 빨아 입는 작은 일은 중요하지 않다는 말이다. 정조는 검소함에 대해서 여러 번 하교했으나 이미 습속이 화려한 것으로 굳어졌기 때문에 잘 지켜지지 않았다.

국왕과 대궐 안의 식사를 제공하는 사옹원(司饔院) 광주(廣州) 분원(分院)에서는 자기(瓷器)도 구웠다. 민간의 웬만한 부유층들은 갑번(甲燔)이라 불렸던 사옹원 분원 자기가 아니면 상대하지 않았다. 정조는 낭비를 막기 위해 갑번 사용을 금지시켰으나 잘 지켜지지 않았다. 규장각 각신들은 우연히 정조의 어선(御膳: 임금의 식사)을 보고 크게 놀랐다. 반찬이 두세 가지에 지나지 않는데다 그릇은 모두 흠이 있거나 일그러진 것뿐이었다. 정조는 손가락으로 그릇들을 가리키며 연신에게 말했다.

"법을 제정한다고 저절로 시행될 수는 없고, 말로 가르치는 것은 몸으로 가르치는 것만 못하다. 내가 이렇게 하는 것은 나에게 허물이 없게 한 뒤에야 남을 비난할 수 있다는 뜻을 담은 것이다."(『일득록』 9)

정조는 스스로 먼저 실천하는 인물이었다. 경연의 신하들은 정조의 의식주가 자신들보다 못한 사실을 여러 차례 목도하고 혀를 내둘렀다. 정조에게 중요한 것은 천하를 편하게 다스리는 평치(平治)이고 학문의 완성이었다. 경연도 바로 이를 위해서 하는 것이었다.

경연, 『대학』의 의미는 무엇인가?

이날 관물헌에서 연신들과 강(講)할 과목은『대학(大學)』이었다. 정조는 먼저 연신들에게 대학의 의미에 대해서 물었다. 정조의 질문은 근본적이면서도 구체적이었다. 대학의 의미에 대한 여러 선학(先學)들의 견해를 모두 열거한 다음에 연신들의 구체적 견해를 묻는 방식이었다.

"『사서몽인(四書蒙引)』에 이르기를 '대인(大人)의 학이란 학궁(學宮: 성균관, 즉 대학)을 지적해서 한 말이 아니라 대인이 배우는 것이고 소자(小子)가 배우는 것이 아니기 때문에 대학이라고 하는 것이다' 하였고, 『설통(說通)』에는 '대학은 소학의 상대어로 한 말이 아니라 이단곡학(異端曲學)의 상대어로 한 말이다'라고 했다. 후대 유학자는 『설통』의 이런 설에 대해, '『혹문(或問)』에서는 대인의 학이라고 가르치면서 소자의 학에 대한 상대어라고 말했는데 어찌 소학의 상대어가 아니라고 말하는가?'라고 반박했다. 이 유학자의 말이 맞는다면 『대학』의 대(大) 자는 사람 중에서 대인이란 뜻으로 보아야지 학문의 큰 것이라는 의미로 보아서는 부당할 것 같은데 이 말이 과연 맞는 것인가?"

대학은 대인, 즉 어른이 배우는 학

정조가 그린 국화도

문이고 소학은 소자, 즉 어린아이가 배우는 학문이라는 견해에 대한 연신들의 의견을 묻는 것이었다. 대학의 의미에 대한 정조의 여러 학설 설명은 계속된다.

"근세의 유자는 또, '대학은 학의 큰 것이요, 소학은 학의 작은 것이다'라고 하였고 『한서(漢書)』와 『대대례(大戴禮)』에서도 모두 '소학은 작은 기예를 익히는 것이요, 대학은 큰 기예를 익히는 것이다'라고 하였다. 가의(賈誼)는 『신서(新書)』에서 '소학은 작은 예절을 행하고 작은 도를 업으로 삼는 것이며, 대학은 큰 예절을 행하고 큰 도를 업으로 삼는 것이다'라고 말했고, 『백호통(白虎通)』에서는 글과 계산을 배우는 것이 소학의 일이라고 말했고, 『식화지(食貨志)』에서는 육갑(六甲)과 오방(伍方), 글쓰기, 계산 등을 배우는 것을 소학의 일로 삼았다. 그런즉 작은 기예와 작은 예절이란 글쓰기와 셈하기 이 두 가지라는 것이 분명한데 이 설이 어떠한가? … 소학을 소예(小藝)라고 결론짓더라도 근거가 없지는 않을 듯한데 경들의 견해는 어떠한가."

소학을 소예를 배우는 학문으로 봐도 이상이 없느냐는 것이었다. 단순한 질문 같지만 여기에는 소학을 성인으로 나아가는 첫 단계로 보는 주자학의 이론이 맞느냐 아니면 단순한 기예를 배우는 학문에 불과한 것이냐는 심각한 내용이 숨어 있었다. 이 질문에 대해 연신이 대답했다.

"대학의 도는 주자가 '대인의 학'이라고 해석했고 또 『혹문』에서 '소자의 학의 상대어'라고 했으니 마땅히 사람의 대소로 보아야 합니다. 소학의 일은 육예(六藝)가 그중 하나이니 글쓰기와 셈하기를 소학의 공부로 보는 것은 진실로 옳습니다. 그러나 만약 글쓰기와 셈하기 외에 다시 소학의 공부가 없다고 한다면 신은 감히 그렇지 않다고 생각합니다."

육예는 선비로서 배워야 할 여섯 가지 실무지식을 뜻하는데 예(禮), 악

(樂), 사(射: 활쏘기), 어(御: 말타기), 서(書), 수(數)를 뜻하는 것이다. 정조는 자신이 구체적인 학설을 들어 질문했던 것처럼 답변 역시 구체적인 학설을 가지고 하기를 바랐다. 정조 자신은 대학의 의미 하나를 묻기 위해 『사서몽인』에서 『식화지』까지 무려 8권의 책을 언급했다. 이 책들이 대학을 어떻게 보고 있는지를 하나하나 사례를 들어 언급한 후 자신의 견해를 제시했던 것이다. 그러면 연신도 그 비슷한 근거를 제시한 후 그들의 견해를 제시해야 했다. 그러나 연신은 겨우 주자의 설과 『혹문』 한 권을 언급한 후 '글쓰기와 셈하기 외에도 소학의 공부가 있다'고 답한 것이었다. 이런 대답이 정조의 마음에 흡족할 리 없었다. 정조가 소학이 기예를 익히는 것일 뿐이라고 주자학의 논리를 부인하는 여러 견해를 제시했으면 주자학자를 자처하는 연신들은 그렇지 않다는 여러 근거를 들어 소학이 성인의 학문으로 나가는 첫 단계라고 주장해야 했다.

정조는 즉위 당시 만 24세에 불과했으나 이미 당대 최고의 학자가 되어 있었다. 그의 학문은 어느 노학자에게도 뒤지지 않았다. 이는 모두 동궁(東宮) 시절의 노력에서 비롯된 것이었다. 각신 남공철의 기록(『일득록』 3)에 따르면 즉위 후 정조는 이렇게 말했다.

"내가 춘궁(春宮: 동궁)에 있을 적에 교유했던 빈료(賓僚: 시강원 관료) 중에는 경학(經學)으로 이름난 선비가 많았다. 매번 선왕의 침수(寢睡: 잠자리)를 여쭙고 수라상을 살피는 틈틈이 이들과 아침저녁으로 만나서 토론했다. 또 방 하나를 깨끗이 청소한 다음 차분히 궁리 격물(窮理格物)의 학문을 공부했는데, 어떤 때는 종일토록 꿇어앉아 공부하기도 했다. 그 때문에 입고 있던 바지가 닳아 헐기까지 했는데 이 일이 지금까지 궁중에 전해져 오고 있다."

세손 정조는 밤을 새우는 일이 많았다. 그에게 궁중은 자신을 죽이려는 정적들이 득실대는 위험한 곳이었다. 독서하며 밤을 새우는 것은 암살을 방지하는 효과도 있었다. 대부분의 암살은 밤중에 이루어지기 때문이었다.

즉위 후 정조는 반대 당파 신하들로 가득한 정국을 주도하는 방법의 하나로 학문을 선택했다. 신하들보다 월등한 학문 실력으로 정국을 이끌고 가려 했던 것이다. 경연은 정조의 뛰어난 학식을 과시하는 자리이기도 했다.

『대학』이 무슨 학문인가를 물었던 정조는 이제 구체적인 본문에 들어갔다. 『대학』은 글자 수로 따지면 몇 자 되지 않지만 그 의미는 결코 단순하지 않았다.

"대학의 도는 밝은 덕을 밝히는 데 있으며, 백성을 새롭게 하는 데 있으며, 지극한 선에 그침에 있다〔大學之道, 在明明德, 在新民, 在止於至善〕."

이 구절에서 정조는 '그침〔止〕'이라는 구절을 문제 삼았다.

"지어지선(止於至善) 네 자를 『장구(章句)』에서는 '반드시 이곳에 이르러 옮기지 않는 것'이라고 해석하였다. 이곳에 이른다는 것은 이미 이 경지에 도달하여 그곳에 거한다는 것을 말하는 것이요, 옮기지 않는다는 것은 이곳에 거한 뒤에는 다시 이동하지 않음을 말하는 것이다. 그러나 성인은 겸손한 덕을 지니어 스스로 만족하는 마음이 없으므로 과정과 단계를 가득 채웠더라도 꼭대기 끝에서 더욱 나아가기를 구하지 내가 이미 이런 경지에 이르렀으니 그칠 만하다고 여기신 적이 없다. 그렇다면 지금 이 지선(止善)의 소재가 비록 성인의 지극한 공〔極功〕이라고 하더라도 성인의 지극히 성실하여 쉬지 않는 도는 마땅히 겸손하고 또 겸손하여 자만하지 않아야 하는 것이다. 그러나 도리어 겨우 이르자마자 바로 그치고 바로 또 옮겨 가지 않는 것이라면 어찌 성인의 성스러움이 더더욱 성스러워지는 뜻이겠는가."

정조는 대학의 도가 지극한 선에 '그친다'는 구절이 문제가 아니냐고 묻는 것이었다. 성인은 겸손함이 끝이 없어서 어떤 경지에 다다르면 또 다음 경지로 나아가려 하지 어찌 이곳에 이르러 이제 다 이루었다고 옮기지 않겠느냐는 뜻이었다.

정조는 비유로 설명했다.

"시인의 시 중에 '천 리 밖까지 구경하려고, 다시 누대 한 층을 더 올라간다[欲窮千里目/ 更上一層樓之句]'는 시구가 있는데, 높은 곳에서 먼 곳을 바라보는 자는 눈에 보이는 끝 밖의 또 끝을 보려고 다시 한 층을 더 올라간다는 뜻이다. 순임금이 묻기를 좋아하고 살피기를 좋아했다는 것이나, 문왕(文王)이 도를 바라기를 마치 보지 못한 듯이 하였다는 것이나, 주공(周公)이 밤으로 낮을 이었다는 것, 또 공자가 '나에게 몇 년만 더 시간이 있었다면'이라고 했던 말들은 모두 도에 이르지 못해서가 아니고, 도의 무궁함을 알고서 도에 대해 어렵게 여긴 것이 이와 같으신 것이었다. 그런데 이미 여기에 그친다고 하고 또 옮기지 않는다고 한다면 자못 스스로 잘난 체하며 진보하기를 구하지 않는 자 같으니 성인이 덕을 닦는 의(義)에 어긋남이 없겠는가?"

정조가 보는 도는 완성될 수 있는 것이 아니었다. 어느 경지에 다다랐어도 더 높은 경지에 오르기 위해 끊임없이 노력해야 하는 것이었다. 그런데 어느 경지에 올라 그치고 다른 경지에 도달하기 위해 노력하지 않는다면 그것이 어찌 성인이 '덕을 닦는 의'에 합당하겠느냐는 것이었다.

김재찬이 답변했다.

"지위를 가지고 말한다면 지선(至善)은 가장 꼭대기의 자리지만 공부를 가지고 말한다면 한 가지 일을 함에 지선에 그치고 두 가지 일을 함에 지선에 그치어 백 가지, 천 가지의 일을 하면서 모두 지선에 그치기를 구하는 것이니 어찌 나아가고 나아가 그침이 없는 뜻이 아니겠습니까."

정조는 즉각 반박했다.

"대답이 오히려 명확성이 부족하다. 성인이 나아가고 나아가 그침이 없는 것은 도(道)의 전체요, 지선(至善)에 이르러 옮기지 않는 것은 일마다 다 지선인 것이다. 이 도의 거대함은 한 가지 일이라도 그 극치에 이르지 않음이 없을 것을 요구하니, 비록 요순과 주공, 공자 같은 성인이라 할지라도 어찌 항상 부족하다는 탄식이 없을 수 있겠는가."

성인이 나아가 그침이 없는 것은 도의 전체를 말하는 것인데, 어찌 둘로 나누어 인식할 수 있겠느냐는 것이다.

"더구나 이 장의 『장구』에서 '반드시 여기에 이르러야 한다〔必至於是〕'의 지(至) 자는 다른 판본에서는 모두 그친다는 지(止) 자로 잘못 기록되어 있고 오직 『송참본(宋槧本)』과 『의례경전주(儀禮經傳註)』에만 지(至) 자로 되어 있다. 그러므로 선유(先儒)도 "이른다는 것은 노력을 한다는 말로서 옮겨 가지 않은 연후에야 그 그침을 알 수 있다"고 말했다. 또 여기에 이르러서 옮기지 않는다는 한 구절은 지지선(止至善)을 해석한 것이니, 위 문장에 반드시 지선(至善)이라는 두 자가 있은 뒤에야 '여기에 이르러〔至於是〕'라는 말의 여기〔是〕라는 글자가 위아래에 접속될 수 있다. 이 글이 단지 여기에 이른다고만 되어 있다면 이 여기라는 글자를 누가 지선이라고 볼 수 있겠는가?"

당대 최고의 유학자들인 경연관들이 절절매고 있었다. 김재찬이 대답했다.

"이는 신이 개인적으로 의심스러워하던

정조 수결

점인데 아직 그 답을 얻지 못한 것입니다."

정조가 답을 가르쳐 주었다.

"이것을 답하는 데 무슨 어려움이 있겠는가. 이는 대개 지(止) 한 자의 의미만을 해석하고 지선(至善)이라는 두 자를 해석하는 데는 미흡했기 때문이다."

'그친다[止]'는 한 자만을 해석하고 '지극한 선에 도달한다[至善]'는 두 자의 의미를 해석하는 데 미흡했기 때문이라는 뜻이다.

신민(新民)인가, 친민(親民)인가?

『대학』에 대한 정조의 설명은 계속된다.

"무릇 '명(明)은 밝힌다는 뜻이고 신(新)은 옛것을 고침을 말하는 것이다'라는 것과 동일한 훈고의 범례이다. 또 이 장에서 신민(新民)이라고 말한 것은 천하의 사람들을 이끌어서 옛것을 고치고 새롭게 되기를 도모한다는 뜻이다. … 신민이라는 두 글자 위에 밝은 덕을 밝힌다고 말하였다면 아래에서는 의당 백성의 덕[民德]을 새롭게 한다고 말해야 했을 것인데, 단지 백성을 새롭게 한다고 하고 만 것은 무슨 의미인가?"

이것은 정조가 의중을 담아 한 말이었다. 정조는 명덕(明德)과 신민(新民)과 지선(至善)을 같은 선상에 놓고 유기적으로 파악해야 한다고 말하는 것이었다. 명덕(明德)을 강조했으면 그 연장선상에서 '백성의 덕을 새롭게 한다[新民德]'라고 세 자로 썼어야 하는데, 왜 '백성을 새롭게 한다[新民]'라고만 말하고 그만두었느냐는 물음이었다. 이 물음의 배경에는 '신민(新民)'이란 용어의 사용에 대한 정조의 의구심이 있었다. 신민(新民)은 원래

『대학』구절과는 다른 용어로서 주자학자들이 바꾸어 놓은 것인데, 그것이 적당한가 하는 정조의 의문이었다. 그러나 김재찬은 정조의 속뜻을 알아차리지 못했다.

"온 세상의 모든 옛것을 고쳐야 한다고 말한 것이 아닙니다. 비록 성대한 요순(堯舜) 시대라도 선한 자는 항상 적고 선하지 않은 자는 항상 많았으니, 여기서 옛것을 고쳐야 한다고 말한 것은 대체(大體)를 따라 말한 것으로 생각됩니다. 그리고 윗구절의 덕(德) 자가 이미 백성의 덕[民德]이라는 뜻을 포함하고 있으니, '백성의 덕을 새롭게 한다[新民德]'고 하지 않고 다만 '백성을 새롭게 한다[新民]'고 말한 것 같습니다."

'백성의 덕을 새롭게 한다'는 신민덕(新民德)과 '백성을 새롭게 한다'는 신민(新民)이 마찬가지라는 말이었다. 하지만 '백성의 덕'이라고 말하면 백성을 높이는 뜻이 있었다. 이 덕 자를 빼고 백성을 새롭게 한다고 하면 '우매한 백성을 교화한다'는 뜻이 된다. 정조의 질문에는 주자학자들이 백성에 대한 우월의식에서 '덕(德)' 자를 뺀 것이 아니냐는 의미가 담겨 있었다.

정조는『대학』에 대한 근본적인 의문을 갖고 있었다.『대학』과『중용』은『논어』·『맹자』와 함께 사서(四書)에 포함되지만 원래부터 사서에 포함된 경전이 아니었다.『대학』·『중용』은 원래『예기(禮記)』의 한 부분에 불과했던 것을 남송의 정호(程顥)·정이(程頤) 형제와 주희(朱熹)가 따로 떼어 내 한 권의 책으로 만든 것이다. 정호 형제와 주희 등이 만든 주자학(성리학)이 지배 사상이 되면서『대학』과『중용』은 사서로 승격되었다. 문제는 이들이『예기』에서『대학』을 떼어 내 독립된 책으로 만들 때 일부 구절을 자의적으로 바꾸었다는 점이다.『대학』은『예기』49편 중 42편에 해당하는데 원문에는 '재친민(在親民)'이라고 되어 있었으나 정호 형제가 '재신민(在新民)'이라고 바꾸었고, 주희가 이를 그대로 받아들이면서 '신민'이 되고 만 것이었다.

이를 비판하고 나선 이가 명나라의 왕양명(王陽明)이었다. 왕양명은 『전습록(傳習錄)』「서애록(徐愛錄)」에서 성리학자들이 친민(親民)을 마음대로 신민(新民)으로 바꾸어 놓았다고 비판했다. 조선의 양명학자 정제두(鄭齊斗, 1649~1736)도 주희가 마음대로 경전의 글귀를 바꾸었다고 비판했다.

"대저 육경(六經)의 글은 해와 별같이 밝아서 아는 사람이 보면 절로 환한 것이라 주해를 할 필요가 없다. 그래서 훈고(訓詁)만 있고, 주설(注設)은 없은 지 오래되었다. 그런데 주자(朱子)가 물리(物理)로써 해석을 하게 되니 주(注)를 짓지 않을 수 없었다. 이것이 고경(古經)이 변하게 된 까닭이다. 주자의 해석이 경문(經文) 본래의 뜻을 어기었으니, 또 고쳐 해설을 하지 않을 수 없다. 이것이 내가 이 주(注)를 다시 짓는 까닭이다."(정제두, 『대학』서)

정제두는 주희가 경문 본래의 뜻을 어기는 주석을 달았기 때문에 이를 바로잡기 위해 『대학』을 다시 주석한다고 말한 것이다. 정제두는 주희가 바꾸어 놓은 신민(新民)을 거부하고 원문대로 친민(親民)으로 읽는다.

"대학의 도는 명덕(明德)을 밝힘에 있으며, 백성과 친(親)함에 있으며〔在親民〕, 지선(至善)에 그침에 있다. … 친(親)은 본자대로 따른다."(정제두, 『대학』)

'친(親)은 본자대로 따른다'는 말은 의미심장하다. 주희가 바꾼 신민(新民)이 아니라 『예기』의 원 구절대로 친민(親民)으로 해석한다는 뜻이기 때문이다. 신민과 친민은 글자 한 자 차이지만 그 의미 차이는 크다. '백성을 새롭게 하는 데 있다'는 말은 사대부 계급이 지배계급의 자리에서 백성을 교화시켜야 할 대상으로 보는 것인 반면 '백성과 친함에 있다'는 말은 사대부와 백성을 동일선상에 놓고 바라보는 것이기 때문이다. 신민(新民)에는 인간을 존비(尊卑), 상하(上下) 관계로 구분하는 신분제를 옹호하는 속뜻이 숨어 있다. 왕양명의 학설을 지지하는 양명학자들이 조선 후기에 성리학

자들에게 이단으로 몰린 근본 이유가 여기에 있었다.

그런데 정조는 마치 정제두의 학설을 지지하는 것처럼 이 부분에 대해 질문했다.

"정자(程子)가 친(親) 자를 신(新) 자로 고친 것은 어째서인가? 주자(朱子)가 정자의 문집 내의 글자를 고치는 것에 대해 남헌(南軒) 장식(張栻)과 논쟁하기를, '성현의 책 중에 자신의 뜻에 맞지 않는 점이 있다고 바로 지워 버리거나 멋대로 고친다면 비록 고친 것이 모두 훌륭하다 할지라도 끝에 가서는 경솔하게 멋대로 하여 스스로 잘난 체하는 폐단을 열게 될 것이다. 더구나 고친 바가 반드시 다 훌륭하지 않은 경우라면 말할 것도 없다'고 말했다. 뒤에서는 또 공자가 『서경』을 정리하면서 피가 흘러 절굿공이가 떠내려갔다는 글을 그대로 쓰고 고치지 않았고 맹자도 그를 계승하면서 단지 '나는 무성편(武成篇)에서 두세 책(策)만을 취한다'고 한 말을 인용하여 경계하였다. 『대학』을 고쳐서는 안 되는 것이 어찌 정자의 문집을 고쳐서는 안 되는 것과 비교나 되겠는가. 그런데 주희는 남헌 장식에게는 힘써 반박하고 정자에 대해서는 사리를 굽혀 따른단 말인가."

놀라운 발언이었다. 송시열은 이희조(李喜朝)에게 "정자와 주자 이후로는 우리 도가 크게 밝혀졌으니, 다만 공부하는 당사자에게 달려 있을 뿐이라고 생각한다"고 말했다. 주자의 학설을 따르기만 하면 된다는 것이다. 이후 주희와 다른 학설을 주장하는 자는 이단으로 몰렸다. 학문이란 것은 그저 주희의 학설을 외우기만 하면 되는 것이었다. 이런 사회 분위기에서 정조는 주희가 친민을 신민으로 한 것이 잘못이 아니냐고 여러 사례를 들어 설명하는 것이었다.

"명유(明儒)들이 친민(親民)은 구본을 따라야 한다며 『대학전』에 나오는 '어진 이를 어질게 여기고 그 친한 이를 친히 여긴다[賢其賢親其親]'와 '백성들이 좋아하는 바를 좋아하고 백성들이 싫어하는 바를 싫어한다〔民之所好好之, 民之所惡惡之〕'는 대목을 널리 인용하여 그 뜻을 밝혔다. 또 『서경』의 '백성이 친히 여기지 않는다〔百姓不親〕'는 대목과 『논어』의 '자신을 닦아서 백성을 편안히 한다〔修己以安百姓〕'는 대목을 취하여 친민의 증거〔親民之證〕로 삼았는데 후세에도 그 설을 따르는 자가 없지 않다. 이들은 '『학기(學記)』에 이르기를, 옛 제왕은 나라를 세워 백성의 임금이 되면 가르치고 배우는 것〔敎學〕을 우선으로 삼았다고 하였으니, 나라를 세우고 학교를 세운 뜻은 본래 친민에 있는 것이다'라고 하였다. 이 설이 어찌 근거가 있지 않겠는가?"

신민이 아니라 친민이 맞지 않느냐는 뜻이었다. 소론 계열의 문신 조윤대(曹允大)가 대답했다.

"『대학』이란 책은 자신을 닦고 남을 다스리는 두 가지 일에 불과한 것입니다. 그런데 전문(傳文)으로 고찰하면 가장 먼저 반명(盤銘)을 인용하였고 중간에 「강고(康誥)」를 인용하였고 나중에 또 문왕편(文王篇)의 시를 인용하였는데 신(新) 자의 뜻이 아닌 것이 없으니 정자와 주자가 친(親) 자를 신(新) 자로 고친 것도 대개 전(傳)에 근거하여 경(經)을 해석한 것입니다." (『경사강의』 4)

'반명'은 은나라 탕왕이 자신을 경계하기 위해 욕조〔盤〕에 새긴 글로 "진실로 새롭게 하려면 날마다 새롭게 하고 또 새롭게 하라〔苟日新 日日新 又日新〕"는 내용이라 전해진다. 「강고」는 『서경』 편명(篇名)의 하나이다. 정호와 주희는 이런 경전에서 신(新) 자를 추출해 친(親) 자를 바꾸었다는 뜻이다. 정조는 친이 맞는지 신이 맞는지 더 이상 논쟁하지 않았다. 주자학의 나라에서 주희가 경전 구절을 마음대로 바꾸었다는 점을 지적했으면 됐지 어느 것이 맞느냐를 갖고 신하들과 싸움을 벌일 필요는 없었다. 그렇게 되

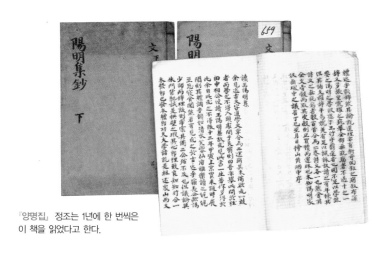

「양명집」 정조는 1년에 한 번씩은 이 책을 읽었다고 한다.

면 이념 논쟁이 재연될 것이었다. 정조는 여러 차례 성리학을 정학(正學)이라고 말했지만 정작 자신이 좋아하는 책은 왕양명의 책이라고 말했다.

"나는 깊이 좋아하는 책이 없고 모두 대충 섭렵한 것일 뿐이다. 다만 경산(瓊山) 구준(丘濬)의『대학연의보(大學衍義補)』와『왕양명집(王陽明集)』은 항상 책상에 놓아 두고 아무리 정무(政務)가 바빠도 반드시 한 해에 한 번은 통독을 한다. 이는 옛사람을 아침저녁으로 만난다는 의미를 담은 것이다."(『일득록』1)

구준은 현재의 중국 경산 출신의 명나라 초기 정치 사상가로 심학(心學)적 방법으로 실학(實學)을 추구한 인물이었다. 왕양명은 성리학자들에게 이단으로 몰린 양명학의 주창자였다. 이런 인물의 저서를 '아무리 바빠도 한 해에 한 번은 통독을 한다'고 말한 것은 정조가 내심 양명학에 동조하고 있었음을 말해 주는 것이다.

군사(君師)

정조는 경연을 통해 주자학에 경도된 신하들의 좁은 시야를 넓게 틔워주고 싶었다. 그러나 경연관들의 수준이 정조에 미치지 못했다. 구체적인 질문을 해도 구체적인 답변이 나오지 않았다. 그래서 질문 횟수가 점점 줄어들었다. 재위 9년(1785) 정조는 이런 어려움을 다음과 같이 토로했다.

"신하들이 내가 경연에서 어려운 질문을 하지 않는 것에 대해 혹은 공부를 게을리 해서 그런 것이라 의심하기도 하겠지만 이는 나의 뜻을 모르는 자들이다. 근래의 강관(講官)은 경술(經術)에 익숙한 자가 적으니 만일 의심나는 글을 질문하여 심오한 뜻을 토론하다가 혹 제대로 대답하지 못하거나 또는 잘못 대답을 하게 되면 그의 무안함이 어떠하겠는가. 이 점 때문에 내가 차라리 학문을 게을리 한다는 소리를 들을지언정 강관에게 무안을 주지 않으려는 것이다."(『일득록』 1)

원래 경연 자리는 학문에 밝은 신하가 군주에게 학문을 인도하는 자리였다. 그러나 정조 때는 거꾸로 바뀌었던 것이다. 정조는 경연관들의 수준이 낮다고 경연을 폐하지는 않았다. 되레 경연 자리를 그 자신이 신하들의 스승이 되는 계기로 활용했다. 임금이 모든 신하의 스승이라는 군사론(君師論)의 탄생이었다. 정조가 과거 시험 문제를 직접 출제하고, 초계문신들을 가르치고, 경연에서 스승 역할을 하는 모든 것들이 이 군사론에서 나왔다.

경연관들의 수준이 미흡하자 정조는 한 가지 방안을 강구했다. 미리 예습해 오게 하는 방법이었다. 정조는 경연에서 강학(講學)해야 할 부분에서 미리 문목(問目)을 뽑았다. 문목은 의문형으로 뽑은 문제를 뜻하는데, 이를 미리 배포해 공부해 오게 한 것이다. 한여름 정조가 더위를 무릅쓰며 하루 종일 문목을 뽑자 근신(近臣)이 만류했다.

"성인(聖人: 공자)도 질병은 삼가셨다는데 그렇게 옥체를 돌보시지 않다가 병이라도 나시면 어쩌시려고 하십니까?"

『논어(論語)』 술이(述而)편의 "공자가 삼가는 일은 재계(齋戒)와 전쟁(戰爭)과 질병(疾病)이었다〔子之所愼 齊戰疾〕"는 대목을 빌려 너무 강학에만 열중하지 말고 건강에도 신경 쓰라고 권유한 것이었다. 정조가 답변했다.

"내가 처음 초계문신을 둔 것은 뜻이 학과(學課)를 권장하려는 데 있었다. 내가 만약 몸소 앞장서서 부지런히 격려하지 않으면 어떻게 여러 문신을 바로잡아 신칙할 수 있겠는가. 게다가 나는 본래 이런 일을 좋아하는 습성이 있어서 종일토록 뽑아 기록하는 일을 해도 피곤한 줄 모른다."(『일득록』 6)

정조는 공부하지 않는 신하들을 꾸짖었다.

"모래나 자갈땅이라도 가난한 백성들은 지어 먹기 위해 갖은 노력을 다 기울여 농사짓는다. 하물며 좋은 밭이야 말할 나위가 있겠는가. 매번 그대들이 일없이 한가하게 노는 것을 보면 애석한 마음을 가눌 길이 없다. 그대들은 나이가 젊고 재주도 그리 노둔하지는 않으니, 조금만 노력을 기울인다면 무슨 일인들 하지 못하겠는가. 그대들이 공부하지 않는 것은 게으른 농사꾼이 좋은 밭을 버려두는 것과 다를 바 없으니, 수확하기를 바란다 하더라도 되겠는가."

정조는 새로 벼슬길에 나온 근신(近臣)들에게 물었다.

"그대들은 근래에 어떤 책을 읽고 있느냐?"

"읽지 못하고 있습니다."

"이는 독서를 하려고 하지 않는 것이지 못하는 것이 아니다. 공무를 보느라고 여가가 적기야 하겠지만 하루 한 편(篇)의 글도 읽지 못하겠는가? 바쁜 와중에 독서하려고 한다면 목표를 세워서 날마다 규칙적으로 해 나가야 한다. 이렇게 하면 일 년이면 몇 질(帙)의 경적(經籍)을 읽을 수 있을 것이고, 몇 년간 쉬지 않고 꾸준히 해 나간다면 칠서(七書)를 두루 읽을 수 있을 것이다. 지금 독서할 날짜를 따로 얻고자 한다면 영영 책을 읽을 수 없을 것이다. 명색이 선비라면서 경서(經書)를 송독(誦讀)하지 못한다면 어찌 선비다운 선비가 될 수 있겠는가?"

목표를 세워 틈틈이 독서하는 것은 정조가 신하들에게만 강조하는 것이 아니라 자신이 직접 실천하는 독서법이기도 했다. 정조는 재위 14년에 이렇게 말했다.

"나는 정무를 보는 틈틈이 『주자전서(朱子全書)』와 『대학연의보(大學衍義補)』를 매년 한 번씩 통독(通讀)하였다. 그런데 작년에는 원소(園所: 현륭원)를 옮기는 대례(大禮)가 있어서 미처 하지 못하였기 때문에 금년에는 두 번을 읽어서 작년에 읽지 못한 것을 채우려 한다."(『일득록』 2)

정조는 이런 각고의 노력 끝에 조선 최고의 학자가 된 것이었다. 이를 위해 정조는 모든 잡기도 멀리했다. 규장각 직각 김근순(金近淳)에게 한 말이 이를 말해 준다.

"나는 세상에서 말하는 기예(技藝)를 하나도 알지 못한다. 바둑은 옛날부터 있었던 것으로서 '문방아기(文房雅技)'라고 불리지만 이 또한 잘 두지 못한다. 이는 감히 '쓰이지 못했기 때문에 기예를 익혔다'는 것이 아니라 본래 재주가 없는 것이다. 그래서 마음 붙일 곳이 없어서 어쩔 수 없이 독서를 일거리로 삼는 것이다."(『일득록』 5)

'쓰이지 못했기 때문에 기예를 익혔다'는 말은 『논어』 자한(子罕)편에 나오는 구절로, 공자가 "나는 젊었을 때 천하게 지냈으므로 잡된 일에 잔재주가 많다"면서 "나는 세상에 쓰이지 못했기 때문에 기예를 익혔다"고 했다는 뜻이다. 정조는 성인으로 추앙받는 공자에 대해 겸양의 뜻을 나타내기 위해 '본래 재주가 없어서 독서에 몰두하는 것'이라고 말한 것이다.

정조는 여색 또한 멀리했다. 공자가 "나는 공부하기를 여색을 좋아하는 것만큼 좋아하는 사람은 보지 못했다"라고 했지만 정조는 달랐다. 그에게 여색은 후사를 낳기 위한 방도일 뿐이었다. 나머지 모든 시간은 학문에 몰두했다. 이런 노력을 통해 정조는 모든 신하들의 스승으로 자리 잡아 갔던 것이다.

과거 출제관

정조는 밤을 꼬박 새워 문제를 만들었다. 과거 문제였다. 정조는 성균관 학생들의 추시(秋試)와 초계문신(抄啓文臣)의 친시(親試), 그리고 문신(文臣)의 제술(製述) 등에 직접 문제를 출제했다. 원래 과제(科題)는 성균관 대사성(大司成)이 작성했으나 정조는 달랐다. 자신이 직접 과제를 찾기 위해 많은 서책을 뒤적였다.

"공령(功令: 과거 답안)이나 응제(應製: 임금의 특명으로 치르는 과거) 문자는 짓는 자의 능력 여부에 달려 있는 것이지만, 또한 글제가 좋은가 좋지 않은가에도 영향을 받는다. 그 때문에 내가 절제(節製)나 반시(泮試)를 치를 때에 제목이 될 만한 글귀를 찾기 위해 하루 또는 이틀의 시간을 들이곤 하는데, 경들 중 일찍이 대사성을 지낸 사람들도 과연 이렇게 하는지 모르겠다."(『일득록』3)

정조가 이렇게 과거 문제 출제에 신경 쓰는 것은 과거 풍토에 불만이 많기 때문이었다. 정조는 문과의 마지막 시험인 대책문(對策文)에 대해 심염조(沈念祖) 등에게 이렇게 말했다.

한림관각회권 예문관 검열에 선발된 사람의 명단을 기록한 것으로, 1790년에 정약용이 검열로 선발된 기록이 보인다.

"지금의 책문(策問)은 옛 법식이 아니다. 그러므로 그에 따른 응대(應對)의 수준이 더욱 낮다. 대책문의 '허두(虛頭)'와 '중두(中頭)'와 '축조(逐條)'는 폐단을 예상해서 설정하고 그것을 바로잡는 방법을 서술하는 것으로 답안을 마쳐야 한다. 그러나 질문하는 자가 미리 폐단을 예상해서 제시하고, 답안을 쓰는 자도 양식에 따라 부연 설명하는 것이 인습이 되어 일정한 방식이 되고 말았으니 말이 비록 좋더라도 어디에 쓰겠는가?"

허두·중두·축조는 모두 대책문의 서술 방식인데, 허두는 서두를 장식하는 방식이고, 중두는 중간에 논지를 바꾸어 서술하는 것이고, 축조는 질문에 따라 논리를 전개하여 대책을 열거하는 것을 뜻한다. 이 서술 형식에 따라 자기만의 독창적 견해를 제시해야 하는데 대책문도 일정한 형식이 있어서 모범답안대로만 쓴다는 비판이었다. 정조는 기존 상식에 사로잡히지 않고 실무에 능한 유능한 관료들을 뽑고 싶었다.

"이제부터는 책문을 작성할 때 옛 법식을 모방하는 근래의 방식을 모두 버리고 현재의 요긴한 급선무에 대해 질문함으로써 모방하거나 꾸미어 짓지 못하게 하고, 각자 자신의 의견에 따라 소씨(蘇氏)의 책략(策略) 같은 글을 지어 내게 한다면 체재와 내용이 일정한 투식에 빠지지 않고 유용한 글이 될 것이며 잘하고 못한 것을 쉽게 판별할 수 있을 것이다. 오래도록 시행하면 필시 신진배들이 세무(世務)에 유의(留意)하게 하는 데 일조가 될 것이다."(『일득록』 1)

소씨는 송(宋)나라의 소동파를 뜻하는데 그의 책략은 현재의 시사 문제에 대해 문제의 핵심을 지적하고 다시 해결책을 유도해 내는 시험 방식이었다. 정조는 소동파처럼 현재의 시사 문제를 출제해 이른바 예상문제집과 모범답안을 보고 답안을 작성하지 못하게 하겠다는 뜻이었다.

정조는 실력 있는 인재를 선발하기 위해 책문의 주제를 다양하게 선정했다. 출제 범위도 넓었다. 사서삼경은 물론이고 '문(文)과 무(武)를 겸전하는 방법', '언로(言路)를 넓히는 방법', '역사서 서술 방법', '어진 이를 등용하고 소인을 내쫓는 방법' 등 다양한 내용을 물었다. 정조는 경연에서 아주 구체적인 지식을 요구했듯이 책문에서도 구체적인 내용을 요구했다.

초계문신들과 상재생(上齋生)들에게 '농사〔農〕'라는 간단한 제목의 대책을 출제한 적이 있었다. 제목은 간단하지만 그 내용은 간단하지 않았다.

"기자(箕子)의 구주(九疇) 팔정(八政)에 음식이 첫머리에 있고, 반고(班固)의 『한서(漢書)』 지리지(地理志)의 사민(四民)에 농업이 두 번째로 되어 있다. 선후의 차례가 동일하지 않은 것은 어째서이냐?"

"곡식은 삼곡·오곡·육곡·구곡의 구별이 있는데 총괄하여 백곡이 되고 토지에는 일시(一施)·재시·삼시·사시로 다름이 있어 이십시에서 마치는데, 그 자세함과 차례를 모두 누구이 진술할 수 있느냐? 파종하는 것을 동작(東作)이라고 하고 수확하는 것을 서성(西成)이라고 하는데 본래의 뜻을 인용하여 비유하라. 전무(田畝)라고 하면 반드시 남쪽을 말하고 천맥(阡陌)이라고 하면 반드시 북쪽을 칭하는데 이 역시 바꾸지 못할 위치이더냐?"

"전지의 개간을 두고 말한다면 구전(區田)·궤전(櫃田)·위전(圍田)·제전(梯田) 등의 이름이 있는데, 그 제도를 차례로 지적하여 말할 수 있겠느냐? 파종을 하는 데는 만종(漫種)·누종(樓種)·호종(瓠種)·구종(區種) 등의 구별이 있는데, 그 방법을 상세히 논할 수 있겠느냐? 봄에 갈고 가을에 수확하는 것이 농사일의 상례인데 구월(甌越)의 남방에는 일 년에 세 차례 성숙하는 벼가 있고, 일 년에 두 번 잠자는 것이 누에고치의 상례이나 영가군(永嘉郡)에는 여덟 번을 나오는 진귀한 종자가 있다고 하는데, 어찌 된 것이냐?"

"한나라 문제(文帝)는 몸소 밭갈이를 하여 농사를 가르쳤으나 당시에 놀고먹는 이가 많았으며, 장전의(張全義)는 백성에게 재배하는 방법을 권장하니 들녘에 빈 땅이 없었다. 그렇다면 군주의 인솔함이 도리어 지방관의 공로보다 못하다는 것이냐?"

"고금에 농업을 설명한 책으로는 초나라의 『야로(野老)』, 한나라의 『제계(祭癸)』, 가사협(賈思勰)의 『제민요술(齊民要術)』, 서광계(徐光啓)의 『농정전서(農政全書)』 등을 칭찬하는데 역시 예를 들어 가며 우열을 평론할 수 있겠느냐?"

농업에 관한 박사가 아니라면 구체적으로 답할 수 없는 문제들이었다. 또한 이론뿐만 아니라 실제 농사에 능해야만 답할 수 있었다. 책상물림이 아닌 현장 전문가를 육성하려는 정조의 생각이 여기에 잘 드러나 있었다.

경전 해석도 마찬가지였다. 정조는 무조건 성리학만을 금과옥조로 삼는 그런 관료들을 뽑고 싶지 않았다. 경연에서 문제 삼았던 『대학』의 친민(親民)과 신민(新民) 문제를 대책문에 다시 냈던 것도 이 때문이다.

"『대학』 일서(一書)는 학문을 하는 지침이자 천하를 다스리는 헌장이다.

이 책에서 말하는 범위의 큼과 절목의 자세함에 대하여 '이제 모두 다 해석하지는 않겠다'고 한 주자의 말의 나머지에 대해서 차례로 논술하라. … 신민(新民)에 대해서 친(親) 자를 신(新) 자로 고친 것은 이설이 분분한데, 예전대로 한다면 심하게 어긋나는 것이 있느냐?"

신민과 친민의 문제를 다시 제기한 것은 주자의 해석에 경도되지 말고 자신의 생각을 펼쳐 보라는 뜻이었다. 그러나 조선은 주자의 나라였다. 거자(擧子: 과거 응시자)들이 주자의 말에 이견을 제시한다는 것은 꿈도 꾸지 못할 일이었다. 그래서 정조는 주자를 이해하는 방법도 이 책문에서 제시했다.

"내가 세자로 있으면서부터 낮 시간과 새벽녘에 이 책을 깊이 탐구하고 연마한 것이 여러 해 되었다. 늘상 이르기를, '경전을 존중하려면 먼저 주자를 존중할 줄 알아야 한다. 주자를 존중하는 요령은 또한 의심이 없지만 의심을 가져야 하고, 의심이 있지만 의심하지 않는 데에 달려 있으니….'"

주자에 대해서도 의심할 것은 의심해야 한다는 말이다. 무작정 의심하라고 하면 주자학자들의 반발이 있을 것이므로 '의심이 없지만 의심을 가지고, 의심이 있지만 의심하지 않는다'는 묘한 말을 끼워 넣은 것이다. 정조가 제출한 책문의 마지막 구절은 의미심장하다.

"지금 나의 책문을 대하는 이는 모두 주자 문하로서 제주(祭酒)를 올리고 계보를 계승하는 선비이니, 경 일장(經一章)과 전 십장(傳十章)의 『장구(章句)』와 『혹문(或問)』은 반드시 익숙하게 읽고 체험해 왔을 것이니, 내게 비밀로 하지 말고 가진 것을 모두 보여라. 내 친히 열람하리라."(『책문』 3)

정조는 자신의 속생각을 비밀로 하지 말고 모두 보이라고 강조하는 것으로 책문을 끝냈다. 주자와 다른 해석을 할지라도 자신은 문제 삼지 않겠다는 뜻이었다. 그만큼 정조는 기존 사상에 사로잡히지 않은 인물들을 희구했다.

답안지를 둘러싼 소동

문제 출제에 전력을 다한 정조는 대부분의 대책문이 별로 마음에 들지 않았다. 그래서 절로 한탄이 나왔다.

"밤새도록 이 책문을 짓느라고 한숨도 자지 못했는데, 여러 신하들의 대책(對策)이 하나도 마음에 들지 않으니, 나만 공연히 고생했을 뿐이다."(『일득록』5)

초계문신들의 답안도 마찬가지였다.

"초계문신을 권면하기 위해서 보이는 경서 시험이 이런 수준이리라고는 생각하지 않았다. 저들은 모두 경학에 깊이 통달한 선비이다. 그러나 근래에 연소한 문신들이 공령(功令: 과거문) 문자만 대충 익혀서 과거에 일단 합격하고 나면 그간 보던 경서는 묶어서 시렁에 올려놓고 읽지 않아 무슨 말인지조차 모르는 지경이기 때문에 면전의 알기 쉬운 글 뜻을 대충 익히게 하려는 뜻에서 경서 시험을 본 것이다. 그런데 이들이 이렇게 지극히 쉬운 것까지 제대로 답하지 못하니, 생각하면 걱정스러울 뿐이다."(『일득록』3)

재위 18년(1794)에는 성균관 유생의 응제(應製) 때에 '해마다 향리에서 양로연을 베푸누나〔年年宴杖鄕〕'라는 구절로 부(賦)를 지으라는 과제를 낸 적이 있었다. 당(唐) 현종(玄宗)의 생일을 축하하는 시에 나오는 구절이다.

화려한 궁전의 천추절 蘭殿千秋節

그 이름 만세상과 어울리누나 稱名萬歲觴

풍문 들은 백성들 모두 기뻐하고 風傳率土慶

먼 나라 신하들도 함께 상서롭게 여기네 日表繼天祥

곳곳에서 전조(田祖)에 제사 지내고 處處祠田祖

해마다 향리에서 양로연을 베푸누나 年年宴杖鄕

이 시로 인해 임금의 생일을 천추절(千秋節)이라 부르게 되었는데 황후나 태자의 생신을 뜻하기도 한다. 정조는 마지막 구절인 '해마다 향리에서 양로연을 베푸누나[年年宴杖鄕]'를 부제로 냈다. 그러나 대부분의 시권(試券: 답안지)들이 모두 출처를 모르고 엉뚱하게 답했다. 정조는 답답했다.

"내가 과거 시험 때 깊이 감추어져 알기 어려운 것으로 시제(試題)를 낸적이 없었다. 오늘의 시험은 바로 자궁(慈宮: 혜경궁)의 회갑을 맞이하여 치르는 시험인데, 『예기(禮記)』에 '육십이면 향리에서 지팡이를 짚는다'고 하였고, '해마다 잔치를 열어 준다'는 말이 또 매우 좋기에 제목으로 쓴 것이다. 그런데 여러 유생들이 그 뜻을 전혀 알지 못하니 자못 탄식할 일이다."

그러나 정조는 혹시 고관(考官: 시험관)들이 제대로 된 답안을 누락시켰을지도 모른다는 생각에서 하교했다.

"재차 삼차 다시 살펴서 제대로 알고 지은 작품이 누락되는 일이 없도록 하라."(『일득록』4)

과연 이것이 당나라 때의 일인 줄을 알고 쓴 시권 한 장이 있었다. 정조는 특별히 수석으로 합격시키라고 명했다.

『일성록』 정조 13년(1789) 2월 27일자에 따르면, 이날 성균관 유생들이 보는 삼일제(三日製) 때 한 유생의 시권이 큰 논란이 되었다. 성주(星州) 출신 김준검(金俊儉)의 시권이었다. 과제는 '주공(周公)이 낙수(洛水)의 연회에서 사례하는 날, 상보(尙父)에게는 궤(几)를 주고 소공(召公)에게는 자리를 펴 주었다'는 것인데 정조가 직접 출제한 것이었다.

상보는 태공망(太公望), 즉 강태공을 뜻하고, 소공은 지금의 섬서성 기남현(岐南縣) 지역인 소(召)땅을 채읍으로 받은 소강공(召康公) 희석(姬奭)을 뜻한다. 둘 다 주 무왕이 은나라 주왕(紂王)을 정벌할 때 도왔던 인물들이다. 당연히 주공과 상보, 소공의 충성에 대한 글이 되어야 하는데, 김준검의 시권은 전혀 달랐다. 바꾸어 쓴 글자가 많고, 음(音)이 서로 비슷한 글자를 썼는데, 문리로 해석하면 하나하나가 흉언이었다.

시험관들은 긴장했다. 영조 31년(1755)의 토역(討逆) 경과(慶科) 사건이 생각났기 때문이다. 영조 31년 나주 벽서사건 연루자들을 처형한 후 역적 토벌을 기념하며 실시한 경과에서 흉언을 적은 답안지가 제출되어 심정연(沈鼎衍) 등이 사형당하는 등 큰 옥사가 벌어진 적이 있었다. 그냥 넘어갈 수 없다고 판단한 시관(試官) 이성원(李性源) 등이 정조에게 국문을 요청했다.

"김준검의 시권은 어제(御題: 임금이 낸 과제)와 본문이 서로 다를 뿐만 아니라 자자구구(字字句句)마다 흉참한 말이 아닌 것이 없습니다. 혹은 음이 비슷한 글자를 쓰기도 하고 혹은 편방(偏傍)을 첨착하기도 했는데, 그 정절(情節)이 자못 의심스러워 신 등은 모골이 놀라고 떨림을 금하지 못하겠습니다. 이것이 어찌 무식한 자의 단독 소행이겠습니까? 급히 체포해서 그 정황을 엄하게 추궁하지 않을 수 없습니다."

그러나 정조는 신중했다.

"이는 글자를 해석할 줄 모르는 무식한 사람의 짓일 것이다. 대저 그 문의(文意)를 보면 이렇게 보면 이렇게 보이고, 저렇게 보면 저렇게 보인다."

정조는 그 시권을 태워 버리라고 명했다. 옥사를 일으키기 싫다는 뜻이었다. 옥사는 한번 벌어지면 수많은 사람들이 연루되어 죽거나 다치게 마련이었다.

"그가 흉언을 하고자 하였다면 곧장 본자(本字)를 썼을 것이다. 어찌 비슷한 음(音)을 쓰고 오른쪽 획(畫)만 바꾸어 쓰겠느냐? 더구나 비봉(祕封)한 가운데 자신의 성명을 썼겠는가."

그러나 시관 이성원 등은 계속 국문을 요청했다.

"이는 말로 다툴 일이 아니다. 우선 포교로 하여금 잡아 오도록 하라. 그러나 경들은 필시 후회할 것이다."

김준검을 체포한 정조는 밤새 고민했다. 자칫 흉언으로 몰리면 당사자는 물론 온 가족이 결딴날 수 있었다. 고민하던 정조에게 갑자기 한 생각이 떠올랐다.

"지난밤에 곰곰이 생각해 보니, 숙묘조(肅廟朝: 숙종) 병진년(1676)의 정시(庭試)였는지 증광시(增廣試)였는지는 분명하지 않지만 과제가 주공(周公)과 소공(召公)이었는데, 장원은 임씨(任氏) 성을 가진 사람이었다. 2등은 누구였는지 기억나지 않는데, 그 표(表)가 이번에 김준검이 낸 것과 비슷하였다. 일찍이 열서너 살 때 과표(科表)의 등책(謄册: 복사본)을 열람하다가 본 것이라 쓴 사람과 글을 잘 기억하지는 못하겠다. 만약 그 책자(册子)를 얻을 수 있다면 금방 변별할 수 있을 것이다."

정조는 근시(近侍)에게 명해 서재에서 그 글을 찾아 올리라고 했다. 그러나 근시는 그 책이 어디 있는지 찾지 못해 허둥댔다.

"그 표(表)가 등서(謄書)되어 있는 차례는 곧 '소공이 하늘에 천명(天命)이 영원하기를 빈다'는 제목 다음 몇 쪽 오른쪽이었다."

이렇게 구체적으로 가르쳐 주었는데도 찾아낸 것은 해가 저물 무렵이었다. 책 위에 먼지가 쌓여 손가락이 파묻힐 정도였으니 찾기 어려워한 것도 무리는 아니었다. 근시가 먼지를 털어 올리자 정조가 직접 그 글을 들어 신하들에게 보였다.

"과연 있지 않은가. 하마터면 아무 죄도 없는 사람을 죄에 빠뜨릴 뻔하였다."

시관들이 자세히 살펴보니 과제(科題)는 '소공이 무익(無益)한 일을 하여 유익(有益)한 일을 해치지 말기를 청한다'는 것이었다. 장원은 임이도(任以道)란 인물이고, 2등이 김중남(金重南)이란 인물인데, 김중남의 시권이 김준검의 답안지와 한 글자도 가감(加減)이 없이 같았다. 다만 김준검의 시권은 어(魚) 자와 노(魯) 자도 분별하지 못할 정도로 베끼는 수준마저 떨어졌다. 정조가 하교했다.

"이는 필시 어리석은 사람이 이 작품을 외워 전하거나 혹 베껴 가지고 과거 시험장에 들어왔는데 이번 과제에 주소(周召) 등의 글자가 있는 것을 보고는 같은 제목이라 잘못 인식하여 써서 올렸을 것이다. 아니면 답안지도 제출하지 못하고 돌아가는 것을 창피하게 여겨 시권을 냈다는 이름을 얻고자하였을 것이다. 근래 내 정신이 예전보다 맑지 못해서 대신이 체포하기를 청했을 때 바로 이를 기억해서 밝히지 못했으니 이것이 한스러울 뿐이다."

포교가 김준검을 체포해서 물으니 정조의 예상과 그대로 맞아 들어갔다. 몸을 수색하니 주머니 속에서 김중남의 답안을 베낀 쪽지가 나왔는데, 김준검이 낸 시권과 같았다. 정조는 안도했다.

"조정에서 잘못한 바가 없는데 먼 곳의 백성이 어찌 감히 흉언을 내겠는가. 또 어찌 반드시 일을 들추어내서 억지로 짜 맞춰 처벌해야겠는가? 근래의 폐단은 바로 이러한 습속에 있다."

신하들이 정조의 비상한 기억력에 놀란 것은 이때가 처음이 아니었다. 한번은 전교(傳敎)를 쓰라고 명했는데, 주희(朱熹)의 책에서 인용한 구절이 있었다. 정확하게 어디였는지 생각나지 않았던 연신(筵臣)이 물었다.

"이 구절은『주서절요(朱書節要)』에 나오는 듯한데 생각이 나지 않습니다."

정조는 즉각 근시(近侍)에게 명을 내렸다.

"『주서절요』제(第) 몇 편(編) 몇 판(板)을 찾아오라."

근시가 찾아온 후에 보니 바로 거기에 있는 구절이었다. 연신 이시원(李

始源)이 정조 22년(1798) 기록한 내용도 비슷하다. 정조가 기우제 때 사용할 제문(祭文)을 지으며 『시경』의 어느 구절의 내용을 조사해 오라고 명했다. 『시경』은 꽤 방대한데다 모두 짤막한 단락으로 되어 있어서 연신이 즉시 찾아오지 못했다.

"그 내용은 『시경』 몇 권 몇 편에 있다. 지금 사람들은 경서를 읽지 않기 때문에 일이 닥쳤을 때 이렇게 궁색한 것이다."

이런 정조에 대해 신하들이 찬탄하는 것은 당연했다. 특히 아직 당론의 때가 덜 묻은 태학생들은 정조를 숭배했다. 그래서 이들은 가끔 시권에 정조를 칭찬하는 구절을 쓰기도 했는데, 정조는 이를 엄격히 금지시켰다. 정조가 재위 8년(1784) 영화당(暎花堂)에 친림해 태학생들의 과거를 주관했을 때 시권 중에 정조를 칭송하고 찬미하는 구절이 있었다.

"과장(科場)의 문자 가운데 이런 종류의 넘치는 말은 내가 취하지 않는다. 따라서 고등(高等)에 둘 수 없다."

정조는 그 시권을 하고(下考)에 두라고 명했다.

사형수를 심리하다

저녁 무렵 희정당으로 나가는 정조의 발걸음이 더뎠다. 마음이 무거웠기 때문이다. 책상과 대(臺)에 옥안(獄案)이 가득 쌓여 있을 터였다. 정조가 나타나자 시신(侍臣)들은 긴장했다. 옥안 중에서도 살인 사건에 대한 살옥안(殺獄案)이 여럿이었기 때문이다. 살옥안은 사실로 결옥(決獄)하면 사형이 확정되기 때문에 정조가 만전에 또 만전을 기한다는 사실을 시신들은 잘 알고 있었다.

살인 사건이 발생하면 지방 수령이 1차로 조사하고 다시 감사가 2차로 조사한 후 조정에 보고했다. 사형수는 국왕의 재가가 있어야 형이 확정되고 집행되는데 자칫 억울한 옥사가 있을 수도 있기 때문에 꼼꼼하게 살펴보는 것이었다.

"수령들이 살펴 점검하고 감사들이 맡아 판결한 것이 충분히 정당한지 알 수 없다. 그래서 하나의 옥안에 대해 반드시 일고여덟 번 살펴보고 일고여덟 번 생각해 보는 것이다."

정조는 조금이라도 의심이 나면 몇 번이고 재조사를 시켰다. 한 사람의 목숨이 달린 일이기 때문이다. 정조는 정지검(鄭志儉)에게 옥안 심리를 경전 공부와 같이 한다고 말했다.

"옥안을 살피는 것은 경서(經書)를 보듯 해야 한다. 경서를 볼 때에는 의심할 것이 없는 내용까지 의심하고 봐야 잘 봤다고 할 수 있다. 옥안 또한 이와 같으니 실인(實因: 살해된 사람의 죽은 원인)과 사증(詞證: 피의자의 진술서)을 대략 살펴 판결을 내려 버리면 어찌 억울함이 없을 수 있겠는가. 참고해서 살피고 상고해서 조사하기를 경서를 구절마다 따지고 글자마다 분석하는 것처럼 해야 죽게 된 가운데서 혹 살릴 수 있는 단서를 찾을 수 있다. 그런 뒤에야 살릴 자를 살릴 수 있고 죽는 자 또한 원통함이 없을 수 있다. 내가 옥안을 볼 때마다 자세히 거듭 살펴보기를 싫어하지 않고, 조금이라도 소홀함이 없도록 하는 것은 실로 경서를 보는 것에서 터득한 것이다."

더운 여름날이었다. 백여 통의 옥안을 직접 살펴보느라 어삼(御衫)에 땀이 배었다. 이를 본 신하들이 만류했다.

"무더위에 과로하시면 몸을 보호하는 데 방해가 될 것입니다."

"이는 백성의 생명과 관계되는 것이다. 터럭만 한 것 하나라도 그냥 지나치면 혹 살아야 할 자가 억울하게 죽을 수도 있고 혹 죽어야 할 자가 살게 될 수도 있으니 어찌 크게 두려워할 일이 아니겠는가. 감옥의 죄수들이 형틀에 매여 호소하는 모습을 상상하면 마음에 근심스럽다. 그래서 심한 무더위 속에서도 몸소 파헤쳐 점검해 보지 않을 수 없으니, 피곤한 줄 모르겠다." (『일득록』6)

정조는 죽을죄를 지었는데도 무작정 살리자는 것은 아니었다. 살인자를 법대로 처벌하지 않고 살려 주면 죽은 자의 원한이 재앙으로 돌아올 수도 있기 때문이었다.

"옥사를 결단할 때는 마땅히 율문(律文: 형벌에 관한 법조문)을 위주로 해야 한다. 옛사람이 율문을 제정한 것은 각기 뜻이 있는 것이다. 비록 전혀 의심할 것이 없는 옥사라 하더라도 반드시 적용할 만한 율문을 찾은 뒤에 의거해야 한다. 반드시 죽여야 할 상황에서도 살릴 방도를 구하는 것은 왕자(王者)의 마음이지만 살아야 할 자가 잘못 걸려드는 것이나 죽어야 할 자가 요행히 죽음을 면하는 것은 모두 형벌을 잘못 쓴 것이다. 나는 한 번 법에 회부함에 일찍이 생각만으로 낮추거나 높인 적이 없었다."(『일득록』7)

선입견을 버리고 증거 위주로 판결한다는 설명이었다. 정조는 정확한 판결 속에서도 가능하면 살리는 쪽으로 옥안을 검토했다. 국법에는 사형이지만 혹시 살릴 수 있는 단서가 있으면 살려 주려는 것이었다.

"살인한 자를 죽이는 것은 떳떳한 법이다. 실정이나 법으로 따져 모두 용서해 줄 만한 점이 없으면 실로 애석할 것이 없다. 그러나 이 옥사(獄事)에 연좌된 자는 반드시 모두 죽이고야 말겠다는 생각을 가지고서 그렇게 해서는 안 될 것이다. 우연히 그렇게 된 경우도 가끔 있는데 그 실정으로 따질 때 불쌍히 여길 만하다. 그런데 법을 집행하는 관리는 한결같이 법으로 단죄하니, 불쌍히 여겨 처리해야 한다는 원칙에 어긋나는 경우도 있다. 그래서 심리(審理) 계본(啓本)에 대해서는 반드시 반복하여 살펴보아 반드시 죽게 된 가운데서 살리기를 구하는 것이다."(『일득록』6)

정조는 가뭄이 들면 옥사를 재심리했다. 혹시 억울한 죄수의 원한이 하늘에 닿아 가뭄이 온 것이 아닌가 걱정했기 때문이다. 재위 22년(1798) 가뭄이 들자 서울과 지방에 구금되어 있는 옥안을 다시 살폈는데 무려 7일이나 걸려 판결을 마쳤다.

"백여 건의 문안(文案)을 며칠 만에 판결하느라 몸과 마음이 피곤했지만 살아나게 된 자가 자못 많으니 힘들게 애썼던 고통을 잊을 수 있고 또한 스스로 힘쓰는 계기로 삼을 만하였다. 판결문을 불러 주어 베껴 쓰게 할 때 붓을 잡고 받아쓰는 사람은 쉬운 일로 여길지 몰라도 한 글자를 부를 때마다 몇 번이나 망설였는지 모른다."(『일득록』10)

정조는 자신과 관련된 범죄에 대해서는 관대했다. 액례(掖隷) 이천손(李千孫)이 임금에게 올릴 산 꿩을 훔쳐 먹었다. 임금에게 올릴 어선을 훔치는 것은 10악(惡) 중의 6악 대불경(大不敬)에 해당하는 죄로서 사형이었다. 해당 관청에서 조사한 수본(手本: 자필 보고서)을 보고하자 승정원에서 사형이라고 판결했다.

"율로는 사형에 해당합니다."

"이천손의 사람됨을 보니 어리석고 무식하다. 필시 임금에게 올릴 것을 훔쳐 먹는 것이 죽을죄가 되는 것을 알지 못하고 짐짓 범했을 것이다. 게다가 옛사람 중에는 비단을 하사하여 그 마음에 부끄럽게 여기도록 한 경우도 있었다. 그가 비록 어리석고 용렬해도 어찌 일단의 염치야 없겠는가."

정조는 이천손의 죄를 용서해 주었다. 뿐만 아니라 임금의 어선을 올리는 수라간(水刺間)에 명해서 특별히 꿩 한 마리를 주라고 명했다. 사형당할 줄 알고 두려워했던 이천손이 자신이 훔쳐 먹었던 꿩 한 마리를 도리어 하사받고 감격했음은 물론이다.

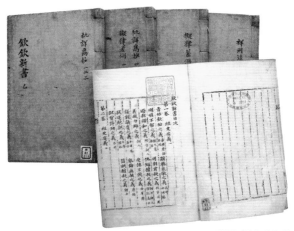

정약용 「흠흠신서」 형법에 관한 책이다.

정조는 재위 23년(1799) 초 곡산 부사 정약용을 형조참의로 임명했는데 그 이유를 다음과 같이 설명했다.

"원래는 올 가을에 소환하려 했으나 여러 가지 옥사가 많아서 이를 심리하려고 일찍 불렀다. 내가 해서(海西: 황해도)에서 일어난 의심스런 옥사에 대해서 재조사한 너의 장계를 보니 사건 처리가 매우 명백했다. 뜻하지 않게 글하는 선비인 그대가 옥리(獄吏)의 일까지 잘 알고 있으니 일찍 소환한 것이다."

정약용이 곡산 부사 시절 도내에 해결하지 못한 두 건의 옥사가 있었는데 그가 정조에게 비밀히 상주해 재조사를 청했다. 정조는 감사에게 재조사를 명하면서 곡산 부사 정약용을 참여시키라고 덧붙였다. 정약용이 이 두건의 옥사를 말끔하게 처리하는 것을 보고 형조참의로 임명했던 것이다.

형조참의는 전국의 모든 형사 사건을 심리하는 중요한 자리였다. 이때 형조에 오랫동안 문제가 된 사건이 하나 있었다. 바로 함봉련(咸奉連) 형사 사건이었다. 정약용은 『흠흠신서』에서, 정조가 형사 사건 결재서류를 내리면서 이 사건에 대한 특별 지시를 했다고 전하고 있다.

"함봉련 사건에는 더러 의문의 꼬투리가 있으니 자세히 심리해 보고하라."

정약용이 재조사하겠다고 나서자 형조의 다른 관리들이 모두 반대했다.

"벌써 10년이 지났고 확정 판결이 난 사건이기 때문에 다시 심리해도 얻을 것이 없습니다."

그러나 정약용은 형조 아전을 시켜 수사 보고서와 판결문을 모두 가지고 오라고 명했다. 정약용은 이 서류들을 반도 읽지 않아서 문제가 있음을 발견했다. 정조가 10년 동안이나 사형 집행을 미룬 이유가 있었다. 정약용은 사건의 발생 시점으로 되돌아가 사건의 원인과 조사 과정, 그리고 판결 과정을 꼼꼼하게 짚어 보았다.

함봉련은 양주(楊州) 의정리(議政里) 백성이었다. 관아 창고를 관리하는 한 나졸이 의정리에 사는 김태명(金太明)에게, 꾸어 쓴 환곡을 독촉하러 갔던 것이 사건의 시작이었다. 나졸은 김태명이 환곡 상환을 거절하자 대신 송아지를 끌고 가려 했다. 김태명이 송아지를 다시 빼앗으려 하자 나졸이 거부했고, 둘 사이에 싸움이 붙었다. 김태명은 나졸을 쓰러뜨린 후 배를 깔고 앉아서 무릎으로 가슴을 찧었다. 김태명에게 송아지를 다시 빼앗긴 나졸은 비틀대며 일어서 돌아가려고 했다. 그때 김태명 일가의 머슴이던 함봉련이 땔감을 지고 돌아왔다. 김태명은 함봉련을 손짓해 불렀다.

"저기 가는 자가 우리 송아지를 훔친 도둑이니 혼을 내 줘라."

함봉련은 땔감을 진 채 나졸에게 다가가 손으로 등을 떠밀었다. 나졸은 밭 사이에 넘어졌다가 일어나서 돌아갔다. 집으로 간 나졸은 두어 되의 피를 토하고 그 아내에게 말했다.

"나를 죽인 자는 김태명이니 복수해 달라."

아내에게 정황을 설명한 나졸은 숨이 끊어졌다. 아내는 담당 관청인 서울 북부로 달려가 고발했고, 북부는 수사에 나섰다.

피살자의 시신은 법의학서인 『신주무원록(新註無冤錄)』과 『증수무원록(增修無冤錄)』에 기록된 방식대로 두 번에 걸쳐 조사하게 규정되어 있었다. 살인 사건이 접수되면 수령은 관아의 사리(司吏)와 시신 검시관인 오작(作)을 데리고 살인 현장으로 출발해야 하는데 이때 출발 시각과 현장 도착 시각을 정확하게 기술해야 한다. 현장에 도착하면 마을의 주수(主首)나 이정(里正)을 시켜 사건 관련자들을 소환하는데 피살자의 가족·친지와 이웃 사람들, 그리고 의사와 용의자를 모두 불러 모아 이들이 보는 앞에서 시신을 검험(檢驗)해야 한다. 수령은 누구의 시신인지를 먼저 확인한 후 관척(官尺)이나 은비녀 등 법에 따른 시신 조사 기구를 사용해 머리부터 발끝까지 철저하게 검험하고 그 결과에 따라 사망 원인을 자세히 적어 상부에 보고한다. 검험을 마친 뒤에는 시신 검시관인 오작에게 철저하게 원칙에 따라 검험했음을 확인하는 다짐을 받아 기록하고, 피살자의 친척과 이웃, 마을 주수와 이정, 의사와 용의자 등 검험에 참여한 모든 이들로부터 수령관 검험 내용이 사실과 다르지 않다는 다짐을 받아 검안에 기록한다. 이렇게 작성된 시장(屍帳: 시체 검안서) 중 한 부는 피살자의 가족에게 주고, 시체를 거적으로 덮은 후 주위에 회(灰)가루를 뿌려 봉하고, 회가루 위에 답인(踏印)을 여러 개 찍어 현장을 보존하며 이정 등에게 지키도록 하는데 이때 벌레나 쥐 등에게 시신이 상하는 일이 없게 주의해야 한다. 이것이 1차 조사인 초검(初檢)이다.

이로써 끝이 아니라 복검관(覆檢官)이 다시 한 번 시신을 꼼꼼히 검험한다. 시신 검험이 끝나면 이를 토대로 사건 관련자들을 심문하는데 이 역시 시

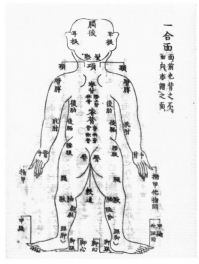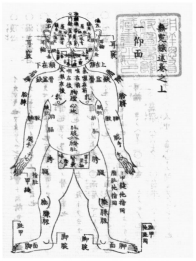

『무원록』 시체 검안 방법 등 사건 수사에 관한 책이다.

신 검험만큼이나 꼼꼼하게 진행해 사건 처리의 투명성과 객관성을 높였다.

　함봉련 사건에 대한 북부의 초검장(初檢狀)에는 가슴 한 곳에 3촌 7푼 크기의 검붉고 딱딱한 자국이 있다고 기록돼 있었다. 코와 입이 피 때문에 막힌 것 외에는 다른 다친 자국이 거의 없어서 구타당해 죽은 것으로 판정했다. 정약용이 볼 때 문제는 주범이 함봉련으로 규정된 것이었다. 게다가 김태명은 증인으로 되어 있었다. 이장 및 마을 사람 세 사람 모두 함봉련이 떠밀어 죽인 것으로 증언하고 있었다. 한성부의 재검도 초검과 같은 결론이었다. 형조에서는 한 달 동안 세 번 합동 조사했는데 역시 함봉련을 범인으로 결론지었으며 정승과 승정원도 모두 같은 의견을 올렸다. 그러나 정조는 미심쩍은 부분이 있었기에 계속 사형 집행의 결재를 미루다가 정약용이 형조참의가 되자 재조사를 명했던 것이다. 정약용의 재조사 보고서가 올라오자 형조는 발칵 뒤집혔다.

"형사 사건 판결에는 세 가지 근거가 있어야 합니다. 첫째가 유족의 진술이고, 둘째가 시체 검안서의 증거, 셋째가 공통된 증언입니다. 세 가지가 서로 맞아야 사건에 의문이 없는 것이고, 세 가지가 서로 어긋나면 그 사건은 구명되지 않는 것입니다. 그런데 함봉련 사건은 시체 검안서의 다친 자국과 유족의 진술이 서로 일치함에도 이를 채용하지 않았고, 오직 범인이 꾸며 댄 말만 믿고 이웃의 허위 진술을 참작해서 죽은 원인을 결정하여 주범을 바꾸었습니다."

정약용은 주범이 뒤바뀐 것으로 의심했다.

"나졸이 문에 들어서며 아내를 불러 괴로워하며 원망한 것은 김태명 석 자요, 피를 뿌리며 원수로 지목한 것도 김태명 한 사람입니다. 원래 독촉하러 갔던 것도 김태명이 꾸어 쓴 곡식 때문이며, 빼앗은 것도 김태명의 송아지였습니다. 그 마을은 김태명이 뿌리를 내리고 사는 곳으로서 그 이웃은 김태명이 호령할 수 있는 사람들이니 그 사건은 마땅히 김태명 한 몸에 충분히 뜻을 두고 밝혀야 하는데 … 갑자기 함봉련을 주범으로 삼았으니 또한 잘못이 아니겠습니까? … 함봉련이 떠밀었던 등에는 하나의 자국도 없는데, 김태명이 무릎으로 짓찧은 가슴은 세 치나 검붉었으니 다친 자국으로 범인을 찾으면 누가 해당되겠습니까?"

김태명은 의정리 일대의 호족이었고 함봉련은 그 일가의 머슴이었다. 이정을 비롯해 이웃 사람들은 모두 김태명의 영향력 아래 있는 사람들이었다. 그래서 정약용은 해당 수령이 김태명을 증인으로 삼고 이웃들을 증인으로 삼아 범인을 바꿔친 것이라고 결론지은 것이다.

"이 사건은 김태명을 증인으로 삼았으나 김태명은 주범으로 고발당한 자입니다. 주범으로 고발당한 자를 공정한 증인으로 삼을 수 있겠습니까? 뜻이 내가 살아야겠다는 데 있는데 남이 죽는 것을 불쌍히 여길 겨를이 있

겠습니까?"(정약용, 『흠흠신서』 29권)

정조는 즉각 정약용의 보고 내용을 받아들여 "중간에 뇌물(賂物)이란 그물에 의지할 곳 없는 외로운 제비가 걸려 재앙을 당한 것이다"라면서 함봉련의 석방을 명했다. 또한 원래의 사건 기록을 불태워 없애 버리게 하고 김태명을 사형에서 한 등급 줄여 조사 처리하도록 했다. 정약용의 연보인 『사암선생연보』는 "함봉련이 대로(大路)에서 칼을 벗고 춤을 추며 돌아갔다"고 기록하고 있다.

함봉련은 정약용의 치밀한 재조사 덕분에 풀려났지만 이 사건을 의심한 정조가 10년 이상 사형 결재를 미루지 않았더라면 살아남기 어려웠을 것이다. 김재찬은 정조의 사형수 판결 장면에 대해 이렇게 묘사했다.

"주상은 서울과 외방의 사형수를 판결할 때마다 누적되고 연관된 독첩(牘牒)을 좌우로 쌓아 두었는데, 한 가지 안건을 가져와서는 줄마다 따져 보고 글자마다 살펴보아 철두철미하게 한 번 보고는 또다시 살펴보면서 캐내었다. 이렇게 네다섯 번씩 보고 나서야 다른 안건을 이처럼 조사했다. 작은 책자에 작은 글씨로 한두 가지씩 초록(抄錄)해 두고서 이른 아침부터 밤늦게까지 이를 쳐다보고 내내 생각하여 반드시 맥락과 줄거리가 앞에 분명하게 드러난 뒤에야 비로소 판결하였다."

정조는 그 이유에 대해 김재찬에게 설명했다.

"한 번 판결하는 데서 죽고 사는 것이 나뉜다. 무릇 큰 옥사를 결단하고 사형수를 단죄하는 데 조금이라도 지나쳐 버리는 것은 어진 자가 할 수 없는 일이다. 나는 한 번 옥안을 판결할 때마다 번번이 한 층씩의 정신적 기능을 손상한다."

정조는 한 번 옥안을 판결할 때마다 신경을 너무 많이 써 극도의 정신적 손상을 느꼈다. 하지만 이것이 왕자의 당연한 도리라고 보았다.

"내가 자세히 살피고 삼가는 바로는 살옥(殺獄)만 한 것이 없다. 그래서 무릇 옥안에 대해서 한 번 자세히 살펴보고 또 재차 살펴보는 것이다. 몇 년 전의 일이라도 관련자의 성명을 잊지 않는 것은 내가 기억력이 좋아서 그런 것이 아니다. 정성이 닿은 바이기 때문이다."(『일득록』7)

정조를 곁에서 지켜본 서용보는 "여러 도의 옥안이 책상과 대(臺)에 가득히 쌓이는데 임금이 직접 살펴보고 조사하는 데 밤을 새워 아침까지 이어질 때도 있었다"고 전하고 있다.

"옥(獄)이란 사람의 생명과 관계되는 바이다. 옛날의 성인(聖人)은 한 사람의 죄 없는 이를 죽이고 천하를 얻는 것도 하지 않을 것이라 하였는데, 내 어찌 한때의 수고로움을 꺼려 심리를 조금이라도 소홀히 하겠는가."(『일득록』6)

재위 21년(1797) 흉언(凶言)을 방(榜)으로 내건 사건이 있었다. 흉언은 사형에 해당하는 중죄였다. 대신들의 의견을 물으니 모두 일률(一律: 사형)로 다스릴 것을 청했다. 이때 마침 중신(重臣) 한 명이 밖에서 들어왔는데 사정을 자세히 알지도 못하면서 자신이 말할 순서가 닥치자 입을 열려고 했다. 정조가 말을 막았다.

"이는 한 사람의 죽음을 결정하는 일이다. 경은 어찌 사정을 조금도 모르면서 억지로 대답하려고 하는가."

정조의 옥사 판결이 주로 살릴 방도를 찾은 이유는 억울한 피해자를 발생시키지 않으려는 데 있었지만 사람에게 다 착한 본성이 있다고 여겼기 때문이기도 했다.

"옛날에 우(禹)임금은 수레에서 내려 죄인을 보고 흐느꼈다. 저들도 사람인데 어찌 천성적으로 선을 좋아하는 마음이 없겠는가. 다만 평소 교화시킴이 없었고 잘 인도하지 못하였기 때문에 점차 그 천진(天眞)함을 잃어

깨닫지 못하는 가운데 스스로 중죄에 빠진 것이다. 왕법(王法)이 지극히 엄하여 그에 상당하는 법률로 결단하지 않을 수 없더라도 성인의 측은히 여기고 불쌍히 여기는 마음으로 시행해야 한다. 한겨울이나 무더운 여름철이 되면 반드시 죄인을 돌보아 주라는 명을 내리고 추우면 솜옷을 만들어 주고 더우면 그 감옥을 청소해 주고 그 묶은 포승을 씻어 주었으니, 이 또한 죄인을 보고 흐느꼈던 뜻이다."(『일득록』9)

이렇게 정조가 옥사를 재심리해 사형수를 사면하자 비방하는 소리가 나왔다. 국법과 기강이 무너진다는 비방이었다. 정조는 남공철에게 자신의 옥사 판결 원칙을 설명하면서 비방에 대한 입장을 밝혔다.

"나는 살릴 만한 사람을 살리려는 것이지 반드시 죽여야 할 사람을 살리려는 것이 아니다. 한(漢) 고조(高祖)의 약법(約法)에 '남을 죽인 자는 죽인다'고 하였고, 당(唐) 태종(太宗)이 경계하여 삼간 바는 대옥(大獄)에 있었다. 죽여야 하는데 살린다면 죽은 자에게 원한이 남게 하는 것이고, 살릴 만한데 죽인다면 살인자와 차이가 없다. 삼척(三尺)의 법이 지극히 엄한데 내가 어찌 은혜로운 사랑으로 억지로 살리기 좋아한다는 이름을 붙이려 하겠는가. … 나를 모르는 자들은 혹 반드시 죽일 자를 살리려 하는 것이라 의심하는데 내 어찌 죽여야 하는 자를 살려 주려 하겠는가."(『일득록』8)

정조의 옥사 판결은 살인자는 처벌해야 한다는 원칙 속에서도 혹시 억울한 사람이 없는지를 세밀하게 살피는 것이었다. 이렇게 새벽부터 시작한 일과는 늦은 밤까지 계속 이어졌다.

오회연교와 의문의 죽음

"대개 이 증세는 가슴의 해묵은 화병 때문에 생긴 것인데 요즘에는 더 심한데도 그것을
풀어 버리지 못해서 그런 것이다. 조정에서는 '두려울 외(畏)' 자가 있는지 알지 못하니
나의 가슴속 화기가 어찌 더하지 않을 수 있겠는가.'"

주문모 잠입하다

정조 18년(1794) 12월 말.

중국인 신부 주문모(周文謨)는 조선과 청의 국경이었던 변문(邊門)으로 향했다. 책문(柵門)으로도 불리는 변문은 압록강 북쪽 봉황성 부근에 있는데, 사신 일행이 드나들 때는 문이 열려 장터를 이뤘다. 주문모가 변문으로 간 이유는 조선에서 오는 중인 약사(藥師) 지황(池璜)을 만나 조선으로 잠입하기 위해서였다. 중국 소주(蘇州) 출신 주문모는 천주교 북경 교구에서 세운 신학교의 첫 번째 졸업생이었다. 북경 교구는 정조 15년(1791)에도 마

조선과 청의 실질적 국경이었던 책문 자리. 뒤에 보이는 산이 봉황산이다.

카오에 있던 요한 도스 레메디오스(Johanne dos Remedios) 신부를 조선에 파견하려 했으나 안내를 맡은 조선인들과 길이 엇갈려 실패한 적이 있었다. 레메디오스가 정조 17년(1793) 사망하자 북경 교구는 중국인 신부 주문모를 파견하기로 결정하였다.

정조 15년 윤지충과 권상연이 부모의 신주를 불태운 진산사건 이후 대부분의 양반 사대부 신도들은 천주교를 버렸고 정약용의 형 정약종 같은 소수의 양반들만 계속 천주교 신앙을 고수하고 있었다. 그러나 중인들은 진산사건 이후에도 천주교를 버리지 않아 지황 외에 역관 윤유일(尹有一), 최인길(崔仁吉), 최창현(崔昌賢) 등은 굳건히 신앙을 지키고 있다가 신부

입국 계획을 추진하게 되었다.

주문모는 지황과 윤유일의 안내로 조선식 옷으로 바꿔 입고 정조 18년(1794) 양력 12월 23일 얼어붙은 압록강을 건너 조선에 입국했다. 낮에는 숨고 밤에만 걸어서 서울에 도착한 주문모는 윤유일이 마련해 준 서울 북촌(北村)의 정동(貞洞)과 계동(桂洞)을 근거지로 본격적인 포교 활동을 시작했다. 정조 19년(1795) 부활절에는 조선 역사상 최초로 성제(聖祭)를 드리고, 그 전날 고해성사를 한 신도들에게 성체를 행했다. 주문모의 입국으로 천주교 교세는 잠시 신장되는 듯했다.

주문모 초상

그러나 입국 6개월 후 다시 난관이 찾아왔다. 한때 천주교 신자였던 한영익(韓永益)이 이벽의 형 병사(兵使) 이격(李格)에게 중국인 신부의 입국 사실을 알렸던 것이다. 이격은 즉시 조정에 이 사실을 알렸고, 조정은 그해 6월 27일 포도대장 조규진(趙圭鎭)에게 중국인 신부 체포령을 내렸다.

강완숙 초상

역관 최인길은 주문모를 양반 출신 여교우 강완숙(姜完淑)의 집으로 빼돌리고 포졸들이 들이닥치자 중국인 행세를 했다. 그러나 오래지 않아 그가 중국인 신부가 아니라는 사실이 밝혀졌고, 함께 체포된 윤유일·지황과 함께 신부의 소재를 추궁당하며 심한 고문을 받았다. 이들은 결국 장사(杖死)하고 말았는데 정조 19년(을묘년)에 일어난 이 사건을 천주교 쪽에서는 을묘박해(乙卯迫害)라 부르고 조정에서는 을묘사옥(乙卯邪獄)이라 부른다.

중국인 신부 입국 사실이 알려지자 조정은 경악에 휩싸였다. 노론은 쾌재를 불렀다. 드디어 남인들을 공격할 기회를 다시 잡은 것이었다. 그렇잖아도 이 무렵 노론은 위기의식을 느끼고 있었다. 지난봄 정조는 판중추부사 채제공을 좌의정, 이가환을 공조판서, 정약용을 우부승지로 삼는 등 남인들을 대거 요직에 임명했다. 정약용은 이 조치가 있기 전 정조가 인정문에서 쩌렁쩌렁한 목소리로 백관들에게 하교했다고 전하고 있다.

"너희 조정에서 벼슬하는 백관은 모두 나의 고유를 들으라. 내가 오늘 소인을 물리치고 군자를 나오게 하여, 황천조종(皇天祖宗)의 보살핌을 이으려 하노라. 나는 오늘 선악을 분명히 구별하여 백성들의 뜻을 크게 안정시키려 하노라."

즉 정조는 '소인을 물리치고 군자를 나오게 하겠노라'고 말한 후 남인들을 중용한 것이다. 정약용이 「정헌 이가환 묘지명」에서 "이에 안팎의 분위기가 흡족하여 훌륭한 인재들이 모두 진출하는 것으로 생각할 정도였다"고 서술한 것처럼 조정의 역학구도가 변하려 하고 있었다. 정조는 이제 남인들을 요직에 중용해도 될 때라고 판단하고 있었다. 반면 노론은 위기의식에 휩싸였으나 반격의 재료가 없어 고심하던 차였다. 이런 상황에서 중국인 신부 입국 사실이 알려지자 노론으로서는 호재가 아닐 수 없었다.

주문모의 입국 사실이 알려진 다음 달인 정조 19년(1795) 7월 4일 대사헌 권유(權裕)는 한 달 반 전 최인길·윤유일·지황이 포도청에서 장사(杖死)한 사건을 빌미로 공격에 나섰다.

"달포 전에 포도대장이 세 사나이를 타살했는데, 들건대 이들은 사학(邪

學)의 무리라고 합니다. 비록 대신(채제공)이 연석(筵席)에서 전하께 보고한 뒤 포도대장을 지휘하여 그렇게 하였다고는 하나 … 아무도 모르는 한밤중에 서둘러 잡아 죽이면서 마치 단서가 탄로날까 두려워 입을 막고 자취를 엄폐하려는 것처럼 하였으니, 이것이 무슨 의도이며 이것이 무슨 법이란 말입니까. … 그 포도대장을 체포해 엄히 치죄(治罪)하는 동시에 특별히 규찰을 더해 정화시켜야 할 것입니다."

표면적 과녁은 포도대장이었지만 실제 과녁은 남인 영수 채제공이었다. 정조는 이런 사실을 잘 알고 있었다.

"달포 전에 포도대장이 세 명의 사학도를 타살한 일과 관련해서 은연중 대신을 핍박하고 있는데 경은 어찌하여 제대로 알지도 못하면서 이런 말을 하는가. 그때 대신이 연석에서 말한 내용은, 그들을 형조에 회부해서 법대로 처단하고 기시(棄市: 시신을 사람들에게 내보임)함으로써 다른 자들을 징계하고 뒷날을 경계토록 하자는 것이었는데 막판에 가서 미처 이송(移送)하지 못하였다. 이것이 어찌 입을 막고 자취를 엄폐하려 한 것인가."

주문모 입국을 빌미로 남인들을 제거하려는 노론의 속뜻을 꿰뚫은 정조는 사건이 더 이상 확대되지 않도록 조치했다. 그러나 며칠 후에 행 부사직(行副司直) 박장설(朴長卨)이 상소를 올려 남인 중진 이가환을 공격했다. 이가환은 성호 이익(李瀷)의 종손으로서 신진 남인들의 대표였다.

"신은 달포 전에 일어난 포도청 사건이 이미 몇 년 동안 마음속으로 혼자 걱정해 온 사태이기에 갑절이나 격발되는 점이 있습니다. 아! 저 이가환이란 자는 단지 하나의 비루하고 험악하고 음험하고 사특한 무리일 따름입니다. 약간 글재주가 있어 세상을 기만하며 이름을 훔치고 있으나, 사학(邪學)을 앞장서서 주도해서 우리 유가(儒家)의 도와 다르게 치달리고 있는 것이야말로 무엇보다도 용서하기 어려운 큰 죄라고 하겠습니다."

이가환을 공격한 박장설의 칼 끝은 정약용의 형 정약전(丁若銓)도 겨눴다.

"이가환은 주시관(主試官)이었을 때 책문의 제목이 오행(伍行)이었는데 해원(解元: 정약전)은 서양 사람의 설에 입각해서 오행을 바꿔 사행(四行)이라고 답했습니다. 그 해원은 바로 가환의 도제(徒弟)입니다."

정약전이 오행이란 책문의 제목과는 달리 사행이란 답안을 냈는데도 시관 이가환이 합격시켰다는 뜻이다. 정약전은 정약용보다 한 해 뒤인 정조 14년(1790)

정약종 초상

원자 탄생을 축하하는 증광별시에 장원으로 급제해 조정에 나왔다. 이때의 과제가 바로 '오행'이었다. 정조는 당시의 책문과 정약전의 답안을 가져오게 해서 자세히 검토한 후 입을 열었다.

"(정약전의 답안에서) 상소한 자가 말한 부분을 자세히 살펴보니 애초에 비슷하게라도 의심스러운 곳도 없었다. 처음에 오행(伍行)에 대해서 말하고, 다음에 금(金)·목(木) 이행(二行)에 대해 말하고, 그 다음에 수(水)·화(火)·토(土) 삼행(三行)에 대해서 말하고, 그 다음에는 토(土)가 사행(四行)에 붙어 있음을 말하고 다시 오행으로써 결론을 맺었다."

정약전의 답안은 오행설에 맞게 작성되었다는 뜻이다. 정조는 박장설이 정약전을 거론했지만 실제 과녁은 정약용이라는 사실을 알고 있었다. 남인 소장파의 기수로 떠오른 우부승지 정약용을 끌어내리기 위한 것이었다.

채제공ㆍ이가환ㆍ정약용 형제 등 정조 주변의 남인들 모두에게 공격의 화살이 겨눠지자 정조는 역정을 냈다. 당파적 견해에서 나온 공격임이 분명했기 때문이다. 박장설은 상소에서 자신을 '나그네 신하'라는 뜻의 '기려지신(羈旅之臣)'이라 칭했는데, 정조는 그 표현대로 나그네(羈旅)로 만들어주겠다며 박장설을 북쪽 끝 두만강으로 유배 보냈다가 남쪽 끝 동래로 보내고 다시 제주도에서 압록강으로 가게 했다. 나라의 네 변방을 두루 돌아다녀 '나그네'란 말에 맞게 하려는 뜻이었다.

그러나 주문모 신부 입국 사건으로 정조는 수세에 몰리지 않을 수 없었다. 정조 19년(1795) 7월 24일 관학(館學) 유생 박영원(朴盈源) 등이 상소를 올려 이가환 등 남인들을 다시 공격했다.

"몇 년 전 윤지충의 변을 생각하면 뼛속까지 오싹해지는데 … 올해에 또 최인길 3적(賊)의 변이 발생하였습니다. 그런데 거괴(巨魁)가 아직도 목숨을 보전하고 있습니다. … 생각건대 저 이가환이 당초 사학에 깊이 빠져든 것에 대해서는 이미 확실한 증거가 있지만 끝에 가서 이단의 교설을 조금 물리쳤다고 하는 무슨 명백한 증거가 있습니까. 그가 범한 죄를 논한다면 조정의 주벌(誅罰)을 어떻게 감히 피할 수 있겠습니까. … 정약전 형제가 본래 이가환으로부터 법을 전해 받은 신도로서 사학(邪學)의 우익(羽翼) 노릇을 하고 있는 사실에 대해서는 만 사람의 입을 막기 어려울 것입니다. 또 이승훈(李承薰)이 요서(妖書)를 구입해 와서 그 흉악한 외삼촌(이가환)을 학습시켰다고 한 세상이 모두 전하고 있는데 그 패거리가 어떻게 주벌을 면할 수 있겠습니까. … 삼가 원하건대 먼저 이가환 무리부터 전형(典刑)으로 분명히 바로잡음으로써 그 패거리들이 단속할 줄을 알게 하소서."

이 상소에 대해 정조는 "너희들은 저 거울이 밝게 비추고 저울대가 평평한 그 체성(體性)을 아는가"라고 꾸짖었다. 거울처럼 맑거나 저울처럼 평평한 것이 아니라 당파심에서 공격하는 것이란 꾸짖음이었다.

그러나 주문모 신부 밀입국 사건으로 크게 소란한 가운데 노론이 계속 공세를 취하자 정조도 한발 물러서지 않을 수 없었다. 정조는 다음 날 이가환을 충주 목사(정3품)로, 정약용을 금정찰방(金井察訪: 종6품)으로 좌천시켰다. 『정조실록』은 "이때 호서(湖西: 충청도) 지방 대부분이 점점 사학(邪學)에 물들어 가고 있었는데 충주가 가장 심했으므로 특별히 가환을 그곳의 수령으로 삼고, 또 정약용을 금정찰방으로 삼은 뒤 각각 속죄하는 실효를 거두도록 한 것이었다"라고 쓰고 있다. 천주교가 성행하는 지역에 가서 천주교를 억압함으로써 천주교도라는 누명(?)을 벗으라는 뜻이었다. 정조는 다음 날 서학서를 구입해 온 이승훈을 예산현으로 정배(定配)했다.

"연전에 서양책을 구입해 온 이승훈이 … 털끝 하나도 다치지 않으면서 집에서 편안히 있게 해서야 되겠는가. 이는 형정(刑政)에 관계되는 일이다. 승훈의 아비가 책을 불사른 것과 그 뒤 승훈이 자기 죄를 반성하는 글을 지은 증거가 있기는 하지만, 마음을 고쳐먹은 것은 고쳐먹은 것이고 그런 짓을 저지른 것은 저지른 것이다."

이가환과 정약용이 좌천되고 이승훈이 유배 감으로써 조정 내 남인들은 모두 축출된 셈이었다. 정조는 이승훈을 정배하면서 내린 유시에서 노론이 하는 주장의 문제점도 지적했다.

"고(故) 충문공(忠文公: 이이명)의 문집에도 서양인 소림대(蘇霖戴)와 서신을 주고받으며 그들의 법을 구해 본 내용이 있다. 그 속에 '상제(上帝)와 대면한 가운데 자신의 온전한 성품을 회복하려 하는 점에서는 애당초 우리 유학과 다를 것이 없는 것 같다. 그러니 청정(淸淨)을 주장하는 도교나

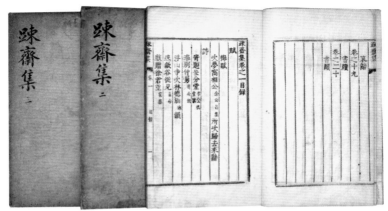

이이명 「소제집」 국립중앙도서관 소장

적멸(寂滅)을 주장하는 불교와 같은 차원에서 논할 수는 없다. 그러나 이
익만을 꾀하는 삶이나 보응(報應)에 관한 주장을 거꾸로 취하고 있으니 이
것을 가지고 천하를 바꾼다면 곤란한 것이다' 하였으니, 고 정승의 말이 그
이면까지 상세히 변론했다고 할 만하다."

　노론 영수 이이명의 문집인 『소제집(疎齋集)』에 「서양인 소림대와 진현하
다」라는 글이 실려 있는데, 정조는 이를 읽은 것이었다. 그 글 속에 천주교
와 유교가 비슷한 점이 있다고 말했으니 지금 노론 벽파에서 천주교를 무
조건 사교라고 비판하는 것은 옳지 못하다는 뜻이었다.

　정조는 그해 10월 남인 이기양(李基讓)을 특별히 홍문관 부수찬(종6품)
에 제수함으로써 조정에 남인들이 존속하게 했으나 이가환·이승훈·정
약용이 축출됨으로써 조정은 노론이 다시 독점하게 되었다.

오회연교

정조는 재위 21년(1797) 4월 이가환을 도총부 도총관으로 특배(特配)했으며 12월에는 한성부 판윤으로 삼았다. 충주 목사로 쫓겨나기 전의 품계인 정2품 판윤으로 다시 복귀시킨 것이었다. 재위 23년(1799)에는 나아가 이가환의 부친과 조부에게 증직(贈職)하려고 했다. 그러자 노론 영수인 좌의정 이병모가 반대하고 나섰다.

"이른바 죽은 뒤에 벼슬을 추증하는 일은 출세하여 이름을 날려 부모를 드러내는 일인데, 이가환 같은 자는 불순한 학문을 주장하는 세력의 괴수로서 제사를 폐지하여 윤리를 끊어지게까지 하였으니 그의 할아비와 아비에게 죄를 지은 자입니다. 그의 할아비와 아비도 어찌 추증하는 벼슬을 편안히 받으려고 하겠습니까. 신의 생각으로는, 벼슬을 추증하는 일을 시행하지 말도록 하는 명을 속히 내려야 한다고 봅니다."

그러나 정조의 생각은 달랐다.

"경의 말이 비록 이러하나 내 생각은 그렇지 않다. 설령 이가환에게 참으로 그러한 죄를 범한 형적이 있다고 하더라도, 이미 스스로 새사람이 되도록 허락하였고 보면, 굳이 이것으로 죄를 삼을 일이 아니다. 그리고 그가 호서 고을 수령으로 있을 때에 불순한 학문을 하는 자들을 적형(賊刑)으로 다스렸고 그 전에 또 상소를 하여 스스로를 해명한 일도 있었다. 이러한 자들로 하여금 서로 단속하고 깨우치게 해서 그것으로 그 허물을 속죄하도록 한다면 불순한 학설을 물리치는 효과가 필시 다른 사람들보다 나을 것이다. 그런데 지금 지난 일을 뒤늦게 논란하니 새사람이 되기를 바라는 소망을 끊어 버리는 일이 아니겠는가."

노론은 다시 판서 급으로 복귀한 이가환에게 두려움을 느꼈다. 얼마 전 세상을 떠난 채제공의 뒤를 이을 가능성이 있었기 때문이다. 그해 5월 사헌부 장령 강세륜(姜世綸)이 이가환을 공격하다가 벼슬에서 체차(遞差)되었는데, 바로 그날 대사간 신헌조(申獻朝)가 또 이가환과 정약종·권철신 등을 공격했다. 정조는 신헌조를 꾸짖었다.

"중신(이가환)이야 본디 사람들의 지목을 받고 있는 사람이다마는, 그 밖의 많은 사람들에 대해서도 이름을 지적해 가며 논열하여 말뜻이 점점 더 과격해지고 있으니 장차 세상의 절반을 들어서 몰아붙일 작정인가?"

정조는 신헌조도 체차하였다. 그러자 그해 7월에는 유생 임업이 이가환을 공격하기 위해 이가환의 증조부인 이잠(李潛)을 거론하며 나섰다. 이잠은 숙종 때 노론이 세자(경종)를 핍박한다는 상소를 올렸다가 장사(杖死)당한 인물이었다. 정조는 7월 10일 자신의 눈병을 거론하며 이를 꾸짖었다.

"나의 시력이 점점 이전보다 못해져서 경전의 문자는 안경이 아니면 알아보기가 어렵다. 안경은 2백 년 이후 처음 있는 물건이므로 이것을 쓰고 조정에서 국사를 처결한다면 사람들이 이상하게 볼 것이다. 요즘 일기 등 문서를 상고해 볼 일이 있었는데 역시 마음대로 훑어보기가 어려웠다. 이는 예사로운 눈병이 아니어서 깊은 생각을 한다거나 복잡한 일이 있을 경우 어김없이 이상이 생겨 등골의 태양경(太陽經)과 좌우 옆구리에 횃불이 타는 듯한 열기가 있는데 이것이 눈병의 원인이 되고 있다. 간혹 시험 삼아 불을 때지 않은 온돌 바닥에 누워 있으면 몸의 열기로 바닥까지 차츰 따뜻해지므로 처음에는 조금 시원한 것 같아도 나중에는 또 견디기가 어려우니, 이는 전부 태양경의 울화가 팽배해 있는 결과로서 나의 학문의 힘이 깊지 못해 의지의 힘이 혈기(血氣)를 제어하지 못한 때문이다. 이미 내 마음을 다스리지 못하고 내 몸을 다스리지 못한 처지에 또 어찌 남을 다스릴 수 있겠는가. 하지만 왕위에 오른 지 스물서너 해 동안 정사가 뜻대로 되지 않고 그

저 애만 쓴 병통이 있긴 하나 스스로 반성하여 그 원인을 찾아볼 때 그 수준이 그다지 낮은 정도는 아니었다. 아무튼 그렇다 하더라도 공부가 깊지 못해 혈기가 병이 되었기 때문이라고 말할 수밖에 없다. 다만 사람을 다스리는 방도로 말한다면 현재의 상태는 결국 크게 고쳐지기 어려운데 이것은 내가 그 도리를 다하지 못해서인지, 아니면 지금의 세속이 완악한 오랑캐보다 교화시키기 어려워서인지 모르겠다. … 일전에는 뜻밖에 이잠(李潛)이란 두 글자를 거론한 한 장의 상소문을 보았는데 그 말이야 사실 조리가 없었으나 이가환의 간특한 학술을 배격하기 위해 그 어구까지 끌어들인 것이었다. 나는 그것을 갑자기 보고 깜짝 놀라 그 까닭을 알 수 없었다. 나는 일찍이 선대왕 때 50년 동안 올린 소장을 50여 권 분량으로 베껴 놓고 그 이름을 『장차휘편(章箚彙編)』이라 하였는데, 그 속에 이잠 두 글자는 전혀 없었다. 그것은 대체로 그 관계가 극히 중하기 때문에 선대왕 당시 경연의 분부에서 한 번 언급한 정도에 지나지 않았고 그 뒤로는 구두로 아뢰는 것이나 반포하는 교서에서조차 제기하지 않았던 것이다. 그런데 선대왕조에 없던 말이 갑자기 오늘날에 나올 줄이야 어찌 생각이나 했겠는가.”

정조는 김한동(金翰東)이 상소해서 임업을 사판에서 삭제시키자고 요청하자 그대로 받아들였다.

정조는 또 재위 21년(1797) 6월 정약용을 동부승지로 임명했는데, 정약용은 사직상소를 올려 자신이 지금은 아니지만 한때 서학에 빠졌었다고 시인하며 체직을 요청했다.

“애당초 그것(서학)에 물이 들었던 것은 아이들의 장난과 같은 일이었으며 지식이 조금 성장해서는 문득 적이나 원수로 여겨, 알기를 이미 분명하게 하고 분변하기를 더욱 엄중히 하여 심장을 쪼개고 창자를 뒤져도 실로 남은 찌꺼기가 없습니다. 그런데 위로는 군부(君父)에게 의심을 받고 아래로는 당세에 나무람을 당하여 입신한 것이 한 번 무너짐에 모든 일이 기왓장처럼 깨졌으니, 살아서 무엇을 하겠으며 죽어서는 장차 어디로 돌아가겠습니까. 신의 직임을 체임하시고 이어서 내쫓으소서."

정조가 사임하지 말라고 명했으나 정약용은 끝내 벼슬을 내놓고 고향으로 돌아갔다. 그러자 노론에서는 정약용을 관직에 천거하지 못하도록 조치했다. 정조는 "즉시 용서해 주고 의망(擬望: 천거)에 구애받지 말도록 하라"고 명했다. 정약용을 벼슬에 추천하라는 것이었다.

재위 24년(1800) 2월에는 이승훈의 죄도 1등급을 감하라고 명했다. 곧 벼슬에 등용하겠다는 뜻이었다.

정조는 이제 대대적인 물갈이를 할 때가 되었다고 생각했다. 그래서 5월 30일, 경연에서 중요한 하교를 내린다. 이날이 그믐날[晦]이기 때문에 오회연교(伍晦筵敎)라고 불리는 이 하교에서 정조는 중대 결심을 시사했다.

이날 정조가 언급한 사항 중 첫 번째는 "모든 신료들이 자기 조부와 부친이 선조(先朝: 영조)를 위해 충성을 바쳤던 것처럼 하였더라면 어찌 모년(某年)의 의리를 범하는 일이 벌어졌겠는가" 하는 것이었다. 시대의 금기였던 '모년의 의리', 즉 사도세자 사건을 거론한 것이었다. 이는 사도세자를 죽인 노론의 책임을 언급한 것이었기 때문에 노론 벽파는 긴장할 수밖에 없었다.

두 번째는 재상 임명 기준이었다. 정조는 8년을 주기로 정승을 임용해 왔다고 말했다.

"고상(故相) 채 판부(蔡判府: 채제공)와 김 봉조하(金奉朝賀: 김종수) 등의 경우는 액을 당한 시기가 마침 같기 때문에 신축년(정조 5년, 1781)부터 무신년(정조 12년, 1788)까지 8년 동안 다시 등용했다. 그 당시에는 조정에 쓸 만한 인물이 많았으므로 윤 우상(尹右相: 윤시동) 같은 자는 마침 사건을 만난 김에 들어가서 쉬게 하였다가 무신년부터 을묘년(정조 19년, 1795)까지

8년 동안 다시 등용하였다. 대체로 그 등용하고 내보내고 하는 주기를 모두 8년으로 기한을 두었기 때문에 어쩔 수 없이 세월을 낭비했던 점은 있으나 반드시 쉬게 한 뒤에 쓰려고 했던 이유는 시대 상황이 그럴 수밖에 없었기 때문만이 아니라 그 사람을 위해 신망을 기르는 방안이기도 했다."

크게 등용되기 이전에 일종의 시련기를 주었는데, 그것이 공교롭게도 8년 주기가 되었다는 것이다. 채제공도 정조 즉위 직후 사도세자 신원을 주장하다 사형당한 인물들과 같은 주장을 했다는 이유로 정조 4년(1780) 조정에서 쫓겨나 8년간 서울 근교 명덕산에서 은거했다. 그 사이에 여러 관직을 역임하긴 했지만 모두 작은 관직들이고 정조 12년(1788) 우의정에 특배한 것이 8년 주기에 해당되었다. 채제공은 정조 14년(1790)부터는 3년간 독상(獨相)으로서 정권을 독차지했다.

"내가 그를 쉬게 한 이유도 일찍이 그 자신에게 말해 준 것이 있었지만 그 자신이 잘 쉬어 준 것도 그 어찌 처신하기 어려운 일이 아니겠는가. 8년을 주기로 등용한 것은 우연히 그렇게 된 것에 불과하지만 8년을 전후하여 세 정승을 번갈아 등용하였고 그 중간에 정승으로 제수되어 책임을 맡은 자 또한 많았는데, 모두 그 마음이나 행적이 의리를 고수한 실상이 반드시 있어야만 등용하였었다."

정조가 8년을 주기로 번갈아 등용한 세 정승은 남인 채제공, 노론 김종수, 소론 윤시동이었는데, 이러한 기준에 따르면 다음번 재상 후보는 한성부 판윤 이가환이었다. 정약용도 중용될 것이 분명했다.

정조의 오회연교는 조정에 상당한 여진을 남기고 있었다. 그 며칠 후인 6월 5일 이서구(李書九)가 상소를 올려 연석 발언을 칭송했다.

"이 교서를 받들어 읽고 나서도 깜짝 놀라 무서워하지 않고 이제 막 꿈속에서 깨어난 것처럼 정신을 차리지 못한다면 이는 진정 변화될 수 없을 정도로 지극히 어리석어 스스로 포기하는 것을 달갑게 여긴 자입니다."

헌납 오한원(嗚翰源)은 이를 조보(朝報)로 반포하자고까지 건의했다. 이는 비록 받아들여지지 않았으나 그만큼 정조의 하교는 파급효과가 컸다. 이제 조정은 크게 개혁될 것이었다.

정약용은 그해 6월 12일 정조가 내각의 아전을 보내 『한서선(漢書選)』 등의 책을 전달하며 자신의 말을 전하게 했다고 말한다.

"오래도록 서로 보지 못했다. 너를 불러 책을 편찬하고 싶어서 주자소(鑄字所)의 벽을 새로 발랐다. 아직 덜 말라 정결하지 못하지만 그믐께쯤이면 들어와 경연에 나올 수 있을 것이다."(『목민심서』)

그믐께쯤이면 다시 중용하겠다는 뜻이었다. 바로 그 그믐께쯤이 정조가 이가환을 정승으로 임명하고, 정약용 등을 다시 중용하는 시점이었다.

운명의 연훈방

오회연교 얼마 후 정조는 몸에 이상을 느꼈다. 등에 종기가 난 것이어서 당초에는 별것 아닌 것으로 생각했다. 붙이는 약[傅貼之劑]을 사용하는 정도였다. 그러나 예상과는 달리 종기가 점점 심해졌고 6월 14일에는 내의원 제조 서용보(徐龍輔)를 편전으로 불러 병세를 의논했다.

"밤이 되면 잠을 깊이 자지 못하는데 일전에 약을 붙인 자리가 지금 이미 고름이 떠졌다."

정조는 의관 백성일(白成一)과 정윤교(鄭允僑) 등을 불러 진찰시킨 후 물었다.

"어제에 비해 좀 어떤가?"

"독기는 어제보다 한층 더 줄어들었습니다."

정윤교의 대답을 들은 정조가 다시 물었다.

"무슨 약을 붙여야겠는가?"

"근(根)은 없지만 고름이 아직 다 나오지 않았습니다. 여지고(荔枝膏)가 고름을 빨아 내는 데는 가장 좋습니다."

"터진 곳이 작으니 다시 침으로 찢는 것이 어떻겠는가?"

정윤교가 반대했다.

"이미 고름이 터졌으므로 다시 침을 쓸 필요가 없습니다."

"등 쪽에 또 종기 비슷한 것이 났는데 거의 수십 일이 되었다. 그리고 옷이 닿는 곳이므로 삼독(麻毒)도 상당히 있을 것이다."

그는 다시 진찰하게 명하고 나서 물었다.

"무슨 약을 붙이는 것이 좋겠으며 위치는 그리 위험한 곳이 아닌가?"

정윤교가 아뢰었다.

"위험한 위치는 아니고 독도 없습니다만, 근이 들어 있으니 고름이 생길 것 같습니다."

백성일이 웅담고(熊膽膏)를 붙이는 것이 좋겠다고 말하자 정조는 거절한다.

"웅담고도 효과가 없을 것 같다."

정윤교가 '수도황(水桃黃)'이 독을 녹이는 약이라고 말하자 정조는 종기와는 전혀 다른 증상을 말한다.

"두통이 많이 있을 때는 등 쪽에서도 열기가 많이 올라오니 이는 다 가슴의 화기 때문이다."

그랬다. 가슴속의 화기가 만병의 원인이 되어 정조를 괴롭히고 있었다. 생부를 뒤주 속에 넣은 세력이 여전히 건재한 속에서 그들과 정사를 논의

할 수밖에 없는 정조였다. 화병이 생기는 것은 당연했다.

반년 전인 1월 17일 정조는 수원 화산의 현륭원에서 엎드려 땅을 치며 목메어 흐느꼈다. 대신과 각신이 재실로 돌아갈 것을 청하자 정조가 말했다.

"금년의 경사를 당하여 선대를 추모하는 중에 크나큰 아픔이 북받쳐 올라서 그러는데 어찌 나더러 진정하란 말인가."

금년의 경사란 세자(훗날의 순조)가 가례를 올리게 된 일을 말한다. 정조는 흐느끼며 말했다.

"어느 해, 어느 날인들 추모하지 않았으랴마는, 금년의 경우는 나의 심정이 더욱 다른 바가 있는데, 내가 어떻게 스스로 억제하겠는가."

정조는 다시 손으로 땅을 쳤다. 대신과 각신은 좌우에서 상을 부축하였고, 약방 제조는 차를 올리며 마시기를 청하였다. 정조가 말했다.

"내 심기가 조금 가라앉은 다음에야 차를 마실 수 있을 것이다."

이시수가 아뢰었다.

"이러한 즈음에는 가슴속을 진정시키기 어려울 것이니, 바라건대 조금 드소서."

그러나 정조는 또 뿌리치고 들지 않았다. 정조는 한두 발자국을 걷고는 또 울며 엎드려 흐느꼈는데 이런 일을 여러 차례 되풀이했다. 정조에게 사도세자는 씻을 수 없는 한이며 화병의 뿌리였다.

정조는 6월 14일 내의원 제조 서용보를 체직했다. 종기 부위는 머리뿐만 아니라 등 쪽으로도 퍼졌으며 게다가 열기가 올라와 후끈후끈했다.

이때 정조는 국왕으로서는 이례적으로 처방과 약 조제를 직접 관장했다. 정조 자신이 그 어느 어의(御醫) 못지않은 의학지식을 갖고 있기 때문이기도 했지만 주위를 믿지 못하기 때문이기도 했다. 6월 16일 정조는 자신의 열 증세에 대해 스스로 토로했다.

"대개 이 증세는 가슴의 해묵은 화병 때문에 생긴 것인데 요즘에는 더 심한데도 그것을 풀어 버리지 못해서 그런 것이다. 조정에서는 두려울 외(畏) 자가 있는지 알지 못하니 나의 가슴속 화기가 어찌 더하지 않을 수 있겠는가."

'조정에서는 두려울 외 자가 있는지 알지 못한다'는 말은 심상한 말이 아니었다. 이날 정조는 대대적인 정치 개혁을 준비하고 있음을 시사하는 표현을 여러 차례 했다.

"오늘날처럼 살피고 엿보기를 잘하는 습속으로 혹시 나의 본심이 어디에 있는가를 안다면 또한 어찌 얼굴을 바꾸고 마음을 고치는 길이 없겠는가. 숨어 있는 음침한 장소와 악인들과 교제를 갖는 작태를 내가 어찌 모를 것인가. 내가 만일 입을 열면 상처를 받을 자가 몇이나 될지 모르기 때문에 우선 참고 있는데 지금까지 귀 기울이고 있어도 하나도 자수하는 자가 없으니 그들이 무엇을 믿고 이런단 말인가? 이른바 교제를 하고 있다는 것도 한 군데만 하는 것이 아니라 사방팔방으로 비밀히 내통하는데 이것이 사대부들이 할 짓인가. 내가 그들을 사대부로 간주하지 않기 때문에 우선 방치하고 있으나 내가 한 번 행동으로 옮기기만 하면 결판이 날 판인데 그들은 오히려 무서운 줄을 모른단 말인가."

정조는 나름대로 정보망을 갖고 있었다. 그런 정보망을 통해 불순한 음모를 꾸미는 사대부들의 동태를 파악하고 있었다. 이시수(李時秀)가 만류했다.

"과격한 어조는 몸에 해롭습니다."

정조의 어조는 한층 격해졌다.

"경들이 하는 일이 한탄스럽다. 이런 하교를 듣고서도 어찌 그 이름을 지적해 달라고 말하지 않는단 말인가. 나는 그들이 종기처럼 스스로 터지기를 기다리고 싶으나 끝내 고칠 줄 모른다면 나도 어쩔 수 없다."

앞서 남인 중용을 시사한 연석 발언과 대숙청을 예고한 지금의 말은 서로 연관이 있었다.

남인 등용과 대숙청!

집권 노론으로서 이는 최악의 시나리오였다.

6월 18일 약원에서 진찰을 받으라고 주청하자 거부할 정도로 정조의 상태는 그리 나쁘지 않았다. 그 다음 날에는 약원의 제신들이 직숙(直宿: 숙직)하겠다고 하자 그럴 것 없다며 거절했다. 6월 20일 정조는 유분탁리산(乳粉托裏散) 1첩과 삼인전라고(三仁田螺膏) 및 메밀밥을 지어 오라고 명하는데, 메밀밥은 종기에 붙여 고름을 빼는 데 사용하려는 의도였다. 그런데 바로 그 다음 날 정조는 약원의 제신과 대신, 각신들을 불러 고통을 호소한다.

"종기가 높이 부어올라 당기고 아파 고통스러우며 한열(寒熱)도 있어서 정신이 흐려져 꿈인지 생시인지 구분하지 못할 때도 있다."

그러나 어의 강명길(康命吉) 등의 진단은 그리 심각하지 않았다.

"맥의 도수는 일정하여 기운이 부족한 징후는 없고 보편적으로 빠르고 센 것 같으나 특별한 종기의 열은 없습니다."

정조의 진단은 조금 달랐다.

"대체로 한열이 번갈아 일어날 때 가슴의 기운이 올라와 식히기 때문에 열은 조금 줄어든 것 같다."

종기의 차가운 한열을 가슴속의 화기가 식히기 때문에 열은 줄어들었다는 말이다. 그러나 정조는 자신의 종기를 대신들은 물론 의관들에게도 제대로 보여 주지 않았다. 내의원 도제조 이시수는 자주 보여 달라고 건의했다.

"종기의 부위를 진찰해 본 뒤에야 붙일 처방을 의논할 수 있는데 의관들이 다 진찰을 하지 못했다 합니다. 그들에게 자주 진찰하도록 하시는 것이 어떻겠습니까? 성상의 병환이 이러한데도 신들이 아직 종기가 난 부위를 진찰해 보지 못했으니 더욱 초조하고 답답합니다."

정조는 왜 자신의 종기 부위를 보여 주지 않았을까? 이는 내의원 제조를 자주 교체한 것과 관련이 있다. 정조는 6월 14일 서용보를 체직한 후 6월 16일 이병정(李秉鼎)을 내의원 제조로 삼았다. 그만큼 극도로 경계하고 있는 것이었다. 종기 부위를 보자는 이시수의 건의에 정조는 조금 쉰 후에 보여 주겠다고 대답한다.

그러나 정조가 의원의 진찰을 허용한 것은 다음 날인 6월 22일이었다. 정조는 이때 어의 피재길(皮載吉)과 지방 의관 김한주(金漢柱)·백동규(白東圭)도 함께 들어와 진찰하라고 명한다. 중앙의 어의는 매수될 가능성이 있다는 의심이 깔려 있는 것이었다. 앞의 정윤교도 지방 의관이었다.

다음 날인 23일 정조는 도제조 이시수에게 고통을 호소한다.

"고름이 나오는 곳 이외에 왼쪽과 오른쪽이 당기고 뻣뻣하며 등골뼈 아래쪽에서부터 목 뒤 머리가 난 곳까지 여기저기 부어올랐는데 그 크기가 어떤 것은 연적(硯滴)만큼이나 크다."

이날 이시수가 뒤에 크게 논란이 되는 연훈방(烟熏方) 요법을 정조에게 소개한다. 연훈방은 연기를 쏘이는 처방이었다.

"조금 전에 변씨(卞氏) 의원의 말에 따라 토끼 가죽을 이미 대령하였고 장영장관(壯營將官) 심인(沈鏔: 심연으로도 읽음)의 연훈법(烟熏法)도 이미 시험하여 효과를 보았다고 합니다. 하지만 이번에 종기를 치료하는 것은 전부 떳떳한 처방을 쓰고 있으며 고름이 흐르고 근이 녹아 차츰 그 효과가 있으니 그와 같은 잡약(雜藥)은 섣불리 시험해서는 안 될 듯합니다."

이시수는 토끼 가죽을 붙여 고름을 빼내는 방법과 연기를 쐬는 방법을 소개한 후 섣불리 시험해서는 안 된다고 덧붙였다. 시험해서는 안 되는 약을 굳이 소개하는 의도가 궁금한 대목이다. 병석의 사람에게 효과가 있다고 말하면 당연히 관심을 기울이게 마련이었다.

"그 두 가지 방법은 과연 소문대로 효과가 있다 하던가?"

조윤대가 답했다.

"토끼 가죽은 신봉조(申鳳朝)가 효과를 보았고 연기를 쐬는 법은 서정수 (徐鼎修)가 또한 효과를 얻었다고 합니다."

그 이튿날인 6월 24일 정조는 연훈방을 사용하기로 결심했다.

심인(沈鏔)이 조제한 연훈방과 성전고(聖傳膏)를 들여보낼 것을 명하였다. 연훈방은 경면 주사(鏡面朱砂)를 사용하였고 성전고는 파두(巴豆) 등 약을 사용하였으므로 신하들이 섣불리 시험하면 안 된다고 말하였으나 이때에 와서는 모든 약이 효과가 없어 상이 연훈법을 한번 시험해 보고 싶어 하므로 마침내 가져다가 써 보기에 이른 것이다.

연훈방을 사용한 다음 날인 6월 25일 정조의 증세는 한결 좋아진다. 약원(藥院)의 여러 신하들을 불러 접견한 정조는 의관 심인을 찾았다.

"심인과 정윤교를 들어오게 하라. 밤이 깊은 뒤에 잠깐 잠이 들었을 때 피고름이 저절로 흘러 속적삼에 스며들고 요자리에까지 번졌는데 잠깐 동안에 흘러나온 것이 거의 몇 되가 넘었다. 종기 자리가 어떠한지 궁금하므로 경들을 부른 것이다."

"피고름이 이처럼 많이 나왔으니 근이 이미 다 녹은 것을 알 수 있습니다. 반갑고 다행스러운 마음은 무엇이라 형용할 수 없습니다. 앞으로는 원기를 보충하는 면에 한층 더 유념하지 않을 수 없는데 부어고(鮒魚膏)를 본원(本院)에서 봉하여 올리겠습니다. 잠자리도 전에 비해 편안하셨습니까?"

"지난밤에 비하면 조금 나았다."

이시수가 아뢰었다.

"날이 밝은 다음에 다시 자세히 진찰해 보아야겠으나 기쁘기가 한이 없습니다."

그러나 고름은 빠졌어도 가슴속의 화기는 여전했다. 6월 26일 정조는 약원 도제조 이시수의 건의로 경옥고를 들었다. 그리고 이날 다시 연훈방을 들일 것을 명했다. 다음 날 정조의 상태는 그리 좋지 못했다. 6월 27일 약원 도제조 이시수가 물었다.

"어제 저녁에 들어와 진찰할 때 상께서 마치 주무시는 듯 정신이 몽롱한 증세가 있었는데 지금 바라볼 때도 마찬가지입니다. 간밤에 계속 그러하셨습니까?"

"어젯밤을 지새운 일은 누누이 다 말하기 어렵다."

이시수가 다시 물었다.

"어제 심인의 말을 들으니 종기 아래쪽이 약간 단단한 것 같다고 했는데 과연 그렇습니까?"

"그런 것 같긴 하나 자세히 잘 모르겠다."

좌의정 심환지가 물었다.

"당기고 아픈 곳은 완전히 나았습니까?"

"그것은 나았다. 연훈법을 다시 시험해 보는 것이 좋겠는가?"

이시수가 조금 더 기다리자고 말했다.

"탕약을 복용하신 뒤에까지 우선 기다렸다가 증세를 더 살펴보는 것이 좋겠습니다."

이때 정조는 다시 국사를 걱정한다.

"도목정사(매년 두 차례 관리들의 고과평점을 심사하는 것)를 치를 때가 되었는데 정관(政官: 이조판서 이병정(李秉鼎))의 사정이 딱하게 되었구나. 혹시 백성들의 일에 관한 사항이 있으면 비록 이런 상황이라도 자주 여쭈어 조치하도록 하라."

이날 정조는 다시 약원(藥院) 제신을 불러 접견하였다. 이시수가 탕약을 올리자 마시려 하다가 다시 내보냈다.

"탕약이 조금 식은 듯하니 다시 데워 오라."

데워 온 탕약을 마신 정조는 만족했다.

"맛이 참 좋구나."

이시수가 아뢰었다.

"약 힘이 매우 약한 편이니 오후에 다시 올릴 약은 인삼 1돈을 넣고 건강(乾薑)을 첨가하는 것이 좋을 듯합니다."

어의 강명길이 자신의 견해를 보탰다.

"지금의 상황으로 볼 때 3돈을 쓰더라도 안 될 것은 없겠습니다."

"갑자기 많이 넣을 필요가 있겠는가."

정조는 거부했다. 정조는 센 약의 사용을 극도로 경계하고 있었다. 이날 잠시 잠을 잔 정조는 다시 약원 제신들을 접견했다. 이시수가 아뢰었다.

"탕약 두 첩을 드신 뒤에 별다른 증세는 없으십니까?"

"특별히 다른 증세는 없다."

이때 이시수는 연훈방을 다시 쓰자고 주장한다.

"연훈방을 다시 시험해 보아야 하지 않겠습니까?"

"이제 시험해 보아야겠다."

정조가 사용하겠다고 하자 이시수는 갑자기 말을 바꾼다.

"연훈방은 종기에 맞는 처방이긴 하나 정신이 혼미하신 이때 연기가 혹시 방 안에 퍼지면 정신에 해로울까 걱정이 됩니다."

의관 유광익·심인 등은 연훈방 사용을 반대한다.

"연훈방은 우선 중지하고 천천히 상태를 보아 가며 시험하는 것도 무방하겠습니다."

이날 다시 연훈방을 사용했는지는 분명하지 않다.

다음 날인 6월 28일이 운명의 날이었다. 약원 제신을 불러 접견하자 좌의정 심환지 등이 아뢰었다.

심환지 초상

"밤사이에 성체(聖體)는 조금 어떠하십니까?"

이시수가 물었다.

"밤사이에 드신 것이 있었습니까?"

"전혀 먹은 것이 없다."

"인삼차를 지금 대령하였습니다."

정조는 대답하지 않았다. 그러자 이시수가 다시 권했다.

"인삼차를 끓여 들여온 지 상당히 지났습니다."

마지못해 정조가 마셨고, 이시수가 다시 아뢰었다.

"일찌감치 진맥을 하는 것이 좋겠는데 지방의 의관 김기순과 강최현도 대령했습니다."

"오늘날 세상에 병을 제대로 아는 의원이 어디 있겠는가. 하지만 불러들여라."

김기순과 강최현이 들어왔고, 강명길 등이 진맥하고 나서 진단을 말했다.

"원기 부족하기는 어제와 마찬가지입니다."

정조가 물었다.

"탕약을 어떻게 했으면 좋겠는가?"

강명길이 아뢰었다.

"원기를 보할 약을 쓰면서 아울러 비장(脾臟)을 따뜻하게 해야겠습니다."

지방에서 급하게 불러온 지방 의관 강최현 등이 진맥한 뒤에 아뢰었다.

"맥 도수가 부활(浮滑)하고 풍기(風氣)가 있는 듯합니다."

정조는 지방 의관들에게 물었다.

"대체적으로 어떠한가?"

"대체적으로는 부족합니다."

이날 정조는 다시 약원 제신을 접견한다. 이때 이시수가 탕약을 올리자 정조가 묻는다.

"누가 지은 약인가?"

"강최현이 지은 것인데 여러 사람의 의논이 대체로 서로 비슷하였습니다."

"5돈쭝인가?"

인삼을 5돈 넣었느냐고 묻는 말이었다. 이시수가 인삼 3돈을 넣었다고 답했다. 이날 정조는 승지 한치응(韓致應)을 체직하고 김조순(金祖淳)을 후임으로 삼았다. 김조순의 딸은 세자빈으로 내정된 상태였다. 초간택과 재간택까지 마친 상황이었다. 그만큼 정조가 김조순을 신임했던 것인데 이번에 승지로 삼아 곁을 지키게 한 것이다. 그 직후 정조는 영춘헌(迎春軒)에 거둥해 좌부승지 김조순을 접견했다. 원임 직제학 서정수(徐鼎修)와 검교 직제학(直提學) 서용보·이만수(李晩秀)도 함께 불렀다. 노론 벽파에서 작성한 『정조실록』은 "이때 상의 병세가 이미 위독한 상황에 이르렀다"고 적고 있다. 위독한 상황에 이른 정조가 영춘헌까지 거둥해 여러 신하들을 접견할 수 있었는지는 의문이다.

주상이 무슨 분부가 있는 것 같아 자세히 들어보니 '수정전(壽靜殿)' 세 자였
는데 수정전은 왕대비가 거처하는 곳이다. 마침내 더 이상 말을 하지 못하므로
신하들이 큰 소리로 신들이 들어왔다고 아뢰었으나 상은 대답이 없었다.

이런 상황에서 지방 의원 이명운(李命運)이 진맥한 뒤에 실망스런 결과
를 말한다.

"맥도(脈度)를 감히 잘 모르겠습니다."

이시수가 탑교(榻敎: 임금의 직접 명령)를 청했고, 인삼 5돈쭝과 좁쌀 미음,
청심원(淸心元) 두 알, 소합원(蘇合元) 다섯 알을 가져오라고 명했다. 소합
원은 생강을 끓인 물에 타서 들여오라고 했는데, 이 탑교는 정조가 아니라
이시수가 내린 것이었다. 이시수는 앞으로 나가 큰 소리로 아뢰었다.

"성상의 병세가 이와 같으므로 의약청에 탑교를 방금 써 내보냈습니다."

좌부승지 김조순이 탑교를 받아썼다.

"의약청(議藥廳)은 관례에 따라 거행하라."

이날 정조가 왜 정순왕후가 있는 '수정전'을 언급했는지는 알 수 없다.
그러나 바로 이때 정순왕후가 등장한다. 정순왕후가 승전색(承傳色: 내시)
을 보내 의견을 전했다.

"이번 주상의 병세는 선조(先朝) 병술년(영조 42년, 1766)의 증세와 비슷
하오. 그 당시 드셨던 탕약을 자세히 상고하여 써야 할 일이나 그때 성향정
기산(星香正氣散)을 복용하고 효과를 보았으니 의관으로 하여금 의논하여
올려드리게 하시오."

정순왕후가 의학에 얼마나 지식이 있었는지는 모르지만 도제조 이시수

는 주저함이 없이 강명길에게 성향정기산을 올리게 했다. 그 직후 혜경궁 홍씨가 승전색을 통해 의사를 전달한다.

"동궁이 방금 소리쳐 울면서 나아가 안부를 묻고 싶어 하므로 지금 함께 나아가려 하니 제신은 잠시 물러나 기다리도록 하시오."

자전(慈殿: 정순왕후)이나 자궁(慈宮: 혜경궁)이 나타나면 신하들은 모두 문 밖으로 물러나야 했다. 외간 남녀가 얼굴을 마주칠 수 없는 법도 때문이었다. 좌의정 심환지 등은 문 밖에서 기다리다가 잠시 후 문 밖 가까이 다가가 큰 소리로 외쳤다.

"신들이 이제 들어가겠습니다."

혜경궁이 세자와 함께 돌아가자 심환지 등이 다시 들어왔고, 부제조 조윤대가 정순왕후가 말한 성향정기산을 가지고 들어왔다. 이시수가 숟가락으로 탕약을 떠 두세 숟가락을 정조의 입에 넣었는데 넘어가기도 하고 밖으로 토해 내기도 했다. 이시수가 강명길에게 진맥하게 했고, 진맥을 마친 강명길이 엎드려 말했다.

"맥도로 보아 이미 가망이 없습니다."

이런 상황에서 다시 정순왕후가 등장한다. 내시를 통해 다시 말을 전한 것이다.

"주상의 병세는 풍 기운 같은데 대신이나 각신이 병세에 적절한 약을 의논하지 못하고 어찌할 줄 모르는 기색만 있으니 무슨 일이오."

좌의정 심환지가 회답했다.

"이제는 성상의 병세가 이미 위독한 지경에 이르러 천지가 망극할 뿐 더이상 아뢸 말이 없습니다."

약원 제조 김재찬이 인삼차와 청심원을 들여왔으나 정조는 마시지 못했다. 도제조 이시수는 이때 엉뚱하게도 수정전으로 달려가 정순왕후에게 경과를 보고한다.

"인삼차에 청심원을 개어서 끓여 들여보냈지만 이제는 아무것도 드실 길이 만무합니다. 천지가 망극할 따름입니다."

이시수가 통곡하자 정순왕후가 분부한다.

"내가 직접 받들어 올려드리고 싶으니 경들은 잠시 물러가시오."

심환지 등이 잠시 문 밖으로 물러나왔다. 방 안에는 정조와 정순왕후 단둘만 있었다. 위독한 정조 곁에 최대 정적 정순왕후만이 남아 있었던 것이다. 그리고 조금 뒤, 방 안에서 정순왕후의 곡하는 소리가 들렸다.

노론 벽파 심환지와 같은 당파 이시수가 문 밖에서 말했다.

"지금 4백 년의 종묘사직이 위태롭게 되었는데 신들이 우러러 믿는 곳이라고는 왕대비전하(王大妃殿下 : 정순왕후)와 자궁저하(慈宮邸下 : 혜경궁 홍씨)

정조가 세상을 떠난 창경궁 영춘헌

뿐입니다. 동궁저하께서 나이가 아직 어리므로 감싸고 보호하는 책임이 두 분께 있는데 어찌 그 점을 생각지 않고 이처럼 감정대로 행동하십니까. 게다가 국가의 예법도 지극히 엄중하니 즉시 대내로 돌아가소서."

'지극히 엄중한 국가의 예법'이란 비록 대비나 왕비라 하더라도 국왕의 임종을 지킬 수 없게 한 조선의 예법을 말한다. 따라서 이 순간 대비 정순왕후가 다른 신하들을 물리치고 혼자 정조의 병석을 지킨 것은 예법에 어긋나는 일이었다. 결국 정조의 임종을 지킨 유일한 인물은 정조의 최대 정적인 정순왕후 김씨였다.

정조의 병세 진행으로 볼 때 문제가 되는 것은 논란 많았던 연훈방과 이시수가 여러 차례 권했던 경옥고와 정조의 임종을 지킨 유일한 인물이 정순왕후라는 점이다. 연훈방을 제시한 심인은 노론 벽파의 영수 심환지의 친척이었고, 연훈방을 정조에게 소개한 이시수는 같은 당파 심환지와 상의했을 가능성이 농후하다. 심인의 친척이란 점에서 심환지는 남인들의 의심의 표적이 되었다.

영조의 계비였던 대비 정순왕후 김씨는 정조가 숨을 거두었다 해서 목놓아 통곡할 만한 인물은 아니었다. 법적으로 따지면 조손(祖孫)지간이지만 정치적으로는 원수인 두 사람이었다. 정조 24년인 이해, 세자의 나이는 열한 살이었으므로 정조가 세상을 떠날 경우 왕실의 가장 어른인 정순왕후가 섭정을 하게 되어 있었다. 이 경우 정조의 즉위와 동시에 몰락했던 정순왕후의 친정이 다시 살 것임은 두말할 나위가 없었다. 다시 말해 정조가 죽어야 정순왕후의 집안이 사는 것이었다. 이런 정순왕후가 정조를 살리기 위해 성향정기산을 올렸다고 믿기는 어려울 것이다. 또한 정조는 정순왕후와 단둘이 있을 때 세상을 떠났다. 그녀가 정조에게 어떤 조처를 취했는지는 알 수 없지만 의심을 사기에 충분한 일이 아닐 수 없다.

정조가 세상을 떠나기 며칠 전, 양주(楊州)와 장단(長湍) 등의 고을에서는 한창 잘 자라던 벼 포기가 갑자기 하얗게 죽어 노인들이 "이는 상복을 입는 벼(居喪稻)"라며 슬퍼했다. 시골 노인들이 벼가 상복을 입었다고 전할 정도로 백성들을 사랑했던 개혁군주 정조는 이렇게 세상을 떠났다. 그가 꾸었던 갑자년의 구상도 개혁의 꿈도 함께 사라지고 말았다.

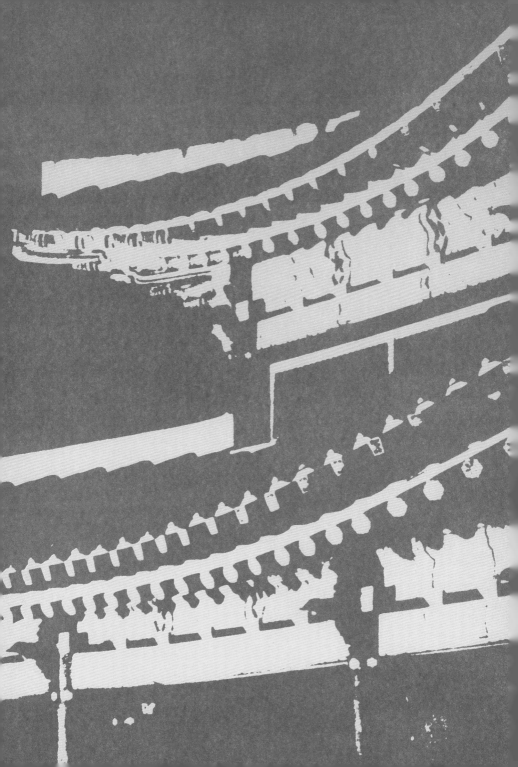

정조가 재위에 있을 때만 해도 백성들은 희망을 잃지 않았다. 군부(君父)께 아뢰기만 하면 억울함을 풀어 줄 것으로 굳게 믿었다. 그러나 정조가 사망하자 백성들은 임금도 허수아비에 지나지 않는다는 사실을 직감했다. 이제 자신들의 문제는 자신들이 목숨 걸고 해결할 수밖에 없다고 판단했다. 남에서, 북에서 백성들은 민란을 일으켰다.

어의의 처벌을 둘러싼 논란

1800년 7월 4일.

11세의 어린 세자 순조의 즉위와 동시에 정순왕후의 수렴청정이 시작되었다. 순조의 즉위 일성은 대제학 홍양호(洪良浩)가 지은 수렴청정 반교문이었다.

"하늘이 우리 국가에 은혜를 내려 주지 않아서 갑자기 하늘이 무너져 내리는 슬픔을 당하였도다. 소자(小子)가 아직 어린 나이에 있으면서 외람되어 높은 저위(儲位)를 이어받았으나 무작[舞勺: 13세 때 익히는 악무(樂舞)]의 나이를 넘지 못했으므로 이 한 몸 우러러 의지할 데가 없다. 그런데 갑자기 중임(重任)을 받게 되었으니 만기(萬機)를 어떻게 다 총재(摠裁)할 수 있겠는가? … 마침 전대(前代)에 새로 즉위한 어린 임금은 동조(東朝: 대비)가 수렴하는 아름다운 법규가 있어서 한 당(堂)에 함께 앉으니 자천(慈天: 자애로운 어머니)이 빛나게 덮어 주는 덕을 드러내고 서정(庶政)에 참여하여 다스리니 음화(陰化)는 묵묵히 운용하는 공이 있겠다."

이보다 앞서 예조에서는 이미 정순왕후의 수렴청정 절목을 정해서 올렸다. 정순왕후가 수렴청정하는 근거는 송나라 철종(哲宗)이 어린 나이로 즉위하자 선인태후(宣仁太后)가 섭정했던 것과 조선 세조의 부인 정희왕후가 어린 성종을 대신해 섭정했던 데서 찾았다. 그러나 정희왕후는 한명회 같은 원상(院相)들에게 권한을 위임하고 실제 정사에 관여하지는 않았다.

수렴청정하는 처소는 임금의 평상시 거처인 편전(便殿)인데 정순왕후는 발의 안쪽에서 동쪽으로 가깝게 남쪽을 향해 앉고 순조는 발의 바깥쪽에서 서쪽에 가깝게 남쪽을 향해 시좌(侍坐)하도록 되어 있었다. 그러나 국왕이 중앙이 아닌 서쪽에 자리 잡는 것이 예법이 아니라는 의견이 일어 중앙에서 남쪽을 향해 앉는 것으로 바뀌었다. 조하(朝賀)할 때에는 문무관(文武官)이 먼저 정순왕후에게 네 번 절하고[四拜] 나서 순조에게 절하도록 정해졌다. 송나라에서는 발 앞에서 내시가 대비의 말을 전했는데 조선은 대신이 그 역할을 맡았다. 그만큼 정순왕후의 위상이 높아진 것이다. 게다가 대비에게 무소불위의 권력이 주어졌다.

"대비 전하가 직접 서무를 결재하는 것도 가하다."

이러한 절목하에 수렴청정에 나선 정순왕후가 제일 먼저 한 것은 인사였는데, 『순조실록』 즉위년 7월 4일자에는 의문의 구절이 보인다.

"이에 앞서 대행 대왕이 크게 편찮을 때[大漸時] 대왕대비가 언서로 하교하여 전 승지 윤행임을 승정원 도승지로 발탁하고 이어 말로 지시를 내려 빈렴(殯斂)에 참가하게 했다."

정조가 세상을 떠나기 전에 정순왕후는 이미 국왕 비서실장인 도승지를 윤행임으로 교체했다는 것이다. 윤행임은 노론 시파에 속한 인물이지만 수렴청정하기도 전에 인사권부터 행사한 데서 정순왕후의 강한 권력욕이 느껴진다. 정조가 병석에 누웠을 때부터 정순왕후가 자신이 대권을 잡을 것을 기정사실화했다는 뜻이다. 또 심환지의 말에 따라 어영대장 신대겸(申大謙)을 전 참의 박준원(朴準源)으로 갈았다. 박준원은 정조의 후궁 수빈 박씨의 부친이다.

정순왕후의 인사권은 전광석화와도 같이 수행되었다. 수렴청정 직후 정승들에 대한 인사권을 단행했는데 영의정 이병모(李秉模)가 사신으로 북경에 가 있다는 이유로 영부사(領府事)로 삼고 좌의정 심환지를 영의정, 우의정 이시수를 좌의정, 예조판서 서용보를 우의정으로 삼았다. 노론 벽파가 의정부를 장악하게 된 것이다. 같은 날 이만수를 예조판서, 이득신을 공조판서로 삼았는데, 『순조실록』은 '구전정사(口傳政事)'였다고 전해 대비가 말로 한 인사임을 전해 준다. 순조가 즉위하는 당일 주요 자리를 갈아치운 정순왕후는 이제 반동을 꿈꾸었다.

이시수와 서용보를 승진시킨 것은 문제가 있는 인사였다. 약원(藥院) 제조(提調)였던 그들은 정조의 죽음에 책임이 있기 때문이었다. 약원 제조들이 대거 승진한 바로 그날 사헌부에서 약원 제조와 어의를 탄핵하는 상소문을 올린 것은 정순왕후의 인사가 얼마나 무리한 것인지를 잘 말해 준다.

"내의(內醫) 강명길·피재길과 방외의(方外醫: 지방 의원) 심인에 대해 국문을 설행하여 실정을 알아내어 속히 방형(邦刑)을 바루도록 하소서. 약에 대해 의논한 의원들도 아울러 엄히 조사하여 해당되는 율을 쾌히 시행하고 약원(藥院)의 두 제거(提擧)에 대해서도 아울러 파직시키는 형전을 시행하소서."

사간원도 같은 내용의 상소를 올렸다. 정순왕후는 "의관(醫官)에 관한 일은 아뢴 대로 하라"고 허락하면서 약원의 두 제거를 파직시키라는 말에는 크게 화를 냈다.

"제조에 대한 일은 나라의 형세가 깃대에 달린 깃발의 술처럼 위태로운 때인데, 명색이 양사(兩司)로서 갑자기 전례에 없는 일을 가지고 죄에 얽어넣어 배척하니 이것이 무슨 일인가? 한 명은 위임(委任)한 대신이고 한 명은 숭품(崇品: 높은 품계)의 각신(閣臣)이다. 선왕(先王)이 옥궤(玉几)를 의지한 지 며칠이 지나지 않았는데 이어 저러한 풍색(風色)이 있으니 이것이 어찌 내가 수렴하는 뜻이겠는가? 즉시 들어와서 도감(都監)의 일에 전념하게 하라."

약원의 두 제거란 약원 제조 이시수와 내의원 제조 김재찬을 뜻한다. 정순왕후는 이시수는 이미 좌의정으로 승진시키고, 김재찬은 병조판서로 삼았다. 파직시키라는 인물들을 오히려 중용하자 대간은 항의의 뜻으로 다음 날 자신들을 파직시켜 달라고 청했다. 그러자 정순왕후는 대간을 모두 갈아치웠다. 7월 13일 정순왕후는 의관들을 유배 보냈다.

"국운이 불행하여 이런 망극한 화를 당하였으나 시약(侍藥)했던 의관들을 한때인들 이 땅 위에 살려 두고 싶겠는가? 그러나 약에 대해 의논한 그 시종을 내가 이미 알고 있으니 그들에게 죄를 줄 수가 있겠는가? 그리고 대행 대왕의 살리기 좋아하시던 성심은 신민이 알고 있는 바이다. 의관들은 일체 찬배하라."

정순왕후는 '약에 대해 의논한 그 시종을 내가 이미 알고 있으니 그들에게 죄를 줄 수가 있겠는가'라며 어의들이 아무런 죄가 없다고 단정 지었다. 그러자 대사간 유한녕(兪漢寧)이 차자를 올려 반발했다.

"역의(逆醫)에 대한 전지를 시일이 지나도록 내리지 않고 있으니 이것이 무슨 일입니까? 역적 강명길의 죄는 이공윤(李公胤: 경종 승하시의 어의)보다 더하고 흉적 심인의 죄는 신가귀(申可貴: 효종 승하시의 어의)보다 더한 것이어서 비록 그들의 살점을 천 조각 만 조각으로 내더라도 오히려 조금도 속죄 받을 수 없는 것입니다. … 신의 생각에는 해부(該府)에 명하여 결안을 받아 쾌히 저자에 내어다 베는 법전을 시행하게 함으로써 온 나라 신민들의 지극한 슬픔을 풀게 하는 것을 그만둘 수 없다고 여겨집니다."

그러나 정순왕후는 역시 거절했다. 7월 14일 심인은 경흥부로 유배되었다. 피재길과 정윤교 등 다른 의관들도 마찬가지였다. 다음 날 성균관 유생 권중륜(權中倫) 등이 심인과 강명길 등을 사형시킬 것을 주장하는 상소를 올리자 정순왕후는 원상 심환지에게 유생들을 불러들여 효유해 보내라고 명했다. 정순왕후는 심인을 비롯한 어의들을 보호하고자 하는 뜻이 분명했다. 양사에서 계속 어의들의 처벌을 요청했으나 정순왕후는 뜻을 꺾지 않았다.

그러던 8월 10일. 정순왕후는 심인의 정법(正法: 사형)을 받아들였다. 『순조실록』이 그 이유를 설명하고 있다.

　"심인은 천변(賤弁)인데 대행 대왕이 종후(腫候) 때문에 미령할 때를 당하여 망령되이 연훈방(烟熏方)을 올렸기 때문에 드디어 대점(大漸: 극도로 위독함)에 이르게 되었다. 이리하여 국론이 비등하게 되어 모두들 베어야 한다고 하였다. 대신 심환지는 그의 소원한 친족이었기 때문에 처음에는 비호하려고 했었는데 그때 어떤 이가 이가작(李可灼)의 일을 인용하면서 뒷날 방종철(方從哲)의 죄를 면치 못하게 될 것이라고 하자, 심환지가 크게 깨닫고 드디어 정법에 처하자는 의논을 극력 주장했다고 한다."

　이가작은 명나라 때 인물로서 1620년 명 광종(光宗)이 병에 걸렸을 때 붉은 환약(紅丸)을 올려 병세를 조금 호전시켰다가 다시 한 알을 더 올려 급서하게 만들었는데, 이를 '붉은 환약의 안건(紅丸案)'이라고 부른다. 대학사(大學士)였던 방종철 역시 이 사건과 연관되어 사형시켜야 한다고 공격을 받았던 인물이다.

　정순왕후와 심환지는 심인을 보호하려 애썼다. 심인의 연훈방이 실제로 정조를 죽게 했는지는 분명하지 않지만 심환지가 심인을 사주해 정조를 독살했다는 이야기는 영남 일대에 광범위하게 유포되고 있었다. 그래서 장시경·장현경 부자의 봉기가 일어났던 것이다.

시신이 식기도 전에

　순조 즉위년(1800) 11월 3일. 정조의 시신을 실은 영가(靈駕)는 도성을 떠나 시흥 행궁의 숙소에 머물렀다. 이튿날 영가는 화성 행궁에 도착했고,

11월 5일에는 능소(陵所)에 도착했다. 능소는 정조의 평소 희망대로 화성의 사도세자 능 옆이었다.

11월 6일 정조의 시신은 땅에 묻히고 빈 영가는 화성 행궁에 머물러 초우제(初虞祭)를 지낸 다음 저녁에 시흥 행궁까지 올라갔다. 11월 7일에는 시흥 행궁에서 재우제(再虞祭)와 동지제(冬至祭)를 행하고 창덕궁 효원전(孝元殿)으로 돌아왔다. 순조는 돈화문 밖에서 예법대로 곡하면서 영가를 맞이했다. 아직 사우제(四虞祭) 등의 절차가 남아 있었으나 이것으로 정조의 시신을 땅에 묻는 절차는 끝난 셈이었다.

바로 그 다음 날인 11월 8일 사헌부 장령 이안묵(李安默)이 상소해 수원 유수 서유린(徐有隣) 형제를 공격했다. 공격 이유가 8년 전인 정조 16년에 영남만인소를 지지했기 때문이라는 점에서 이는 정조의 24년 치세의 모든 것을 부정하는 행위였다.

정조 건릉 정조는 평소 소원대로 사도세자의 융릉 곁에 묻혔다.

"임자년 여름 영남만인소가 나온 뒤에 서유린의 소장이 그 뒤를 이었는데…"로 시작되는 이안묵의 상소는 사도세자의 죽음을 동정하던 시파에 대한 벽파의 선전포고였다. 서유린이 12월 25일 함경도 경흥에 유배된 것을 시작으로 정조 때 성장한 남인과 시파에 대한 대대적인 숙청이 감행되었다. 예조참판 김이익(金履翼)은 진도군 금갑도(金甲島)에 안치되었고, 12월 29일에는 김이재가 강진현 고금도(古今島)에 안치되었으며, 김이교(金履喬)가 명천(明川)으로 정배(定配)되는 등 시파의 유배가 뒤를 이었다.

그러나 이는 시작에 불과했다. 이들 시파는 정조에게 동조하긴 했으나 정순왕후와 노론 벽파의 영원한 적은 아니었다. 영원한 적은 바로 남인들이었다. 정순왕후와 노론 벽파는 남인을 정계에서 완전히 축출하기로 했다. 그러기 위해서는 남인들을 체제 부정 세력으로 몰아야 했다. 노론으로서는 정조가 병석에 누울 때부터 기다려 온 순간이었다. 아니 정조가 왕위에 오른 날부터 24년 동안 기다려 온 순간이었다.

이들의 계획은 남인들을 천주교 신자로 몰아 멸절시키는 것이었다. 남인들을 성리학을 부정하는 사교(邪敎) 집단으로 몰아 숨통을 끊으려 한 것이다. 드디어 순조 1년(1801) 1월 10일 대왕대비 정순왕후의 사학(邪學) 엄금 하교로 천주교에 대한 대박해가 시작되었다.

"선왕께서는 매번 정학(正學: 성리학)이 밝아지면 사학은 저절로 종식될 것이라고 하셨다. 지금 듣건대, 이른바 사학이 옛날과 다름이 없어서 서울에서부터 기호(畿湖)에 이르기까지 날로 더욱 성해지고 있다고 한다. 사람이 사람 구실을 하는 것은 인륜이 있기 때문이며, 나라가 나라인 것은 교화가 있기 때문이다. 그런데 지금 이른바 사학은 어버이도 없고 임금도 없어서 인륜을 무너뜨리고 교화에 배치되어 저절로 오랑캐와 짐승이 되어 가고 있는데, 저 어리석은 백성들이 점점 물들어 마치 어린 아기가 우물에 빠져

들어 가는 것 같으니, 이 어찌 측은하게 여겨 상심하지 않을 수 있겠는가? 감사와 수령은 사학을 하는 자들에게 효유해 마음을 돌이켜 개혁하게 하고, 사학을 하지 않는 자들로 하여금 두려워하며 징계하게 해서 선왕의 공을 저버리는 일이 없도록 하라. 이와 같이 엄금한 후에도 개전하지 않는 무리가 있으면, 마땅히 역률(逆律)로 다스릴 것이다. 수령은 각기 다스리는 지역 안에서 오가작통법(伍家作統法)을 닦아 밝히고, 그 안에서 사학을 하는 무리가 있으면 통수(統首)가 관가에 고해 징계하여 진멸함으로써 남은 종자가 없도록 하라. 이 하교를 가지고 묘당에서 거듭 밝혀서 경외에 널리 알리도록 하라."

정순왕후의 이 하교는 실로 인간 도살의 피바람을 예고하는 것이었다. '저절로 오랑캐와 짐승이 되어 가고 있는' 것은 천주교인들이 아니라 정순왕후와 노론·벽파였다. 이날 심환지는 정순왕후의 인척 김관주를 중용하자고 건의했다.

"동부승지 김관주는 … 그 문학과 기국(器局)이 뛰어나 사류의 흠앙하는 바가 되었으니, 종2품에 승탁(陞擢)하여 경연의 빈자리에 그를 주의(注擬)해 들이게 하는 것이 좋을 듯합니다."

사류의 조롱을 사던 김관주가 어느덧 노론 영수에 의해 '사류의 흠앙하는 바'가 된 것이다. 정순왕후는 당연히 그대로 따랐다. 심인의 친척 심환지는 김관주를 추천함으로써 정순왕후와 한 몸임을 다시 한 번 과시했다.

정순왕후 세력이 사학을 역률로 다스리겠다고 나선 것은 남인들을 역모로 몰아 죽이겠다는 공식 선언에 다름 아니었고 그 1차 대상이 정조가 중용했던 이가환, 이승훈과 정약용 형제가 될 것임은 불을 보듯 뻔한 일이었다.

순조 1년 2월 8일 새벽.

이가환·이승훈·정약용 형제 등은 집을 급습한 의금부 금리들에게 체포되어 옥에 갇혔다. 정순왕후 세력에 의해 사전에 기획된 것이었다. 그 다음 날에야 사헌부에서 정약용과 이가환 · 이승훈을 탄핵한 것이 이를 말해 준다. 사헌부의 탄핵이 있으면 혐의를 따져 체포하는 것이 순서인데, 미리 체포해 놓고 사헌부에서 탄핵했던 것이다.

"아! 통분스럽습니다. 이가환 · 이승훈 · 정약용의 죄를 이루 다 주벌할 수 있겠습니까? … 이가환은 흉악한 무리의 여얼(餘孼)로서, 많은 사람들을 이끌어 유혹하고는 스스로 교주가 되었습니다. 이승훈은 구입해 온 요서를 그 아비에게 전하고, 그 법을 수호하기를 달갑게 여겨 가계(家計)로 삼았습니다. 그리고 정약용은 본래 두 추악한 무리와 마음을 서로 연결하여 한 패거리가 되었습니다. … 이들 세 흉인은 모두 사학의 뿌리가 되었습니다. 청컨대 전 판서 이가환, 전 현감 이승훈, 전 승지 정약용을 빨리 왕부(王府: 의금부)로 하여금 엄중하게 추국해서 실정을 알아내게 한 다음 흔쾌하게 나라의 형벌을 바로잡으소서."

순조는 비록 어리지만 이것이 부왕의 뜻과 다르다는 사실을 알고 있었다. 그는 같은 날 삼사(三司)에서 채제공의 관작을 추탈할 것을 주청하자 정조가 재위 16년에 내린 윤음(綸音)을 예로 들며 "이 계사는 비답을 내릴 수가 없으니, 도로 내주도록 하라"고 거절했다. 같은 날 양사(사헌부 · 사간원)에서 추삭(追削)한 심이지와 오재문에게 추탈(追奪)의 법을 시행하라고 요청한 것에 대해서도 반대했다.

"추탈이 추삭보다 무겁다는 것이 무슨 법문(法文)에 있는가? 너희들을 모두 파직하겠다."

그러나 이미 순조의 세상이 아니었다. 곧바로 대왕대비 정순왕후가 나섰다.

"사학에 대한 일을 지난번에 연석에서 하교한 적이 있었는데, 지금 대간

(臺諫: 사헌부 · 사간원)의 계사(啓辭)가 진실로 나의 뜻에 부합된다. 이들을 다스리는 것을 조금도 늦출 수가 없으니, 대간의 계사에 나오는 사람들을 금오(金吾: 의금부)에게 잡아들이게 하라."

순조의 명은 간단히 무력화되었다. 정순왕후는 나아가 이들을 조사할 국청을 설치했다. 국청의 위관(委官)은 영부사 이병모를 비롯해 모두 노론이었다. 노론 벽파의 손에 이가환 · 이승훈 · 정약용 등 남인들의 목숨이 던져진 것이었다. 정약용의 두 형 정약전 · 약종도 체포되었다. 이기양(李基讓) · 오석충(鳴錫忠)도 체포되었고 벼슬하지 않고 있던 권철신(權哲身)까지 체포되었다. 권철신 · 이가환 · 이승훈 · 정약종 등은 국문 도중 옥사하거나 사형당했으며 정약전 · 약용 · 이기양 · 오석충 등은 겨우 목숨을 건지고 귀양길에 올랐다.

무고한 이들을 사형시키고 유배 보낸 정순왕후 세력은 순조 1년 12월 22일 사학 토벌을 축하하는 진하(陳賀)를 단행하고, 반교문까지 발표했다.

"이에 본년 3월에 의금부에서 국청을 개설하여 안핵(按覈)하도록 명하였는데, 윤지충 · 권상연 · 최인길 · 지황 · 윤유일 등은 전에 이미 복법(伏法)되었고, 이인(李禋: 은언군)의 처와 며느리는 사사(賜死)했으며, 이가환 · 권철신은 장폐(杖斃)되었고, 주문모는 군문(軍門)을 시켜 효수(梟首)하여 여러 사람에게 알렸으며, 이승훈 · 정약종 · 최창현 · 홍낙민 · 김건순 · 김백순 · 최필공 · 이존창 · 강완숙 및 이 밖의 사당(邪黨)인 홍교만 · 김종교 · 이희영 · 홍필주 · 김범우 등과 사녀(邪女)인 경복 · 복혜 · 운혜 · 신애 등의 여러 역적은 앞뒤로 정법(正法: 사형)하였다. 지난 8월에 황사영이 붙잡히게 되자 유항검 · 윤지헌 · 황심 · 옥천희 등과 더불어 아울러 전형(典刑: 사형)을 밝게 바루었으며, 여러 도에서 속이고 미혹시킨 자는 본 지방으로 내려보내 정형(正刑: 사형)하였다."

정조가 그토록 살리려고 애썼던 동생 은언군 이인은 이미 5월 29일 강화부에서 사사(賜死)당한 뒤였다. 정순왕후 세력은 은언군을 죽이고 그 부인과 며느리까지 죽였다. 손자며느리와 증손며느리까지 죽이는 정순왕후를 보고 영조의 영혼은 가슴을 쳤을 것이다. 정조가 살려 주었던 혜경궁 홍씨의 동생 홍낙임(洪樂任)도 제주도에 안치되었다가 은언군과 같은 날 사형당했다. 혜경궁 홍씨의 한의 세월이 다시 시작된 것이다. 정조가 1년에 한 번씩 은언군을 만나는 것을 지지했던 이주혁은 사형 위기에 몰렸다가 유배 갔는데, 그 역시 죽을 때까지 풀려나지 못했다.

신지도 근처에서 바라본 앞바다 장현경의 처자가 이 부근으로 유배 와 세상을 떠났다.

장현경의 딸들

강진으로 귀양 간 정약용은 정조의 복수를 위해 봉기했던 장시경·현경 부자의 뒷얘기를 전해 들었다. 장현경의 딸에 대한 이야기였다. 정약용은 그 내용을 「고금도 장씨 딸에 대한 기사(紀事)」로 남겼다. 이 글에서 정약용은 장현경의 부친 장시경이 인동 부사 이갑회와 성(姓)이 다른 친척이었다는 새로운 사실을 밝히고 있다. 인동 부사는 정조가 세상을 떠난 지 얼마 되지 않아서 부친 회갑잔치를 열어 장현경 부자를 초청했는데, 장현경 부자가 잔치 도중 이방을 꾸짖고는 뛰쳐나왔다고 전한다.

"국휼(國恤: 국상)이 있은 지 얼마 되지 않았는데, 이런 잔치를 베풀고 술을 마시다니 세상 되어 가는 꼴을 보고 하는 짓이구나."

이 말을 들은 인동 부사 이갑회가 '임금 곁의 악당들을 제거하겠다'며 반란을 일으킬 기미가 있다고 고발했다는 것이다. 장시경 일가의 봉기 사건은 극비리에 처리되었기에 정약용은 그 전모를 몰랐다. 이어 정약용은 이갑회의 고발에 따라 경상도 관찰사 신기(申耆)가 장시경 부자를 체포하라고 명했고, 이갑회가 잘 훈련된 군교(軍校)와 이졸(吏卒) 2백여 명을 동원해 장시경 등을 체포했는데, 장현경은 종적을 감추었고 장현경의 처와 아들·딸은 전라도 강진의 신지도(薪智島)로 귀양을 갔다고 쓴다. 이 글에서 정약용은 정조의 독살설을 제기했다.

"이보다 앞서서 장현경의 아버지(장시경)는 인동 부사 아버지와 성(姓)이 다른 친척이었으므로 자주 인동 부중(府中)에 들어가 서로 만나며 전하는 이야기들을 나누었다. 소문은 현직 정승이 역의(逆醫) 심인(沈鏔)을 천거해 독약을 올리게 했다는 것이었다. 장현경의 부친은 자신의 손으로 이 역적을 제거할 수 없다면서 비분강개하며 눈물까지 흘렸다."

정약용은 순조 9년(1809) 당시 장현경의 큰딸은 22세, 작은딸은 14세, 사내애는 10여 세라고 말하고 있다. 신지도로 귀양 갈 당시 큰딸은 13세, 작은딸은 5세, 사내애는 1살에 불과했던 것이다. 귀양지의 가족에게는 아무런 희망이 없었다. 장현경의 행적은 찾을 길이 없었다. 함께 도망간 나머지 여섯 명도 마찬가지였다. 관아에서 수많은 군사를 동원해 찾았으나 행적이 묘연했다. 아마 어느 산간에서 자결했거나 아니면 어느 먼 마을에 숨어들어 노비로 연명하고 있는지도 몰랐다.

신지도로 귀양 간 이들에게 큰 불행이 닥친 것은 귀양 9년째인 순조 9년이었다. 진영(鎭營)의 군졸 하나가 술에 취해 돌아가다가 울타리 구멍으로 큰딸을 엿보고 희롱한 것이 사건의 시작이었다. 한 번 큰딸을 본 군졸은 그후로도 계속 찾아와 희롱했다.

"네가 비록 거절한다 해도 끝내는 나의 처가 될 것이다."

큰딸은 너무도 분한 나머지 몰래 항구(港口)로 나가서 파도를 바라보다가 푸른 바다에 몸을 던졌다. 그 어머니가 재빨리 그녀를 뒤쫓았으나 붙잡지 못하자 또한 푸른 바다에 몸을 던졌다. 작은딸도 따라 죽으려 하자 물결에 허우적대던 어머니가 말렸다.

"너는 돌아가 관가에 알려 원수를 갚고, 또 네 동생을 길러야 한다."

순조 9년 7월 28일의 일이었다.

작은딸은 보장(堡將)에게 가 신고했다. 보장의 신고를 받은 강진 현감 이건식(李健植)은 시신을 검시(檢屍)한 뒤에 관찰사에게 보고하였다. 며칠 후 해남 수군사(海南水軍使) 권탁(權逴)이 신지도 수장(守將)과 강진 현감의 파출(罷出)을 계청했다. 부하의 일로 파직되게 된 이건식은 아전과 의논해 돈 천 냥을 비장(裨將)에게 뇌물로 주었다. 비장의 뇌물을 받은 관찰사는 사건을 없던 것으로 하고 군졸의 죄도 불문에 부쳤다.

이렇게 하여 모녀의 죽음은 없었던 일로 처리되었다. 실수로 익사했다고 보고했을 것이다. 정약용은 하늘이 이 불행한 모녀의 죽음을 방기하지 않았다고 적고 있다. 일 년 후 7월 28일, 큰 바람이 불면서 기상 이변이 일었다는 것이다.

"이듬해 7월 28일 큰 태풍이 남쪽에서 불어 모래가 날고 돌이 굴렀다. 바닷물이 흩날려 눈 덮인 산〔銀山〕이나 설악(雪嶽)이 나는 듯했다. 물거품이 공중에 날아 염우(鹽雨: 소금비)가 되어 산꼭대기까지 이르렀다. 해변의 곡식과 초목이 모두 소금에 젖어 선 채로 말라죽어서 크게 흉년이 들었다.

나는 다산(茶山: 강진)에 있으면서 염우부(鹽雨賦)를 지어 그 일을 기록하였다. 그 다음해 그날도 바람이 일어 재앙이 일어난 것이 지난해와 같았다. 바닷가 백성들은 그 바람을 '처녀바람[處女風]'이라고 하였다. 그 뒤 암행어사 홍대호(洪大浩)가 와서 그 사연을 들었지만 역시 입을 다물고는 그냥 가 버렸다."(「고금도 장씨 딸에 대한 기사」, 『여유당전서』)

이렇게 장현경의 부인과 큰딸이 당한 불행은 하늘을 움직여 재앙을 내리고 있었다. 강진에 유배되어 있던 다산 정약용은 모녀가 죽은 지 일 년 되는 날인 순조 10년(1810) 7월 28일 강진에 큰 바람이 이는 것을 목도하고 「염우부(鹽雨賦)」를 지어 모녀의 영혼을 위로했다.

돈장[오(午)가 들어가는 해] 경오년에,

12율로 따지면 이칙(7월)이요,

날짜로는 경진일(27일)에,

필성(새벽에 뜨는 별)이 떠오른 시각[가경(嘉慶) 경오년 7월 28일이다 - 다산 원주]

동남방에 바람 일어,

돋는 해 집어삼키며,

우르릉 탕탕 우당탕,

거세게 몰아치더니,

마침내 살마의 섬(일본)에서 고삐를 꼬나잡고,

탐라의 물가에서 깃발 높이 올렸구나.

온 우주 소란피우며,

온갖 귀신 불러들여,

산과 벌판 휘몰아쳐,

돌을 찾고 뿌리 뽑으니,

물고기 미처 못 숨고,

짐승도 미처 못 도망가,

천만 마리 말이 뛰듯,

빠르고도 웅장한데,

쇳소리 쩡쩡 북소리 둥둥거리니,

눈 어지럽고 귀 깜짝 놀라,

바다 물결 높이 솟아 언덕이 되고,

빙빙 돌아 굴을 만들며,

쏴아쏴아 철썩철썩,

이리저리 몰아치니,

은산(銀山) 여기저기 봉우리가 일어나고,

눈으로 지붕 덮으며 땅에 솟구치네,

한편으론 먹구름 뭍에 치닫고,

가랑비 허공에 뿌려,

어둡고도 어두운데,

넘실넘실 물 불어나,

바위 때리고 제방 치며,

골짝 채우고 산 잠겼네,

드러난 사물을 보니,

침 끝처럼 후벼 파고,

독한 기운 흩뿌리고,

짠물 거품 펄펄 날고,

소금가루 녹아 퍼져,

무성하게 자란 초목,

장조림이 되고,

활짝 핀 꽃봉오리,

문드러진 생선 되어,

쪼개지고 찢어져서,

김치 변해 흐늘흐늘,

천지는 참담하여 빛이라곤 간데없고,

숲은 소소하여 생기를 잃었구나.

…

분노가 조금 누그러져,

놀란 넋이 안정되어,

논밭을 쳐다보니,

소금물이 온통 덮쳐,

빽빽하던 벼 포기와,

왕콩과 검은깨가

쓰러지고 뭉개져서,

사방으로 흩어졌고,

…

바로 이때를 당해서

노인 아이 모두 나와,

울부짖고,

아낙네들 가슴 헤쳐,

소리 높이 통곡하네,

…

어찌 신지도와 강진의 백성들만이 통곡할 것인가? 그 재앙은 신지도와
강진 바닷가에만 이는 것이 아니었다. 정순왕후와 노론 벽파의 정권 재장악
은 조선 전체의 재앙이었다. 노론의 정권 장악으로 조선은 과거로 향했다.

순조 1년(1801) 노론 벽파 정권은 정조의 사망 이후 풍천 부사에서 쫓겨난 유득공을 북경으로 보낸다. 『주자서』를 구해 오라는 것이었다. 유득공은 거부하려 했으나, 순조 즉위 후 정조의 사랑을 받던 모든 이들이 처벌받는 것을 보고 두려운 마음이 든 노모가 적극 권유하자 마음을 바꿔 사은사 조상진(趙尙鎭)의 사행 행렬을 따라갔다. 유득공은 북경에서 과거 친분을 쌓았던 『사고전서(四庫全書)』 책임자 기윤(紀昀)을 만나 『주자서』를 구해 달라고 요청하지만 실패한다. 중국에서는 이미 『주자서』를 보지 않는다는 것이었다. 그러나 조선은 정조 사망 이후 다시 주자의 나라로 회귀했다. 명백한 자멸의 길이었다.

　정조 사후 조선에는 민란(民亂)이 빈발하였다. 정조 재위 때는 민란이 없었다. 정조가 재위에 있을 때만 해도 백성들은 희망을 잃지 않았다. 군부(君父)께 아뢰기만 하면 억울함을 풀어 줄 것으로 굳게 믿었다. 그러나 정조가 사망하자 백성들은 임금도 허수아비에 지나지 않는다는 사실을 직감했다. 이제 자신들의 문제는 자신들이 목숨 걸고 해결할 수밖에 없다고 판단했다. 남에서, 북에서 백성들은 민란을 일으켰다.

　노론 벽파가 장악한 조정은 시대 흐름과는 거꾸로 질주했다. 그 결과는 조선 전체의 멸망이었다. 한 개혁 군주의 자리는 이토록 컸던 것이다.

정조 어록

『홍재전서』의『일득록』 등에서 발췌한 정조의 육성

- 『홍재전서(弘齋全書)』
  정조의 시문집. 활자본 184권 100책

- 『일득록(日得錄)』
  『홍재전서』 권 161~178. 규장각 관원들이 기록한 정조 어록

- 『일득록』의 뜻
  "『일득록』은 또한 날마다 반성하는 뜻이다. 각신(閣臣)은 내가 아침저녁으로 대하는 사람
  으로 좌우(左右) 사관(史官)이나 다름없으니 사실 그대로를 기록하여 나를 경각시켜야
  할 것이다. 절대로 과장되거나 사실과 다르게 기록하여 내 마음을 저버리지 않도록 하라.
  내가 어찌 근신(近臣)으로 하여금 아첨하고 잘 보이려는 생각을 키우게 하겠는가."
  – 『일득록』 2

● 학문과 독서

학문의 도
"학문의 도는 다름이 아니라 일상생활에서 부모에게 효도하고 임금에게 충성하고 어른에게 공손하고 아랫사람을 친히 대하는 것일 뿐이다. 근세의 초학 선비들 중에는 심성(心性)을 말하면 학자의 임무를 다한 것으로 아는 자가 더러 있으니, 어찌 잘못된 것이 아니겠는가."

─『일득록』 4

극기의 중요성
"선유(先儒)는 '극기(克己)'를, 극복하기 어려운 치우친 성품을 극복해 가는 것이라고 하였다. 나는 어려서부터 이 말을 깊이 음미하고 언제나 생각이 처음 싹틀 때 혹시 한 생각이라도 편벽된 생각이 있으면 맹렬히 성찰하여 검속을 하지 않은 적이 없었다."

─『일득록』 1

매년 반복해 보는 책들
"나는 깊이 좋아하는 책이 없고 모두 대충 섭렵한 것일 뿐이다. 다만 경산(瓊山) 구준(丘濬: 명나라 학자)의 『대학연의보(大學衍義補)』와 『왕양명집(王陽明集)』은 항상 책상에 놓아두고 아무리 정무(政務)가 바빠도 반드시 한 해에 한 번은 통독을 한다. 이는 옛사람을 아침저녁으로 만난다는 의미를 담은 것이다."

"우리나라의 법도는 오로지 송나라를 모방하여 법이나 정사의 계책도 비슷한 것이 많기 때문에 나는 『송사(宋史)』를 매년 한 번씩 자세히 본다."

─『일득록』 1

작년에 못 읽었기 때문에 올해는 두 번 읽는다
"나는 정무를 보는 틈틈이 『주자전서(朱子全書)』와 『대학연의보(大學衍義補)』를 매년 한 번씩 통독(通讀)하였다. 그런데 작년에는 원소(園所: 현륭원)를 옮기는 대례(大禮)가 있어서 미처 하지 못하였기 때문에 금년에 두 번을 읽어서 작년에 읽지 못한 것을 채우려 한다."

─『일득록』 2

겨울마다 책 전질을 읽는다

"나는 정무를 보는 여가 시간에 삼여(三餘)의 공부를 쉬지 않아, 경사(經史)를 따지지 않고 매년 겨울마다 반드시 한 질의 책을 통독(通讀)하곤 하였다."

"나는 매년 겨울마다 삼여의 과정을 두고 날짜별로 과정을 정해서 공부를 하느라고 하루도 쉴 틈이 없었다. 올 겨울에는 새로 간행한 『춘추』를 20일 만에 완독(完讀)했는데, 마침 문안을 여쭈러 갔던 차에 자궁(慈宮)께 우러러 고했더니, 자궁께서 기뻐하시면서 세속에서 말하는 책씻이처럼 소찬(小饌)을 차려 주셨다. 이는 참으로 희귀한 일이기에 특별히 편집하고 교정한 신하들을 불러서 함께 맛보도록 하는 것이니, 여러 신하들은 각각 이러한 뜻을 알라."

– 『일득록』 5

독서하기 좋은 때

"독서는 언제라도 즐겁지 않은 때가 없지만, 겨울밤 깊고 적막한 때가 특히 더 좋다."

– 『일득록』 5

목표량을 정한 독서

"나는 어려서부터 언제나 반드시 일과를 정해 놓고 글을 읽었다. 병이 났을 때를 제외하고는 일과를 채우지 못하면 그만두지 않았는데, 임금이 된 뒤로도 폐한 적이 없다. 때로는 저녁에 응접(應接)을 한 뒤에 아무리 밤이 깊어도 조금도 쉬지 않고 반드시 촛불을 켜고 책을 가져다 몇 판(板)을 읽어 일과를 채우고 나서 잠을 자야만 비로소 편안하다." – 『일득록』 1

"독서하는 사람은 매일매일 공부할 과정(課程)을 세워 놓는 것이 가장 중요하다. 하루 동안 읽는 양은 비록 많지 않더라도, 공부가 쌓여져서 의미가 푹 배어들면 일시적으로 많은 책을 읽고 곧바로 중단한 채 잊어버리는 사람과는 그 효과가 천지 차이일 것이다." – 『일득록』 5

독서의 즐거움

상이 조회를 파한 뒤에는 하루 종일 책을 읽고 항상 밤까지 가니, 신하들이 건강을 해칠까 염려하는 말을 하였다. 이에 하교했다.

"예로부터 궁중에는 시간을 보낼 만한 일들이 꽤 있지만 나는 천성적으로 그런 것을 좋아하지 않는다. 그리고 환관이나 궁녀들은 부리거나 하면 되지, 그들과 수작하는 것이 무슨 의미가 있겠는가. 그러므로 때로 신하들을 불러다가 글 뜻을 토론하기도 하고 고금의 일을 헤아려 보기도 하는데 심신에 유익할 뿐만이 아니다. 나는 이러한 것을 매우 즐거운 일로 생각한다. 그렇지 않으면 조용히 앉아서 책을 보는데 그 맛이 매우 깊다. 때로 마음에 꼭 맞아서 흔연히 자득함이 있는 듯하여 해가 저물었는지 밤이 깊었는지를 모르기도 한다. 옛사람이 이른 바 '내가 좋아하면 피곤하지 않다'는 말이 빈말이 아니다."　　　　　　　　　　　　－『일득록』 1

"나는 글 읽는 소리를 듣기 좋아한다. 밤이 늦도록 등잔불을 밝혀 놓고 무릎을 쳐서 장단을 맞춰 가며 글을 읽는다면 음악을 연주하는 것에 못지않을 것이다."　　　　　－『일득록』 3

"외물(外物)의 맛은 잠깐은 좋아할 만하지만 오래되면 반드시 싫증이 난다. 독서하는 맛은 오래될수록 더욱 좋아 싫증이 나지 않는다."　　　　　　　　　　　　　　－『일득록』 1

참된 독서

"독서는 이 이치를 밝히는 것이고, 수신(修身)은 이 이치를 체득하는 것이고, 사물에 응접(應接)하는 것은 이 이치를 미루어 가는 것이다. 책을 읽고도 이치를 밝히지 못하고 이치를 체득하지 못하고 이치를 미루어 가지 못한다면, 비록 만 권의 책을 읽은들 심신(心身)에 무슨 보탬이 되겠는가."

"책을 읽는 것은 차를 마시거나 밥을 먹는 것과 한가지인데, 책을 읽으면서 그 맛을 제대로 아는 사람이 있는가."

"책은 많이 읽으려고 힘쓸 것이 아니라 전일하고 치밀하게 읽어야 하며, 신기한 것을 보려고 힘쓸 것이 아니라 평상적인 것을 보아야 한다. 전일하고 치밀하게 읽다 보면 절로 환히 깨닫는 곳이 있고, 평상적인 내용 중에 자연히 오묘한 부분이 들어 있다. 지금 사람들은 책을 읽을 때 대부분 많이 보려고만 들고 치밀하게 읽는 데는 힘쓰지 않으며, 신기한 것만 좋아하고 평상적인 것은 달가워하지 않으니, 이것이 많이 읽을수록 도(道)가 점점 멀어지는 까닭이다."

"책을 읽을 때는 먼저 대요(大要)를 파악해야 한다. 대요를 파악하면 만 가지 현상이 하나의 이치로 꿰어져서 반만 노력하고도 효과를 배로 거둘 수 있지만, 대요를 파악하지 못하면 모든 사물이 서로 연관되지 않아서 종신토록 힘써 외우고 읽어도 이루는 바가 없게 된다."

－『일득록』 4

독서할 때의 몸가짐

"옛 현인이 사람들에게 정좌(靜坐)하기를 가르쳤는데 이는 혼자일 때 삼가는 공부가 정좌에서 얻어지기 때문이다. 나는 정사를 처리하고 한가한 때에 조그만 방에서 정좌하고 책을 보는데, 자연스레 활발발(活潑潑)한 경지가 있다." — 『일득록』 1

중국책을 보지 말고 조선책을 보아라

"우리나라에서 간행한 경서는 비록 판각(板刻)은 섬세함이 부족하고 장정은 대부분 거칠고 무겁지만, 강절(康節)이 '나는 지금 사람이니 지금 사람들이 입는 옷을 입는 것이 당연하다'고 하였듯이, 우리나라에서 태어났으면 또한 우리나라의 책을 읽는 것이 마땅하다. 세상 사람들이 중국본을 좋아하여 기필코 집에서 기르는 닭을 싫어하고 야생 오리를 좋아하듯이 하니, 이 또한 유속(流俗)의 폐습(弊習)이다. 중국본은 권질(卷帙)이 가볍고 얇아서 펼쳐 보기가 쉽고 눕거나 기대어서 멋대로 뽑아 보는 데도 불편한 점이 없다. 그러므로 방종을 좋아하고 구속을 싫어하는 자들이 우리나라 경서를 놔두고 중국본을 취하는 것이니, 이 또한 태만함과 게으름과 어지러움과 잡됨이 생기게 되는 행동이다. 다른 책도 이렇게 해서는 안 될 판에 경전이야 말할 나위가 있겠는가. 경전을 업신여기는 것은 성인의 말씀을 업신여기는 것과 같다. 이 어찌 크게 한심한 일이 아니겠는가." — 『일득록』 5

독서 방법

"강독하는 책자(冊子)는 토(吐)를 붙이는 것이 가장 좋다. 상하 구두(句讀) 사이에서 작자의 뜻을 깊이 연구하여 깨달을 수 있다면 범범히 보고 마냥 외우는 것보다 훨씬 나을 것이다. 근래에 여러 각신(閣臣)들과 더불어 『주서백선(朱書百選)』, 『팔자백선(八子百選)』, 『사기영선(史記英選)』 등 책에 토 붙이는 작업을 하면서 도움이 많이 된다는 것을 크게 깨달았다."

"책을 읽을 때는 구두(句讀)를 잘 떼는 것이 가장 중요하다. 예를 들자면 주자(朱子)의 글은 구두를 길게 떼어야 하고, 반고(班固)의 글은 짧게 떼어야 한다. 책을 읽으면서 구두를 뗄 때에 이러한 묘리(妙理)를 모른다면 읽지 않은 것과 마찬가지이다." — 『일득록』 4

독서와 토론은 다 중요하다

"선유(先儒)가 학문을 논하면서 '보고 들은 것이 없고서 마음이 넓어지는 경우는 없다'고 말했는데, '보고 들은 것'이라고 한 것은 사우(師友)와 토론하는 것과 독서를 많이 하는 것을 말한다. 토론만 중요시해서도 안 되고 독서만 중요시해서도 안 된다. 토론과 독서는 수레의 바퀴나 새의 날개와 같아서 한 가지만 버려도 학문을 할 수 없다." — 『일득록』 1

독서로 더위를 물리치라
"더위를 물리치는 데는 책을 읽는 것만큼 좋은 방법이 없다. 책을 읽으면 몸이 치우치거나 기울어지지 않고 마음에 주재(主宰)가 있어서 외기(外氣)가 자연히 들어오지 못하게 된다." — 『일득록』 4

공부 않는 신하를 꾸짖다
새로 벼슬길에 나온 근신(近臣)에게, "그대들은 근래에 어떤 책을 읽고 있느냐?"라고 묻자 읽지 못하고 있다고 대답하였다. 이에 하교했다.

"이는 하지 않는 것이지 못하는 것이 아니다. 공무를 보느라고 여가가 적기야 하겠지만, 하루 한 편(篇)의 글을 읽고자 한다면 그것은 어렵지 않을 것이다. 이렇게 과정을 세워 날마다 규칙적으로 해 나간다면 일 년이면 몇 질(帙)의 경적(經籍)을 읽을 수 있을 것이고, 몇 년간 쉬지 않고 꾸준히 해 나간다면 칠서(七書)를 두루 읽을 수 있을 것이다. 지금 따로 독서할 날짜를 구하고자 한다면 책을 읽을 수 있는 때가 없을 것이다. 선비라면서 경서(經書)를 송독(誦讀)하여 익히지 못한다면 선비다운 선비가 될 수 없다." — 『일득록』 2

"모래나 자갈로 된 땅이라도 가난한 백성들은 농사지어 먹기 위해 갖은 노력을 다 기울이곤 하는데, 하물며 좋은 밭이야 말할 나위가 있겠는가. 매번 그대들이 일없이 한가하게 노는 것을 보면 애석한 마음을 가눌 길이 없다. 그대들은 나이가 매우 젊고 재주도 그리 노둔하지는 않으니, 조금만 노력을 기울여서 해 나간다면 무슨 일인들 하지 못하겠는가. 너희들이 배우지 않는 것은 게으른 농사꾼이 좋은 밭을 버려두는 것과 다를 바 없으니, 수확하기를 바란다 하더라도 되겠는가." — 『일득록』 2

당대의 학자들 비판
"지금 사람들이 박아(博雅)하다고 가장 많이 일컫는 것은 고증학과 변증학이 반이 넘는다. 옛사람이 이미 만들어 놓은 말을 다시 베껴 가지고는 새로운 견해나 되듯이 하니, 융통성 없는 촌학구(村學究)라면 속일 수 있겠지만, 두루 섭렵한 자로 하여금 한번 보게 한다면 냉소 짓지 않을 수 있겠는가. 대저 근래에 이른바 명유(名儒)라는 자들은 대부분 이러한 부류이니, 학문을 하는 자는 술업(術業)을 잘 고르지 않아서는 안 된다."

"'붓도 제대로 잡지 못하면서 안진경(顔眞卿)과 유공권(柳公權)이 진인(晉人)의 필법(筆法) 을 몰랐다고 배척하고, 문장도 지을 줄 모르면서 소자첨(蘇子瞻)을 아식(阿軾)이라고 부르 고, 공맹(孔孟)의 책을 열흘 동안도 부지런히 읽지 않고서 이미 정자(程子)와 주자(朱子)의 경전 주석이 잘못되었다고 지적하여 분분하게 따져 가며 논박한다'는 것은 방희직(方希直) 의 말인데, 지금 사람들의 고질적인 병통을 정확히 지적한 것이다."   – 『일득록』 2

책 안 읽는 선비 비판

"무릇 선비가 틈틈이 책을 읽는 것은 농사꾼이나 기술자의 상업(常業)과도 같은 것인데, 근 래에 듣기로는 인가(人家)의 자제(子弟)들이 한 해가 다 가도록 한 글자도 보지 않는다고 한다. 그러니 어떻게 문풍(文風)이 크게 변할 수 있겠는가."   – 『일득록』 4

"근래에는 벼슬아치나 선비를 막론하고 문장에 능한 사람이 참으로 드문데, 그 폐단은 전적으 로 수십 년 전에 글을 읽지 않고 부정한 방법으로 과거(科擧)에 합격하였던 습속에서 말미암 는다. 만약 지금으로부터 수십 년 후의 문장의 격식을 보고자 한다면 어떠하겠는가."
                    – 『일득록』 2

초록의 중요성

신하가 입시하자 주상이 초집(鈔輯)한 『주자대전』, 『왕양명집』, 경산 구준의 『대학연의보』 등 의 책들을 꺼내어 보여 주셨다. 신하가 아뢰었다.

"유집(類輯)을 초록(鈔錄)하는 것은 정신을 많이 소비하는 것인데 어찌 이토록 성상의 생각 을 번거롭게 하십니까."

"그렇지가 않다. 대체로 책을 볼 때에 한두 번 자세히 읽어도 십에 팔구는 잊어버린다. 그런 데 손으로 직접 초록할 경우에는 위아래의 문세를 여러 번 보게 된다. 게다가 나는 책 보는 벽 (癖)이 있는데 매양 한 질을 다 읽고 나면 초록하여 두었다가 한가한 때에 수시로 펼쳐 보는 것이 재미가 있다."   – 『일득록』 1

초록의 어려움

"나는 평소 책을 볼 때에 반드시 초록하여 모으는데, 이는 사실의 긴요한 대목을 파악하고 문사(文詞)의 정수를 모으기 위한 것으로서, 이 또한 박문약례(博文約禮)의 공부이다. 춘저(春邸)에 있을 때부터 상자 속에 보관해 온 것이 몇 권, 몇 질이나 되는지 모르는데, 그 가운데 『주자대전어류(朱子大全語類)』와 『육선공주의(陸宣公奏議)』 두 책은 근래에 비로소 탈고(脫稿)하여 편찬하였다. 근세에 벼슬아치의 자제들 중에 한 질의 책을 제대로 읽은 사람이 있다는 말도 들어 보지 못했으니, 누가 이렇게 고생스러운 공부를 하려고 들겠는가."

― 『일득록』 4

과거보다 독서가 중요

"요즈음은 평소에 독서하는 사람이 드무니, 나는 이 점이 무척 이상하게 생각된다. 세상에 책을 읽고 이치를 연구하는 것만큼 아름답게 여길 만하고 귀하게 여길 만한 일이 어디 있겠는가."

― 『일득록』 2

독서인과 비독서인의 차이

"글을 읽은 사람은 잗단 일에는 비록 더러 오활하더라도 중대한 사안에 대해서는 본래 지키는 바가 있게 마련이다. 그러므로 사대부의 염치(廉恥)와 명절(名節)이 모두 글을 읽는 데서 나오는 것이다. 글을 읽지 않은 사람은 재주와 지모가 비록 출중하다 하더라도 필경에는 근본에 부족함이 있어 이루는 것이 없게 된다."

― 『일득록』 2

노력의 중요성

"성인은 남달리 뛰어난 점이 없고, 단지 한 걸음 한 걸음 나아가서 최고의 경지에 이르러서야 멈추려고 할 뿐이다. 보통 사람들은 문을 나서면 곧장 한걸음에 내달리고자 하여 다른 샛길을 찾다가 결국은 경황없이 허우적거리게 된다. 배우는 자가 비록 일일이 성인의 공부를 뒤쫓지는 못할지라도 배우는 방도를 마음속에 강정(講定)하지 않아서는 안 된다." ― 『일득록』 2

"재주와 지혜가 있는 사람이라도 학문에 힘을 쓰지 않으면 도리어 더디고 둔한 사람이 고생하며 학업에 힘쓰는 것만 못하다."

― 『일득록』 3

마무리의 중요함

"모든 일에는 반드시 시작이 있으면 마무리가 있어야 한다. 나는 비록 보통 일이라 할지라도 반드시 그 끝마무리를 구한다. 심지어 글씨를 쓰거나 오락하는 것까지도 시작만 있고 끝마무리가 없은 적이 없었다."

-『일득록』1

● 왕도와 정사

"임금 노릇 하는 도리에 대해 여러 성인(聖人)이 이미 말한 것이 지극하다. 첫째는 하늘을 공경하고, 둘째는 조상을 본받고, 셋째는 백성을 사랑하고, 넷째는 어진 이를 높이는 이 네 가지 일이 곧 임금으로서의 훌륭한 절조이다."

-『일득록』7

침실의 이름을 탕탕평평실로

"내가 침실의 이름을 새로 탕탕평평실(蕩蕩平平室)이라고 지었다. 탕평 두 글자는 곧 우리 성조(聖祖) 50년간의 성대한 덕업이다. 내가 밤낮없이 한가지로 생각하는 것은 오직 선대의 공렬(功烈)을 뒤미처 이어받는 데 있다. 동(東)인지 서(西)인지, 남(南)인지 북(北)인지, 신지 짠지, 관대한지 준엄한지를 막론하고 오직 인물을 고르고 오직 인재를 취하여 온 세상으로 하여금 함께 협력하여 일을 해 나가 모두 대도(大道)에 이르러 길이 화평(和平)의 복을 누리도록 하는 것이다. 특별히 당(堂)의 편액(扁額)을 거는 것은 오늘날의 조정 신하들로 하여금 모두 내가 표준(表準)을 세운 뜻을 알게 하려는 것이다."

-『일득록』7

매일 반성한다

"증자(曾子)가 매일 세 가지로 자신을 살폈다는 교훈은 학자의 실천하는 공부에 가장 긴요한 것이다. 나는 어릴 때부터 이 교훈을 가슴에 담아 왔다. 오늘날 『일성록(日省錄)』이 바로 그러한 뜻이다. 또 밤이면 하루의 한 일을 점검하고, 한 달이 끝날 때면 한 달의 한 일을 점검하고, 한 해가 끝날 때면 한 해 동안 한 일을 점검한다. 이렇게 여러 해가 되니 정령(政令)과 일 처리하는 과정에서 잘하고 잘못한 것과 편리하고 그렇지 못한 것을 마음속에 묵묵히 깨달은 것이 많다. 이 역시 날마다 살피는 한 가지 방도이다."

-『일득록』1

나를 찬양하지 못하게 하라

"한 광무제(漢光武帝)가 신하들에게 봉사(封事)를 올릴 때 성(聖)스럽다는 말을 하지 못하도록 하였는데, 내가 역사책을 읽다가 이 대목에 이르러 일찍이 흠앙하며 찬탄하지 않은 적이 없었다. 그런데 근래 각 도의 장계를 보면 찬양하는 풍조를 이루고 있다. 주제 외에 찬미하는 말이 편마다 이어지고 장마다 쌓여 헛된 형식이 너무 지나쳐서 도리어 실제의 정사를 가리니, 광무제에 비하여 과연 어떠한가. 이제부터 장계의 발사(跋辭) 가운데 찬양이 실제보다 지나친 것은 승정원에서 살펴 추고하여 봉입(捧入)하지 못하도록 하라." — 『일득록』 9

신하를 예로 대하다

"우리 왕조의 가법은 뭇 신하들을 대할 때 일찍이 대놓고 이름과 성을 부른 적이 없다. 기주(記注)나 보통 관료와 같이 낮은 사람이라도 반드시 관명(官名)으로 불렀다. 그런데 사관(史官)의 무리들이 왕명을 전할 즈음에 이따금 관명으로 부르지 않고 이름으로 부르곤 하는데 이는 규례를 너무도 모르는 행위이다. 신진(新進) 연소배들은 마땅히 강구하여 밝혀야 할 바이다." — 『일득록』 8

화를 참다

"사람이 하기 쉽고 억제하기 어려운 것으로, 성내는 것이 가장 심하다. 가령 성질이 날 때에 사리를 살피지 않고 먼저 성질을 부리고 나면 화가 더욱 치밀어 일을 도리어 그르치니 성질이 가라앉은 뒤에는 후회스럽기 그지없다. 나는 비록 수양하는 공부는 없지만 언제나 이런 점을 경계하고 있다. 어쩌다가 화가 나는 일을 만나면 반드시 화를 가라앉히고 사리를 살필 방도를 생각하여 하룻밤을 지낸 뒤에야 비로소 일을 처리하니, 마음을 다스리는 데 일조가 되었다." — 『일득록』 1

새벽부터 밤까지 정사를 본다

"나는 한밤중이 되기 전에는 일찍이 잠자리에 든 적이 없었고, 날이 밝기 전에 반드시 옷을 준비시켜 입는다. 위로 보고된 서울과 지방의 장독(狀牘)을 일찍이 하루도 책상에 적체시켜 놓은 적이 없었고, 매일같이 조정 신하를 접견하지 않은 적이 없었다. 근래 또 여러 승지가 공사(公事)를 가지고 입시(入侍)하는 것을 일과(日課)로 삼도록 하였다. 매양 승지들이 새벽에 출근하여 신시(申時)에 퇴근하는 것을 생각하는데, 그 힘든 노고도 반드시 나와 비슷하지는 않을 것이다."

―『일득록』 9

구휼 정책

"『자휼전칙(字恤典則)』은 계묘년(1783, 정조 7)에 시작되었는데, 돌아다니며 구걸하는 아이와 버려진 아이들을 서울은 진휼청(賑恤廳)에서, 지방은 감영(監營)과 고을에서 쌀, 간장, 미역을 지급하여 각각 거두어 기르고서 매월 보고하도록 한 것이다. 어떤 사람은 문서가 너무 번잡하다고 말을 하지만, 매월 보고하게 하지 않는다면 감영과 고을에서 마음을 다해 받들어 행하지 않을 것이기 때문에 어쩔 수 없이 그렇게 한 것이다."

―『일득록』 4

"백성이 굶주리면 곧 나도 배고프고 백성이 배불리 먹으면 나도 배부르다. 더구나 흉년의 재해를 구제하여 돌보는 것은 더욱이 마치 미치지 못할 듯이 빨리 서둘러야 할 일인데 말할 것이 있겠는가. 이는 백성의 목숨이 달려 있는 바이니, 잠시라도 중단이 있어서는 안 된다. 오늘 한 가지 정사를 행하고 내일 한 가지 일을 행하여 곤경에 처한 나의 백성들을 편안한 자리로 옮겨 오도록 한 뒤에야 나의 마음이 바야흐로 편안할 것이다. 학문과 사업은 원래 두 가지 이치가 아니다. 진실하게 쌓아 가고 힘써 오래하여 물 뿌리고 땅을 쓰는 일에서부터 나라를 다스리고 천하를 태평하게 하는 일에 이른 뒤에야 공부의 극치를 이루었다고 할 수 있으니, 사업이나 학문을 막론하고 중도에 그만두어 그전에 이룬 공까지 버려서는 안 된다."

"내탕고나 영문(營門)에 비축되어 있는 것에 대하여 매번 절용(節用)하도록 신칙한 것은 바로 백성을 위하여 재물을 아껴 급한 일이 있을 때를 대비하기 위해서이다. 지금 백성들이 돈에 기근이 들었는데 내 어찌 구제하지 않을 수 있겠는가. 지금 흩어서 빌려 주어도 모두 민간에 있는 것이니, 곧 이는 나라의 외부(外府)이다. 더구나 전화(錢貨)의 유통을 옛사람은 샘에 비유하였는데, 샘을 어찌 막을 수 있겠는가. '재물을 모으면 백성이 흩어지고 재물을 흩으면 백성이 모인다(財聚民散 財散民聚)'는 말은 천고(千古)의 임금에게 있어 여덟 글자의 부절(符節)이라 할 만하다."

―『일득록』 6

병진년(재위 20년) 6월에 오부(伍部) 안의 사족(士族)과 서민 가운데 빈궁하여 먹고살 것이 없는 자들을 뽑아 총융청의 쌀을 내어 진대(賑貸)하도록 명하였다. 경연관이 군향(軍餉: 군량)은 매우 중하니 가벼이 나누어 주어서는 안 된다고 말하자 하교했다. "만약의 사태에 대비하는 것을 생각하지 않을 수 없더라도 소민(小民)들이 먹고살기 어려운 근심은 더욱이 깊이 생각해야만 한다. 더구나 전에 없는 경사스러운 날을 맞아 어찌 도성의 백성들과 함께 즐거워하며 같이 배부르지 않아서야 되겠는가." 경연 신하 가운데 어떤 사람이 또, 지금 진대하더라도 저 집도 없고 의지할 곳도 없는 무리들은 가을이 되더라도 도로 갚을 수가 없다고 하니 하교했다. "구제하여 살리는 데 뜻이 있으니 잃어버린들 무슨 문제가 있겠는가." - 『일득록』 9

백성을 위하는 정치

"무릇 얻기 어려운 것이 백성이고 모으기 쉬운 것이 재물이다. 재물을 모아 백성을 흩어지게 하느니 차라리 재물을 흩어서 백성을 모이게 하는 것이 낫지 않겠는가. 요즘 몇 년 동안 거듭된 흉작은 실로 나의 부덕함에서 말미암은 것인데, 지금 만약 가만히 그 죽음을 바라보면서 '나 때문이 아니다. 흉년 때문이다'라고 한다면, 어린아이를 돌보듯 백성을 보호해야 한다는 뜻이 어디에 있겠는가. 내가 밤낮없이 고심하는 것은 실로 수만 포(包)의 곡식을 아껴서가 아니다. 유사(有司)의 신하들은 과연 위를 덜어 아래를 보태 주는 정사에 대해 생각하고 있는지 모르겠다."   - 『일득록』 6

수원(水原)에 행행(幸行)하는데 가는 길이 구불구불하고 멀어 군사와 말이 모두 지쳤다. 이에 다른 편한 길로 바꾸도록 명하자 해당 도신(道臣)이 지도(地圖)를 올렸는데 하교했다. "저 나루를 건너 십수 리(里)가 푸르게 숲을 이루고 있는데 길이 그 가운데서 나온다면 혹 남의 집 분묘(墳墓)를 범하는 것은 아닌가?" "영역(塋域)은 아니라 하더라도 곧 이른바 청룡(靑龍)입니다." "어찌 가까운 길을 취하기 위하여 길을 만들어 남의 집 분산(墳山)의 청룡을 침범하겠는가. 속히 다른 데로 바꾸라."   - 『일득록』 7

신들이 일찍이 연석에서 상을 모시고 있다가 밤 5고(鼓)에 이르렀는데, 밤을 꼬박 새우게 되겠다고 하여 우러러 잠자리에 들도록 청한 자가 있었다. 하교했다. "아침에 전라 감사의 장본(狀本)을 보았는데 제주에서 기근을 알려와 나리포창(羅里浦倉)의 곡식을 배로 실어 보냈다. 섬 백성이 굶주리며 어려운 상황에 처하여 먹여 주기를 기다리고 있는 것은 너무도 불쌍하여 차마 잠시도 잊을 수가 없다. 연해(沿海) 백성으로서 곡식을 꾸려 실어 운반하는 자는 또 무슨 죄인가. 그 푸른 바다에서 배를 저어 가는 노고가 마치 눈 안에 있는 듯하여 자연 눈을 붙일 수가 없다."

"임금이 백성이 아니면 누구와 나라를 다스리겠는가. 그래서 임금은 백성을 하늘로 삼는다고 하는 것이다. 백성은 먹을 것이 아니면 살아 나갈 수가 없다. 그래서 백성은 먹을 것을 하늘로 삼는다고 한다. 진실로 나의 하늘을 두려워하고 백성의 하늘을 중히 여긴다면 백록(百祿: 모든 벼슬아치)을 떠맡고 하늘에 천명(天命)이 영원하기를 비는 것이 실로 이에 기초할 것이다."

경연 신하가, 백성이 상언(上言)하며 격고(擊鼓)하는 것이 근래 매우 외람되고 잡스럽다고 아뢰자 하교했다. "불쌍한 저 고할 데 없는 백성들이 가슴에 깊은 원한을 품고도 스스로 현관(縣官)에게 아뢸 수 없어 분주히 와서 호소하는 것이니, 마치 어린아이가 부모에게 하소연하는 것과 같다. 저들은 실로 죄가 없다. 그렇게 만든 자들이 죄인이다."

"조정이 믿는 바는 민심(民心)인데 민심을 한번 잃으면 수습할 수가 없다. 지금 내가 밤낮없이 노심초사하며 내탕고를 열고 창고를 열어 내놓으면서도 조금도 아까워하지 않는 것은 단지 굶주려 부황 든 자들의 모습이 눈앞에 있는 것 같아서일 뿐만 아니라 이로써 나의 마음을 표시하여 백성의 마음을 견고하게 해서 억만 년 무궁한 기틀을 물려주고자 하는 것이다. 평소 별일이 없을 때 어찌 사람마다 상을 주고 집집마다 지급해 줄 수 있겠는가. 그 빈궁한 때를 틈타서 쉽사리 은덕으로 생각하게 하려는 것일 뿐이다."　　　　　　　– 『일득록』 8

개혁의 중요성

"우리나라 사람의 규모(規模)는 구습(舊習)을 그대로 따르는 데〔因循〕 익숙하고 일상적인 것〔故常〕을 편안히 여겨 부득이 크게 고쳐야 할 부분이 있어도 번번이 저 네 글자에 꺾여 버리곤 한다. 반드시 먼저 이 병통을 극복해야만 일을 해 나갈 수 있을 것이다."　　　– 『일득록』 8

문무 중시

"내가 초계문신(抄啓文臣)을 창설한 후에 또 선전관의 강사(講射: 활쏘기)에 관한 법을 만들어 매번 연말에 획수(畫數: 맞춘 횟수)를 계산하여 논상(論賞)하기를 한결같이 초계문신의 예처럼 하였다. 내 뜻은 문사는 경술(經術)에 익숙하고 무부(武夫)는 도검(韜鈐: 병법)에 익숙하도록 하여 어느 한편만을 홀시한다는 탄식이 없게 하려는 것이었다."　　　– 『일득록』 6

장용영을 엄히 다스림

"장용영(壯勇營)은 곧 숙위(宿衛)를 맡은 금병(禁兵)이다. 내가 만약 너그러이 대한다면 교만하고 멋대로 굴어 제재하기 어려울 것이고, 또 도성에 폐단이 될 것이다. 내가 이를 염려하여 혹 법을 범하는 자가 있으면 조금도 너그러이 용서하지 않고 태(笞)를 칠 만하면 곧 곤장

(棍杖)을 치고 곤장을 칠 만하면 곧 유배시켜 다른 죄보다 갑절 더 무거운 법을 썼다. 이제는 거의 나쁜 행동을 그치고 두려워할 줄 알 것이니, 때때로 위로하고 어루만져 은혜와 위세가 둘 다 행해지도록 할 것이다."
– 『일득록』 7

정사의 부끄러움

"내가 처음에 먹은 마음으로는 삼대(三代)를 뒤따를 수 있겠다 싶었지만 세도(世道)와 인심이 날로 더욱 심해져 나랏일에 제대로 할 만한 것이 없다. 한(漢)나라와 당(唐)나라의 중간 정도 가는 임금에 비유해도 오히려 부끄러워할 만하니, 한밤중까지 생각해 보아도 막막하여 어찌해야 할지를 모르겠다. 애초에 아는 것이 없었다면 오히려 괜찮겠지만 아는 게 있다 보니 번뇌만 늘어날 뿐이다."
– 『일득록』 7

화성을 쌓는 이유는 10년 후에 알 것

"화성(華城)에 성을 쌓는 역사가 어찌 부질없는 일이겠는가. 잘 모르는 사람은 혹 보기에 아름답도록 하려고 한 것인가 의심한다. 그러나 나는 스스로 깊은 의미를 부여하였다. 원침(園寢)을 호위하는 것이 자별해서라고 한다면 열릉(列陵)을 봉안하고 있는 땅에 어찌 다 성지(城池)를 설치할 수 있겠는가. 지금부터 다시 10여 년이 지나면 일세의 의혹을 집집마다 일러 주지 않아도 저절로 깨우칠 것이다. 그래서 우선 근거 없이 하는 말들을 그냥 놓아두는 것이다."
– 『일득록』 9

당파의 폐단 때문에 할 말을 못함

"조정에 불행히도 동서(東西)와 갑을(甲乙)의 색목(色目: 당파)이 있어서, 내가 그들을 보기에는 피차의 구별이 없어도 동(東)에게 말한 것을 서(西)에게는 말할 수 없기도 하고 갑(甲)에게 베푼 것을 을(乙)에게는 베풀 수 없기도 하니, 실로 형세가 부득이한 데서 말미암은 것이다. 그런데 알지 못하는 자는 이따금 내가 임기응변의 술수를 많이 쓴다고 의심하기도 하고, 혹은 의외의 비방을 하기도 하니 가소롭다."
– 『일득록』 10

임금은 사사로운 호오가 없다

"하늘의 도는 특별히 친히 하는 바가 없고 오직 덕이 있는 이를 친히 한다. 임금은 하늘을 본받았기 때문에 오직 덕이 있는 이를 친히 하니, 어찌 사사로운 호오(好惡)를 그 사이에 개입

시키겠는가." – 『일득록』 10

용인술

"나는 평소 일을 처리할 때 스스로 호탕하여 막힘이 없다고 생각하였는데, 남들은 번번이 내
가 뭔가를 숨기고 있다고 의심한다. 심지어 언사(言事)를 맡은 신하들은 혹시라도 나의 잘못
을 말하게 되면 내가 마음속으로 분노를 숨기고서 겉으로만 관대함을 보인다고 여긴다. 그래
서 함부로 나의 마음을 몰래 엿보고 있다가는 무리 지어 들고 일어나 나를 공격하는데, 이러한
풍조가 점차 자라나서 나라가 나라답게 되질 않고 있다. 이는 참으로 내가 스스로 반성해 보
아야 할 바이지만, 또한 내가 신망을 받지 못하는 것이 이 정도인 줄은 예상치 못하였다."

– 『일득록』 10

"우리나라가 본래 좁고 작아 조정의 백관(百官)들을 손바닥 위에서 운용할 수 있으니, 아랫
사람을 다스리는 데 어찌 그 방도가 충분하지 않겠는가. 그런데 어찌 힘들여 작은 술수나 편
벽된 지혜를 쓰겠는가." – 『일득록』 10

무격(巫覡)에 대한 엄격한 금지

형조가 내수사에 소속된 사람이 잡술인(雜術人)을 접치(接置)해 두고 있는 일로 보고하니,
하교했다. "무격(巫覡)은 잡술로 민심을 현혹시켜 세도에 해를 끼치곤 한다. 더구나 정유년
(1777, 정조 1) 역변(逆變)의 전말은 『명의록(明義錄)』에 상세히 실려 있고, 그동안 나라의 금
법(禁法)으로 거듭 엄하게 한 것이 어떠하였는가. 무릇 잡술에 관계된 것이면 민간의 소민
(小民)이라 하더라도 오히려 배척하여 끊기에 여념이 없어야 할 것이다. 그런데 지금 이렇게
내수사의 원역(員役)이 멋대로 금법을 범하였고, 그 사정과 경위를 들으니 더더욱 비통하다.
이러한 부분을 어찌 혹 그냥 소홀히 한 채 지나칠 수 있겠는가." 해조(該曹)에 명하여 엄히 형
장(刑杖)을 쳐서 멀리 유배 보내고, 또 해당 중관(中官)을 죄주도록 하였다. – 『일득록』 7

임금은 휴가도 없다

"매일 아침 전궁(殿宮: 대비전과 혜경궁)에 문안을 마친 후에 신료들을 접견하는 장소가 또한
모두 조금 멀어서 이리저리 왔다 갔다 하니, 제신(諸臣)이 공소(公所)에 나아가는 수고에 못
지않다. 제신은 혹 휴가라도 내지만 나는 일찍이 잠시도 쉬어 보지 못하였다." – 『일득록』 10

중국 황실의 사치를 본받지 말라

연경에서 돌아온 사신이 만수절(萬壽節: 황제 생일)의 결채(結綵: 장식)가 굉장하고 화려했다고 아뢰자 하교했다. "나라를 다스리는 요체는 절약과 검소함〔節儉〕두 글자에서 벗어나지 않는다. … 저 수십 리의 결채에 들어간 바가 어찌 중인(中人) 천만 집의 재산 정도일 뿐이겠는가. 수만의 자금을 허비하여 오직 하루의 볼거리를 만들었으니 경계해야 할 것이지 부러워해서는 안 되는 것이다." ─『일득록』 7

절용

상이 춘당대(春塘臺)에서 관예(觀刈: 국왕이 곡식 베는 것을 관람하는 의식)하였다. 내시로 하여금 벼를 뜰에서 말리게 하였는데, 밭 사이에 떨어진 이삭과 낟알을 하나하나 줍도록 명하고 하교했다. "여름날 밭 갈며 도롱이 입는 고통을 멀리서 생각할 때 어찌 낟알 하나라도 땅에 버려지게 해서야 되겠는가." ─『일득록』 7

형장은 기수로 해야 한다

"기수(奇數)는 양(陽)에 속하고 우수(偶數)는 음(陰)에 속한다. 음은 죽이고 양은 살리는 것이니, 형장의 수 또한 기수로 해야지 우수로 해서는 안 된다. 옥(獄)의 제도에 담장과 문짝을 모두 둥글게 하는 것은 살리는 뜻을 담은 것이다. 장리(長吏)가 된 자들은 항상 이러한 생각을 하고 있어야 한다." ─『일득록』 6

옥사를 다스리는 방도

"옥안(獄案)을 살피는 것은 경서(經書)를 보듯 해야 하니, 경서를 볼 때에는 반드시 의심할 것이 없는 곳에 의심을 한 뒤에야 잘 본 것이 된다. 옥안 또한 이와 같으니, 실인(實因)과 사증(詞證)에 대해 이미 갖추어진 설을 가지고 대략 너그러이 보아 넘겨 곧 판결을 내려 버리면 어찌 억울함이 없을 수 있겠는가. 반드시 참고하여 살피고 상고하여 조사하기를 마치 이른바 구절마다 따지고 글자마다 분석한다고 하는 것처럼 하여 반드시 죽게 된 가운데서 살릴 만한 단서를 찾아야 하니, 그런 뒤에야 살릴 수 있는 자는 살리고 죽는 자 또한 원통함이 없을 수 있다. 그래서 내가 옥안을 볼 때마다 자세히 거듭 살펴보기를 싫어하지 않아 조금이라도 소홀함이 없도록 하는 것이니, 실로 경서를 보는 것에서부터 미루어 터득한 것이다."

각 도의 심리(審理) 문안(文案) 백여 통이 어안(御案)에 수북이 쌓여 있는데, 한여름에 친히 살펴보느라 어삼(御衫)에 땀이 배었다. 신하들이 무더위에 과로하면 몸을 보호하는 데 방해가 되리라는 뜻으로 아뢰자 하교했다. "이는 백성의 생명에 관계되는 것이다. 터럭만 한 것 하나라도 그냥 지나치면 살아야 할 자가 혹 억울하게 죽고 죽어야 할 자가 혹 살게 되니, 어찌 크게 두려워할 일이 아니겠는가. 감옥의 죄수들이 형틀에 매여 호소하는 모습을 상상하면 마음에 근심스럽다. 그래서 이와 같이 심한 무더위 때라 해도 몸소 파헤쳐 점검해 보지 않을 수 없으니, 피곤한 줄 모르겠다."

옥사를 다스릴 때는 관대하게 용서하는 쪽으로 힘써서 이미 죄상을 자백했더라도 의심할 만한 점이 있으면 대부분 용서하여 풀어 주었다. 여러 신하들이 쟁집(爭執)하니 하교했다. "옛사람이 이르기를, '형구(刑具) 아래에서 무엇을 구한들 얻지 못하겠는가' 하였다. 저들이 비록 죄상을 자백했더라도 실정에 혹 의심할 만한 점이 있는 자는 가볍게 처리하는 등급으로 붙여도 아울러 살리는 덕에 해가 되지 않을 것이다. 옥사를 다스리는 방도에서는 결코 뜻을 선뜻 결정해서는 안 된다." — 『일득록』 6

"옛날에 우(禹) 임금은 수레에서 내려 죄인을 보고 흐느꼈다. 저들도 사람인데 어찌 천성적으로 선을 좋아하는 마음이 없겠는가. 다만 평소 교화시킴이 없었고 잘 인도하지 못하였기 때문에 점차 그 천진(天眞)함을 잃어 깨닫지 못하는 가운데 스스로 중죄에 빠진 것이다. 왕법(王法)이 지극히 엄하여 그에 상당하는 법률로 결단하지 않을 수 없더라도 성인의 측은히 여기고 불쌍히 여기는 마음을 그 가운데에 시행하지 않은 적이 없었다. 한겨울이나 무더운 여름철만 되면 반드시 죄인을 돌보아 주라는 명을 내리고 추우면 솜옷을 만들어 주고 더우면 그 감옥을 청소해 주고 그 묶은 포승을 씻어 주었으니, 이 또한 죄인을 보고 흐느꼈던 뜻이다." — 『일득록』 9

임금은 함부로 웃고 찡그리지 말아야

"임금이 된 자는 찡그리고 웃는 즈음에 기쁨과 노여움이 나뉘며, 기쁨과 노여움이 나뉘는 데서 형벌과 포상이 비롯된다. 한 번 찡그리는 것을 아끼지 않아서 그 폐단으로 형정(刑政)이 마땅함을 잃고, 한 번 웃는 것을 아끼지 않아 결국에는 작상(爵賞)이 너무 넘치게 된다. 이것을 유추하여 확대해 가면 한 나라의 치란(治亂)과 관계가 된다. 찡그리고 웃는 것도 오히려 이러한데, 더구나 형벌과 포상이야 말할 것이 있겠는가." — 『일득록』 7

수령 선출

"일로(一路)가 즐거워 노래 부르고 괴로워 곡하는 것의 관건이 수령에 달려 있다는 것에 대하여 옛사람이 말한 바 있는데, 한 고을의 적임자를 얻지 못하면 뭇 백성이 문득 그 해를 입게 된다. 내가 백성의 부모가 되어 어찌 백성들을 불편하게 해서야 되겠는가. 내가 정망(政望)을 볼 때마다 그 가부(可否)를 물어보는데도 점을 찍을 즈음에는 붓을 여러 번 멈추지 않을 수 없다."   -『일득록』6

"수령이 하직 인사를 할 적마다 반드시 불러 만나 보고 떠나보내는 것은 백성을 위하는 일념에서 비롯되었으니, 소홀히 할 수가 없어 그러는 것이다. 간혹 주대(奏對)할 적에 실수를 하였다 하여 파직하고 나문(拿問)할 것을 청하는 자가 있는데, 나는 매우 잘못되었다고 여긴다. 사람을 살피는 방법에 있어 언어와 동작의 민첩함과 노둔함을 가지고 그 정사(政事)의 능력을 단정해서는 안 된다. 내가 일찍이 사람들에게서 이를 경험한 적이 많다."   -『일득록』10

새로 제수한 수령(守令)들이 하직 인사를 올리려 하니, 입시하도록 명하였다. 칠사(七事)를 물었는데 어떤 사람이 조목조목 대답하지 못하자 하교했다. "말만 막힘없이 잘한다 하여 반드시 잘 다스리는 것은 아니다. 그대가 마음을 다해 백성을 사랑하여 말할 때보다 낫게 해 나갈 수 있으면 될 것이다."   -『일득록』7

고을 합병 반대 이유

경연 신하가 일찍이 쇠잔한 고을을 합병하자고 말하자 하교했다. "나 또한 어찌 이러한 생각이 없겠는가. 다만 한 가지 매우 어려운 일이 있다. 문관(文官), 음관(蔭官), 무관(武官)으로 벼슬살이하는 자가 몇 천 명인지 알 수 없으니 360개의 고을에 돌아가면서 차임하여 보내도 항상 적체가 우려된다. 그런데 지금 만약 합병한다면 벼슬자리가 더욱 좁아질 것이다. 예전에 10년 적체되었던 것이 장차 20년이 될 것이고 20년 동안 적체되었던 것이 장차 3, 40년이 될 것이다. 이와 같이 된다면 빈자리 하나만 나도 온 세상이 이를 얻기 위하여 이리저리 쫓아다닐 것이고, 혹 차임된 자라 하더라도 앞으로 다시 얻기 어려울 것이라 염려하여 반드시 생각을 다 짜내어 탐욕과 부정을 저지를 것이다. 이는 침착하고 욕심 없는 자로 하여금 도리어 조급한 자가 되도록 하고, 법에 따라 잘 다스리는 관리로 하여금 변하여 탐욕스러운 관리가 되게 하는 것이다. 그러니 합병의 효과가 어디에 있겠는가."   -『일득록』7

어사 선발의 어려움

"수령관을 염찰(廉察)하는 방도는 어사(御史)에게 달려 있는데, 근래 어사들이 염찰을 하지 못할 뿐만 아니라 도리어 웃음거리가 되는 경우가 많다. 그래서 자주 보내지 못하는 것이다. 어떻게 하면 청렴하고 밝은 어진 관리를 많이 얻어 주군(州郡)마다 내보낼 수 있겠는가."

- 『일득록』 7

척리를 멀리하다

"예로부터 임금과 가까이 지내는 자로는 곧 척리와 환관을 일컫는다. 그러나 나는 본래 이러한 무리들을 좋아하지 않아 오직 아침저녁으로 좌우에 있는 자는 한두 명의 학사 대부(學士大夫) 뿐이다."

- 『일득록』 8

"나는 춘저(春邸) 때부터 척리의 무리를 너그러이 용서해 준 적이 없었다. 김(金: 정순왕후 집안)과 홍(洪: 혜경궁 집안) 두 집안은 처지가 어떠한가. 그런데도 실로 범하는 바가 있으면 한 번도 법을 굽힌 적이 없었다. 이는 우러러 자전(慈殿)과 자궁(慈宮)의 사사로움이 없는 훌륭한 덕을 믿었던 것인데, 또한 척리를 온전히 보전해 주는 방도이기도 하였다." - 『일득록』 9

● 왕의 학문

제왕의 학문

"제왕가(帝王家)에서 어찌 문장을 추구하겠는가. 실질적인 공적(功績)과 실질적인 덕(德)에 힘쓸 뿐이다. 내가 젊었을 적에 문사(文辭)를 좋아했었는데, 지금은 매우 후회스럽다."

"내가 처음에는 문장가가 되려는 생각을 가졌었고, 또 경학(經學)에 종사하였으며, 단정한 자세로 공손히 절하고 절도에 맞추어 걷는 등의 예절에도 힘을 쏟았는데, 지금 와서 생각해 보면 심신(心身)에 큰 도움이 되었다는 생각이 들지 않는다. 또 제왕(帝王)의 학문은 일반 선비들과는 달라서 본래 이보다 더 중요한 것이 있다. 심성(心性)론과 이기(理氣)론이라 하더라도 오히려 세밀히 분석하고 파고들 필요가 없는데, 더구나 사장(詞章)과 술작(述作)에 어찌 내 시간을 낭비하겠는가."

- 『일득록』 2

군주의 학문

"옛사람이 이르기를, '잡념을 끊고 엄숙하게 지내는 시간을 많이 갖고 동요되고 혼란스럽게 지내는 시간을 적게 가지라'고 했는데 군주의 학문은 일반 서민보다 더욱 어렵다. 국가의 정무가 매우 번다하고 수많은 백성들의 일로 날마다 혼란스러운 마당에 앉아 있으니 만일 마음까지 따라서 동요되고 혼란스러워진다면 잡념을 끊고 엄숙한 마음을 지니기가 어려울 것이다. 바로 그 점이 체험하고 살펴서 공부해야 할 부분이다."   – 『일득록』 1

외워 잊지 않는 구절

"장횡거(張橫渠)의 말 중에 '한 자를 얻으면 한 자를 지키고, 한 치를 얻으면 한 치를 지킨다〔得尺守尺 得寸守寸〕'는 여덟 자를 나는 늘 잊지 않고 외운다."

"'언제나 남을 해치고자 함이 없는 마음을 확충한다〔常充無欲害人心〕'는 이 일곱 글자를 항상 잊지 않는다."   – 『일득록』 1

"'성인(聖人)은 일정한 마음이 없고 백성의 마음으로 마음을 삼는다는 것'을 내가 평생토록 가슴에 새기고 있다. 그래서 벽에 새로 도배를 하게 되면 문득 이 말을 써서 좌우명(座右銘)을 대신하고 있다."   – 『일득록』 7

경전에 대해

"나는 경전(經典)에 대해 말하기를 고기만큼이나 좋아한다. 『노론하전(魯論夏箋)』 자서(自序)에 '성인의 천만 마디 말씀은 그 요지가 충서(忠恕)라는 두 글자에서 벗어나지 않는다' 하였다."   – 『일득록』 4

나는 항상 학문한다

"동이 틀 무렵에 일어나 세수하고 의관을 정제하고 책상에 앉아서 책을 펼쳐 과정(課程)을 마친 다음 경외(京外)의 계독(啓牘: 보고서 등)을 가져다가 처음부터 상세히 읽고 나서 비답(批答)을 입으로 불러 주거나 직접 쓰며, 또 틈틈이 활을 쏘아 덕(德)을 보고 책을 읽어 뜻에 맞도록 하니, 한가한 시간에도 학문을 하는 것이고 바쁜 시간에도 학문을 하는 것이다."

                                    – 『일득록』 4

시간에 쫓겨 아쉬운 독서

"나는 해마다 한 질의 책을 읽는 것을 한 번도 빠뜨린 적이 없었다. 올해는 새로 인쇄한 경서를 읽었는데, 그 자본(字本)이 선명한 것이 마음에 들어서 처음에는 두고두고 읽고자 하였으나, 기무(機務: 정사)에 쫓겨 겨우 『상서(尙書)』만 마치고 다른 경서는 보지 못했으며, 그저 『팔자백선』을 현토(懸吐)대로 음독(音讀)했을 뿐이다. 매번 '삼동(三冬)'에 읽은 문사(文史)만으로도 일상생활에 충분히 쓸 수 있다'고 한 옛사람의 말을 생각하면 크게 아쉬움을 느끼게 된다."

－『일득록』3

나는 취미가 없다

"나는 음악이나 여색(女色), 사냥 등은 좋아하는 것이 없고, 즐거워할 만한 인간사로는 국정을 하는 여가에 두세 문사(文士)와 경(經)을 이야기하고 시(詩)를 말하며, 옛일을 토론하고 지금의 일을 증험하여 심신을 유익하게 하는 것에 불과하다."

－『일득록』1

"나는 쌍륙(雙六)이나 바둑 등 잡기(雜技)는 어느 것도 좋아하지 않는다. 이 역시 성품의 치우친 점이라 하겠으나, 학문에 이만큼이나마 소략하고 지리멸렬하지 않은 것은 뜻을 여러 갈래로 나누어 쓰지 않은 데 힘입은 바가 많다."

－『일득록』3

의학지식

"요사이 세속의 사대부들은 의서(醫書)를 읽지 않아서 병원(病源)의 허실(虛實)과 약성(藥性)의 온량(溫涼)을 전혀 알지 못한다. 나는 시탕(侍湯: 영조의 병간호)을 통해서 그 대개(大槪)를 조금은 알게 되었는데, 학문의 공부와 비교해 보아도 별로 다를 것이 없다. 장개빈(張介賓)의 『경악전서(景岳全書)』는 집대성한 책으로, 진찰(診察)과 경험(經驗)의 처방이 여기에서 벗어나지 않는다. 『소문(素問)』은 『논어(論語)』와 같고, 『입문(入門)』은 『대학(大學)』과 같고, 『본초(本草)』는 『시전(詩傳)』과 같다."

－『일득록』2

효도하는 방법

귀신(鬼神)의 도(道)에 대해 논할 때에 하교했다. "천지 사이에는 한 가지 이치가 있을 뿐이다. 사람과 귀신에게 애당초 두 가지 이치가 없으니, 사람을 섬길 줄 알면 귀신 섬기는 도를 알 수 있다. 귀신만이 그러한 것이 아니다. 하늘을 섬기는 것은 부모를 섬기는 것과 같으니,

살아 계실 때는 정성을 다하고 돌아가신 후에는 예를 다하는 것은 효자가 어버이를 섬기는 방법이고, 두려워하고 삼가는 자세로 상제(上帝)를 공경하고 두려워하는 것은 성인(聖人)이 하늘을 섬기는 방법이다. 어버이 섬기는 도리를 다하는 자는 하늘 섬기는 방법을 알 수 있다."

- 『일득록』 2

친구가 중요하다

오륜(伍倫)의 차서(次序)를 논할 때에 붕우(朋友)가 군신(君臣)이나 부자(父子)보다 가볍다고 하는 연신이 있자 하교했다. "하늘이 정해 놓은 대륜(大倫)에 어찌 경중이 있겠는가. 붕우가 비록 오륜의 끝에 놓여 있지만, 임금을 섬기고 어버이를 섬기는 방법을 붕우에게 힘입는 경우가 많다. 이것은 오행(伍行)이 토(土)가 아니면 이루어지지 못하고 오상(伍常)이 신(信)이 아니면 확립되지 못하는 것과 같은 이치이다. 지금 사람들은 붕우 간의 도리가 중하다는 것을 모르기 때문에 습속이 옛날만 못한 것이다."

- 『일득록』 3

● 과거와 초계문신

초계문신 수준 비판

"초계문신(抄啓文臣)을 권면하기 위해서 보이는 경서 시험이 이런 수준이리라고는 생각하지 않았다. 저들은 모두 경학에 깊이 통달한 선비이나, 다만 근래에 연소한 문신들이 공령 문자(功令文字)만 대충 익혀 과거에 합격만 하고 나면 책을 묶어서 시렁에 올려놓고 육경(六經)을 읽지 않아 무슨 말인지조차 모르는 지경이기 때문에 면전(面前)의 알기 쉬운 글 뜻을 대충 익히게 하려는 것일 뿐이었다. 그런데 이들이 이렇게 지극히 쉬운 일까지도 제대로 하지 못하니, 생각하면 걱정스러울 뿐이다."

- 『일득록』 3

시험관의 자질 비판

"인재도 점차 예전만 못해지고 있지만 근래에 선발을 담당한 사람의 감식력은 더욱 옛사람에 미치지 못한다. 내각(內閣)에서 의례적으로 베껴 아뢰는 과작(科作)을 더러 가져다 보면, 중(中)이나 하(下)에 해당될 형편없는 작품들이 모두 높은 등수를 차지하였으니, 이것이 어찌 모두 선비들의 죄이겠는가. 또한 유사(有司)의 잘못이다. 후세 사람으로 하여금 그 시(詩)와 부(賦)를 외우며 그 시대를 살펴 논하게 한다면 어떻다고 하겠는가." ─『일득록』5

과제 내기의 어려움

"공령(功令)이나 응제(應製) 문자는 짓는 자의 능력 여부에 달려 있는 것이지만, 또한 글제가 좋은가 좋지 않은가에 영향을 받는 바가 없지 않다. 그 때문에 내가 절제(節製)나 반시(泮試)를 치를 때에 제목이 될 만한 글귀를 찾기 위해 하루 또는 이틀의 시간을 들이곤 하는데, 경들 중 일찍이 대사성(大司成)을 지낸 사람들도 과연 이렇게 하는지 모르겠다." ─『일득록』3

칭찬하는 글은 취하지 않는다

영화당(暎花堂)에 친림(親臨)하여 태학(太學)의 제생(諸生)을 시험 보였다. 시권(試券) 가운데 더러 (임금을) 칭송하고 찬미하는 구절이 있었다. 하교하기를, "과장(科場)의 문자 가운데 이와 같은 종류의 넘치는 말은 내가 취하지 않는다. 따라서 고등(高等)에 둘 수 없다"하고, 하고(下考)에 두도록 명하였다. ─『일득록』6

● 천주교와 패관소품에 대해

사학을 없애려면 소품부터 없애야

"내가 일찍이 소품(小品)의 해는 사학(邪學)보다 심하다고 말했었는데, 사람들이 정말 그렇다는 것을 모르더니 지난번과 같은 일이 생기고야 말았다. 사학은 물리칠 수도 있고 벌을 줄 수도 있으므로 사람들이 쉽게 볼 수 있지만, 이른바 소품이라는 것은 애당초 문묵 필연(文墨筆硯) 사이의 일에 지나지 않는다. 나이 젊고 식견이 얕으면서 대단찮은 재주를 가진 자들이 평범한 것을 싫어하고 새로운 것을 좋아하여 앞 다투어 모방하다가, 차츰차츰 음란한 음악이나 부정(不正)한 여색이 사람의 심술(心術)을 고혹시키는 것처럼 되어, 그 폐단이 성인을 비난하고 떳떳한 도리를 어기고 인륜을 무시하고 의리에 위배되는 데 이르고야 만다. 더구나 소품이란 것은 바로 명물(名物)을 고증(考證)하는 학문으로, 한 번 변하여 사학으로 들어가게 된다. 그 때문에 나는 사학을 없애려면 먼저 소품부터 없애야 한다고 말하는 것이다."

-『일득록』4

중국 서적 수입을 금지한 이유

"어떤 사람이 말하기를, '연경(燕京)의 서점에서 책을 사 오는 일을 금한 것은 사람의 심술(心術)을 해치는 패관 소설(稗官小說) 따위 때문이었으니, 치교(治敎)에 보탬이 되는 경전(經傳)이나 자사(子史)를 함께 금해서는 안 될 것입니다'라고 하는데, 내 생각은 그렇지가 않다. 우리나라에 어찌 일찍이 경전의 판각(板刻)이 없었던가. 다만 권질(卷帙)이 질박하고 커서 누워서 보기에 불편하기 때문에 근래에 서책을 소장하는 사람들이 반드시 중국본을 구해 오고, 심지어 수진판(袖珍板)과 누워서 책을 보는 상(床)까지 있는 실정이니, 이 한 가지 일은 바로 경서(經書)를 모독하는 행동이다. 경서를 모독하면 그 폐단이 필시 이단(異端)의 곡학(曲學)으로 들어가게 될 것이니, 금하지 않으려 한들 되겠는가."

-『일득록』5

조황후전

"한(漢)나라의 문장(文章)을 말할 때면 세상에서는 반드시 반고(班固:『한서』의 저자)와 사마천(司馬遷:『사기』의 저자)을 대등하게 꼽는다. 그러나 문장은 응당 학식을 위주로 해야 한다. 『한서(漢書)』 중에서 조황후전(趙皇后傳) 같은 글은 차마 바로 보기가 어렵다. 무식하고 무례(無禮)하기가 이와 같은데 어찌 사마천과 함께 나열할 수 있겠는가. 이것이 『사기영선(史記英選)』을 간행할 때 『한서』의 한 편을 취하지 않은 이유이다."

-『일득록』4

명·청 시대의 문집 비판

"명·청 이후의 문장은 괴벽하고 까다로워 나는 보고 싶지 않은데, 지금 사람들이 명·청의 문집 보기를 좋아하니 무슨 맛으로 보는지 모르겠다. 어쩌면 맛이 있는데 내가 맛을 모르는지도 모르겠다. 양명(陽明: 왕양명)은 학술이 비록 틀리긴 하였지만 문장은 매우 좋다. 모기령(毛奇齡)은 의논(議論)이 어긋나고 거리낌이 없었지만 고증이 넓고 충분하여 종종 사람 때문에 말을 버려서는 안 되는 점이 있다. 이런 점은 취할 만하다. 우리나라의 문집으로 선유(先儒)의 대가(大家) 외에 근세의 농암(農巖: 김창협)·삼연(三淵: 김창흡)·식암(息菴: 김석주)

은 상당히 볼만하고 그 나머지는 잘 모르겠다." - 『일득록』1

주희의 말을 인용하여 사대부 풍속 비판

"주 부자(朱夫子: 주자)가 호대시(胡大時)에게 답한 편지에 '한 종류의 책도 끝까지 파고들지 못하고 한 가지의 일도 끝까지 이루지 못하면서 이쪽에서 몇 구절을 따오고 저쪽에서 몇 구절을 따오는 작태를 뜻 있는 선비는 경계하지 않아서는 안 된다'고 했는데, 요즈음 사람들에게 바로 이런 병통이 있다. 거칠고 경솔하여 정밀하고 상세한 것을 견뎌 내지 못하고, 소홀하고 데면데면하여 빈틈없이 할 생각을 하지 않으니, 이러고서야 무슨 일인들 해낼 수 있겠는가." - 『일득록』3

패관문학 비판

"나는 본래 성색(聲色)을 좋아하지 않아, 정사를 하는 여가에 시간을 보내는 것은 오직 서적 뿐이다. 그러나 패관(稗官)의 속된 글들은 어릴 때부터 지금까지 한 번도 본 적이 없다. 이들 문자는 실용(實用)에 무익할 뿐 아니라 마음을 방탕하게 하니, 그 말류의 폐해를 이루 말할 수 없다. 세상에 실학(實學)에 힘쓰지 않고 방외(方外)의 학문에 힘쓰는 자들을 나는 매우 애석하게 여긴다." - 『일득록』1

삼국지도 읽지 않았다

상이 일찍이 편찮으셨을 때에 어떤 연신(筵臣)이 소설(小說)을 읽으며 소일하기를 청하자 하교했다. "나는 평생 이런 책을 대하지 않았기 때문에 이른바 어록(語錄)이라는 것을 보아도 알지 못하고, 혹 안다고 하더라도 맛을 느끼지 못하여 도리어 졸음이 오곤 한다. 그러므로 비교적 사기(史記)에 가깝다고 할 수 있는 『삼국지(三國志)』도 아직 본 적이 없다." - 『일득록』2

문장 비판

"지금 사람들은 전혀 고문(古文)의 체재를 모르고 명·청 시대 제가들의 까다롭고 궤탄한 점을 보고 괴상한 문체를 배워 와서는 '나는 당(唐)을 배웠다' '나는 송(宋)을 배웠다' '나는 선진(先秦)과 양한(兩漢)을 배웠다'고 서로 자랑하니, 이는 한바탕의 잠꼬대이다. 어떻게 정

통 고문과 함께 거론할 수 있겠는가. … 문장의 법도는 육경(六經)에 근본하여 그 강령(綱
領)을 세우고 거기다 제자(諸子)로써 날개를 달아 그 지취(旨趣)를 다하고, 의리(義理)로써
물을 주어 꽃을 피워서, 위로는 국가의 성대함을 알리고 아래로는 후세에 전범(典範)을 전하
는 것이 바로 작가(作家)의 종지(宗旨)이다. 근래의 고문을 배우는 자가 이러한 묘리를 알지
못하고 부질없이 구구한 자구(字句)만으로 그대로 흉내만 내려고 하니, 안목을 갖춘 자의
웃음거리가 되지 않을 수 있겠는가." — 『일득록』 1

이덕무, 박제가 등용 이유
"이덕무(李德懋), 박제가(朴齊家) 무리는 문체가 전적으로 패관(稗官)과 소품(小品)에서
나왔다. 이들을 내각(內閣)에 두었다고 해서 내가 그 문장을 좋아하는 줄로 아는데, 이들의
처지가 남들과 다르기 때문에 이로써 스스로 드러내도록 하려는 것일 뿐이다." — 『일득록』 5

천주교를 다스리는 방법
"요사이 서양의 사학(邪學)이 점차 치성해지는 것에 대해 공격하고 배척하는 사람이 많은데,
이 또한 근본을 다스리는 방법을 모르는 것이니, 비유컨대 사람의 원기(元氣)가 왕성하면 병
균이 바깥에서 침범하지 못하는 것이다. 진실로 정학(正學: 성리학)을 제대로 밝혀서 사람들이
모두 '이것은 매우 좋아할 만한 것이고 저것은 사모하여 흉내 낼 만한 것이 못 된다'는 사실을
알게 한다면, 비록 사학으로 돌아가게 하더라도 절대로 하지 않을 것이다. 지금 상황에서 할
수 있는 제일 좋은 방도는, 여러 사대부들이 각자 자기 자제에게 주의를 주어서 경전을 많이
읽어 그 속에 침잠하고 바깥으로 치달리지 않게 하는 것이다. 이렇게 한다면 이른바 사학이라
는 것이 공격하거나 배척하지 않아도 저절로 없어질 것이다." — 『일득록』 4

천주교에 관대한 이유
"사학에 현혹된 부류를 너무 느슨하게 다스린다고 말하는 사람이 있는데, 이는 그렇지 않다.
사학에 현혹된 자는 술에 취한 사람과 같으므로 깨어나면 보통 사람으로 돌아가는 데 아무
문제가 없는 것이다. 만약 그가 취하였을 때 지레 법률을 사용하여 뉘우치는 길을 열어 주지
않는다면 이는 이른바 망민(罔民: 백성을 그물로 잡는 것)이니, 내 어찌 그렇게 하겠는가."
— 『일득록』 2

문장론

"문장(文章)은 굳이 억지로 꾸미려고 할 것이 아니다. 무늬〔文〕란 바탕〔質〕에서 생기는 것이므로 호랑이나 표범의 무늬가 개나 양보다 화려할 수밖에 없고, 금이나 옥의 무늬가 기와나 돌보다 빛날 수밖에 없다. 이것이 어찌 지력(智力)으로 억지로 구할 수 있는 것이겠는가."

- 『일득록』 1

● 성리학 외에 다른 학문 · 종교도 포용하다

유불노 모두 인정

"유가(儒家), 불가(佛家), 노자(老子)를 세상에서 삼교(三敎)라고 칭한다. 유자(儒者)는 불가나 노자를 허여하지 않지만, 그 조예(造詣)의 깊은 곳을 논한다면 모두가 최고의 경지이다."

"유가(儒家), 불가(佛家), 노자(老子)가 삼교(三敎)인데, 삼교의 가르침은 모두 풍속을 교화하고 세상 사람들을 면려하는 것을 궁극적인 공효(功效)로 삼는다."　　　- 『일득록』 3

유교와 불교가 비슷하다

"불씨(佛氏)의 이른바 '유물(有物)은 천지에 앞서며 무형(無形)은 고요〔寂廖〕에 근본한다'고 한 것은 바로 우리 유가의 이른바 무극(無極)이며, '능히 만상(萬象)의 주인이 되어 사시(四時)에 조락(凋落)하지 않는다'고 한 것은 바로 우리 유가의 이른바 태극(太極)이다."

"불씨(佛氏)가 '생명이 있어 움직이는 것은 모두 불성(佛性)이 있다'고 하였는데, 우리 유가에서 '인간과 사물은 각기 오성(伍性)을 갖추고 있다'고 한 말과 같은 뜻이다. 그러나 다만 불씨는 영각(靈覺)을 성(性)으로 삼고, 우리 유가에서는 실리(實理)를 성으로 삼는다. 이것이 다른 점이다."

- 『일득록』 1

불교 인정

"우리 유학(儒學)의 심학(心學: 육구연 · 왕수인 계열의 유학)은 불씨(佛氏)의 성학 공부(性學工夫)와 매우 비슷한 것으로, 사(邪)와 정(正)의 나뉨이 털끝만 한 소홀함에서 일어나니, 유학을 공부하는 자는 불교의 이치를 몰라서는 안 된다."

"노불(老佛)을 이단(異端)이라고 하는 것은 바로 말류(末流)의 폐단을 가리키는 것이지 그 시원(始源)을 말하는 것이 아니다. 예컨대 '만법이 하나로 귀결된다[萬法歸一]'는 것은 불교나 유가(儒家)가 애당초 다르지 않았는데 불씨가 '일귀하처(一歸何處)'라는 네 글자를 덧붙여 놓은 따위가 이것이다."　　　　　　　　　　　　　　　　　　　　－『일득록』 3

노자의 학문

"노씨(老氏)의 학문은 명실(名實)을 깊이 따지고 공리(功利)에 절실한 것으로서 애당초 세상을 버리고 신선이 되겠다는 말이 없다. 그런데 단학가(丹學家)에서 선도(仙道)의 원조로 삼고 있으니, 끝내 알 수 없는 일이다."　　　　　　　　　　　　　　　－『일득록』 3

● 경전에 대해서

성인들의 글을 읽는 법

"성인의 말씀은 굳이 전편(全篇)을 다 보아야만 좋은 것이 아니고 구절구절 깊은 맛이 들어 있으니, 일생을 통해서 다 쓰지 못하고 다 배우지 못할 것이 매우 많다."　　　－『일득록』 2

주역에 대해

"『시경(詩經)』, 『서경(書經)』, 『논어』, 『맹자』, 『대학』, 『중용』은 이해하기 어려운 곳이 많아도 손을 대어 더듬어 잡아 볼 수가 있지만, 『주역(周易)』만은 수천 년의 세월을 통해 수백 명의 학자가 주석을 내었어도 여전히 오지항아리의 주둥이를 진흙으로 단단히 봉해 놓은 채 열어 보지 않은 것과 같아서 무엇이 담겨 있는지 알지 못한다."　　　　　　　　－『일득록』 2

"『주역』에, '안을 바르게 하고 밖을 올곧게 한다[直內方外]'고 하였는데, 이는 바로 성학(聖學)의 제일가는 핵심이다. 성인이 사람을 가르침에 있어서 수많은 말씀을 하였지마는 이 한 구절보다 나은 말은 없다."　　　　　　　　　　　　　　　　　－『일득록』 1

"선천(先天)의 설을 밝힐 수 있겠는가. 복희가 그은 괘(卦)가 이것이다. 후천도(後天圖)는 모두 선천의 괘로부터 나온 것이니, 후천도로부터 미루어 가면 선천도를 알 수 있고, 선천에 대해 알 수 있다면 후천도가 그 가운데 있다. 복희가 그은 괘가 있고 나서야 문왕이 부연한 해석이 있게 된다. 후세 유자(儒者)들의 이러쿵저러쿵하는 학설은 꿈을 설명하는 것과 같으니, 배우는 자들이 홀로 깨닫기를 어떻게 하느냐에 달려 있다."　　　　　　－『일득록』 4

조선 학자들의 소루함 비판

"서계(西溪) 박세당(朴世堂)의 글은 볼만한 것이 많아서 『사변록(思辨錄)』 가운데 '상인호불문마(傷人乎不問馬 : 사람이 상했는가만 묻고 말은 묻지 않았다)'에 대한 해석은 상당히 새로운 논지가 있다. 그러나 이 설은 이미 『패해(稗海)』에 실려 있는 것으로 서계의 독창적인 말이 아니다. 농암(農巖) 김창협(金昌協) 같은 경술가도 서계의 독창적인 설이라고 하였으니, 우리나라 사람들의 소루(疏漏)함이 대체로 이러한 정도이다."　　　　　　－『일득록』 1

"'상인호불문마(傷人乎不問馬)'는 '사람이 다치지는 않았는가?〔傷人乎不〕'로 구를 삼으면 그 설이 매우 잘 통한다. 『논어집주(論語集註)』에 '사람을 귀하게 여기고 가축을 천하게 여기는 것은 도리상 마땅히 이러해야 하는 것이다'라고 하였는데, 먼저 묻느냐 나중에 묻느냐에 따라서 귀천이 나누어진다면, 사람을 먼저 묻고 말을 나중에 묻는 것으로 보는 것은 큰 죄안(罪案)이 되지 않을 듯하다. 우리나라에서는 이렇게 말하는 학자가 있으면 온 세상이 시끄럽게 공격해 대는데, 그렇게 해석하는 것은 우리나라 학자의 독창적인 주장이 아니고 예로부터 그렇게 본 사람이 많았으니, 대개 우리나라 사람들의 안목이 작고 읽은 책이 많지 않아서 그런 것일 뿐이다."　　　　　　－『일득록』 3

장자의 소요유가 좋다

"제자(諸子)의 문장 중에서는 『장자(莊子)』가 가장 훌륭하다. 내가 어려서 이 책을 꽤 여러 번 읽었는데, 책을 보다가 답답한 기분이 들 때마다 소요유편(逍遙遊篇)을 펴서 한 번 읽고 나면 가슴속이 상쾌해져서 한 점의 연기나 먼지도 남아 있지 않음을 알 수 있었다."　　　　　　－『일득록』 2

『논어』에 대해

"『논어』는 공문(孔門) 제자들이 공자(孔子)의 언행(言行)을 기록한 책이므로 모두 한 사람의 손에서 나오지는 않았다. 그렇지만 순금과 좋은 옥처럼 인위적인 흔적이 없어 마침내 만세

(萬世) 학자들의 법식이 되었으니, 여러 제자들의 학업이 성인에게서 그다지 멀리 떨어져 있
지 않았다는 것을 이를 통해서 알 수 있다." — 『일득록』 3

『맹자』에 대해

"『맹자』 중에서 가장 난해한 곳으로 모두 호연장(浩然章)을 일컫는데, 호연장은 문세(文勢)
가 순한 문자로서 첫머리부터 끝까지 생동감이 넘쳐흐르니, 읽는 사람도 반드시 정신을 집
중시켜서 힘을 붙여 익숙하게 읽어야 한다. 이렇게 해서 먼저 한 가닥의 직로(直路)를 열어서
똑똑하게 기억한다면 필경에는 천 갈래 만 갈래 길이 저절로 환히 보일 것이다. 그런데 읽는
사람들이 매번 그 문세가 광대하고 어투가 거침없는 것을 보고서 지레 기가 질리고 혼이 나가
버리기 때문에 찾아 들어가는 길을 점차 잃어서 발을 내딛지 못하는 것이다." — 『일득록』 2

『소학』에 대해

"『소학』 하나만 가지면 수신제가치국평천하를 이루고도 남을 것이다." — 『일득록』 3
"옛사람 중에는 나이 70에 '소학동자(小學童子)'로 자칭(自稱)한 사람이 있었으니, 이 점이
바로 그가 대인(大人)이 되는 까닭일 것이다." — 『일득록』 5
"『소학』은 사람의 모양을 만드는 책으로서 육경(六經)과 표리(表裏) 관계에 있는데, 근세의
사대부들이 대부분 익숙히 읽지 않고 있으니 매우 개탄스럽다."
"내가 공부한 책들 중에서 『소학』보다 더 정밀하게 읽은 책은 없다. 어려서부터 날마다 분량
을 정해 놓고 읽은 것이 몇 백 번이나 되는지 모르기 때문에 지금 비록 어두운 곳에 앉아서 생
각하더라도 입에 익숙하고 마음으로 통한다. 그런 만큼 심신(心身)의 수습과 정법(政法)의
시행이 비록 하나하나 다 제대로 되고 있다고 자부하지는 못하더라도, 평소에 수용(需用)하
는 것이 여기에 도움받은 바가 많았다. 이 책의 내용은 아이들이 익히는 공부이지만 대인(大
人)의 도(道) 또한 갖추어져 있다. … 여러 책들 중에서도 『소학』 한 책은 특히 일찍 공부하
는 것이 중요하다." — 『일득록』 4
"『대학』과 『소학』은 하나의 일이다. 주자의 문인이 『소학』을 일에 해당시키고 『대학』을 이치
에 해당시키자, 선생(주자)이 『소학』에서 어버이를 섬기고 어른을 섬기는 것을 배워 기본이 깊
고 두터워지면 『대학』에 이르러서는 약간의 윤색과 빛만 내면 되는 것이다'라고 가르쳤다. 학
자가 마땅히 이 말을 자세하게 음미해 보면 스스로 쉽게 알 수 있을 것이다." — 『일득록』 1

『대학』에 대해

"『대학』은 바로 육경(六經)의 핵심이자 성학(聖學)의 시초가 되는 것이다." —『일득록』2

『중용』에 대해

"『중용』은『주역』의 인본(印本)이고 태극도설(太極圖說)은『중용』의 인본이니,『중용』을 읽을 때 태극도설로부터 시작하고『주역』을 읽을 때『중용』으로부터 시작한다면 거의 그 문호(門戶)를 얻을 수 있을 것이다." —『일득록』2

"『중용』한 책은, 처음에는 일리(一理)를 말하였다가 중간에 흩어져서 만사(萬事)가 되고 마지막에 다시 합하여 일리가 되었으니, 성인의 극공(極工)과 천하의 능사(能事)가 여기에 지극한바, 신학(新學) 소생(小生)이 쉽게 엿보아 헤아릴 수 있는 것이 아니다." —『일득록』3

● **역사서에 대해서**

역사서를 읽는 이유

"역사책은 보지 않으면 안 된다. 선한 일을 보면 문득 감동하는 바가 있고, 악한 일을 보면 문득 경계하고 두려워하는 마음을 갖게 된다. 당(唐)나라는 환시(宦侍) 때문에 망하였으니 경계하여 멀리하고, 송(宋)나라는 소인(小人) 때문에 망하였으니 거울삼아 물리친다. 나라를 다스리는 도는 생각이 반이다. 그러나 말하는 것이 어려운 것이 아니고 실행하는 것이 어려운 것이다." —『일득록』1

역사서를 읽을 때 주의할 점

"역사서를 읽을 때에는 사사로운 생각을 갖는 것을 가장 조심해야 한다. 학문이 고명한 사람에 대해서는 비록 의심할 만한 일이 있더라도 반드시 왜곡하여 올바른 것으로 이해하고, 명성이나 덕이 보잘것없는 사람에 대해서는 취할 만한 점이 있어도 반드시 싸잡아서 나쁘게 평가해 버리는데, 이런 것이 바로 사사로운 생각이다." —『일득록』1

사관의 임무

"『사기정의(史記正義)』는 장수절(張守節)이 편찬한 것인데, '『사기』는 52만 6,500자로 2,413년의 일을 서술하였고 『한서(漢書)』는 81만 자로 225년의 일을 기록하였으니, 이것으로 그 우열을 알 수 있다'고 하였다. 후세에 이르러서는 『한서』에 비해 또 몇 만의 글자가 더 늘었겠는가. 사관(史官)의 재주가 세상의 수준과 마찬가지로 점점 못해지는 것은 어쩔 수 없는 일이다. … 너희 붓(사필)을 잡은 신하들은 이러한 뜻을 몰라서는 안 된다."　　　－『일득록』2

"옛날에는 사관이 붓과 종이를 들고서 임금의 좌우를 떠나지 않았다. 무릇 시사(時事)의 득실과 인물(人物)의 현사(賢邪)를 심도 있게 다루고 반복해서 기록하였으며, 당시 임금의 잘못된 점에 대해서도 심법(心法)으로부터 정령(政令)에 이르기까지 더욱 상세히 기록하여 숨기는 법이 없었다. 이 때문에 훌륭한 사관은 징계하는 바가 있고 군주는 두려워하는 바가 있었던 것이다. 근래에는 이 법이 무너지고 말았으니, 그대는 힘쓰도록 하라."　　　－『일득록』2

야사 읽는 법

"야사(野史)는 선악과 시비를 곧이곧대로 쓸 수 있기 때문에 예로부터 볼만하다고 일컬어져 왔다. 그러나 죽은 사람만을 논하는 관계로 책을 쓰는 자가 자신이 좋아하는 바에 아첨하여 피차(彼此)간의 헐뜯음이 어느 것 하나도 공평 정대한 논의가 아니니, 밝은 안목을 가진 사람이 아니고는 백 번 반복해서 보더라도 핵심을 파악하지 못한다."　　　－『일득록』2

● 검소함

더위에 익숙함

상이 계시던 관물헌(觀物軒)은 매우 협소한데다 좌우의 담장이 바짝 붙어서 언제나 더운 여름이 되면 뜨거운 햇볕이 사방에서 들어온다. 그래서 연신(筵臣)이 별전(別殿)으로 옮겨서 더위를 피할 것을 주청하자, 상이 일렀다. "마음이 안정되면 기운이 정해지고 기운이 정해지면 몸이 편안해진다. 나는 어릴 때부터 고요한 곳에 안정하는 것이 이미 습성이 되어서 비록 이처럼 작은 방에서라도 더운 줄을 모른다."　　　－『일득록』1

지족(知足)

하루는 날씨가 매우 더웠다. 상께서 침실 남쪽 건물에 계셨는데, 처마가 매우 짧아 한낮의 해가 뜨겁게 내리쬐었다. 신이 아뢰기를, "이 방은 협소하여 한여름이면 더욱 불편합니다. 별도로 짓자는 유사(有司)의 청은 비록 윤허를 얻지 못하였으나 서늘한 곳을 가려서 여름을 보낸다면 안 될 것이 없을 듯합니다" 하자, 상이 일렀다. "지금 좁은 이곳을 버리고 다른 서늘한 곳으로 옮기면 또 거기에서도 참고 견디지 못하고 필시 다시 더 서늘한 곳을 생각하게 될 것이다. 그렇게 되면 어떻게 만족할 때가 있겠는가. 능히 이를 참고 견디면 바로 이곳이 서늘한 곳이 된다. 이로써 미루어 나간다면 '만족할 줄 안다〔知足〕'는 두 글자는 해당되지 않는 곳이 없다. 그러나 학문(學問)의 공부와 평치(平治)의 도만은 조그만 완성으로 만족할 줄 알아야 된다고 하면 안 된다. 더욱 힘써 정진하면서도 언제나 부족함을 탄식하는 생각을 가져야 될 것이다."

— 『일득록』 1

검소한 모범을 보이다

"부지런히 일하고 검소함을 밝히는 것은 우리 왕가의 법도이다." — 『일득록』 10

평소 지내는 거처가 벽지를 바른 지 오래되어 검게 변하였고 기둥과 서까래가 비 온 뒤 썩었다. 경연 신하가 유사(有司)로 하여금 고치게 하기를 청하니, 하교했다. "어찌 서둘러서 할 것이 있겠는가. 계속된 비가 20일째 이어져 각 도에서 재해를 보고하고 있다. 민간의 누추한 집들이 크게는 무너져 깔리고 작게는 틈이 갈라져 비가 샐 것을 생각할 때마다 일찍이 측은한 마음이 들지 않은 적이 없었다. 그 일은 그만두라."

"나는 사치스러움을 좋아하지 않는 성격이라 옷은 모시와 목면에 지나지 않고 음식은 몇 가지에 지나지 않는데 애써 억지로 하여 그런 것이 아니다. 혹 내가 몸소 행한 효과가 있으리라고도 생각했는데 도리어 온 세상이 사치스럽고 화려하여 크게 변화된 일이 있다는 소리를 듣지 못하였다. 아마도 나의 정성이 미덥게 감동시키지 못하여 그러한 것인가, 아니면 습속은 갑자기 변화하기 어려워 그러한 것인가." — 『일득록』 7

일찍이 비국의 재신(宰臣)들을 불러 조식(朝食)을 하기로 하였다. 상이 연석(筵席)에 임하였는데 한 무장(武將)이 아직까지 연석에 오르지 않자, 재촉하여 입시하도록 하니, 한참만에야 들어왔다. 하교했다. "나는 내 몸 봉양하기를 너무 사치스럽게 하지 않으려고 하기 때문에 조반(早飯)은 먹지 않고 조식만 먹는다. 그러나 여러 신하들은 이미 조반을 먹고 또 조식도 먹기 때문에 조식이 조금 늦으면 공소(公所)에 나오는 것도 늦게 된다." ─『일득록』8

● 비상한 기억력

비상한 기억력

전교를 쓰라고 명하였는데, 이때 주서(朱書) 중의 구절을 인용한 말이 있었다. 연신(筵臣)이 "이 구절은 『주서절요(朱書節要)』에 나오는 듯한데 생각이 나지 않습니다"라고 하자, 근시에게 하교하기를, "『주서절요』 제(第) 몇 편(編) 몇 판(板)을 찾아오라" 하였는데, 찾아온 후에 보니 과연 그러하였다. ─『일득록』2

일찍이 직접 기우제문(祈雨祭文)을 지으면서 연신(筵臣)에게 『시경』의 아무 구절의 내용을 조사해 오라고 명하였다. 연신이 즉시 조사해 오지 못하자 하교하기를, "이것은 아무 권 몇 편에 있다. 지금 사람들은 경서를 읽지 않기 때문에 일이 닥쳤을 때 이렇게 궁색한 것이다." ─『일득록』5

주상이 한 사례를 들어 설명했다. "한(漢)나라 성제(成帝)가 공차기를 좋아하였는데, 신하들이 몸을 피곤하게 만든다고 아뢰자, 성제는 공차기와 비슷하면서 몸은 피곤하지 않은 놀이를 택하여 올리라고 하였다. 이에 유향(劉向)이 바둑〔彈棊〕을 만들어서 올리니 성제가 어린 양의 가죽으로 만든 갖옷을 하사하였다. 성제가 잡기(雜技)를 좋아한 것은 단 하루도 정무를 소홀히 하지 않는 뜻에 자못 어긋나는데, 유향이 백성들을 부지런히 돌보고 다스림에 힘쓰는 방도로써 인도하지 못하고 또 바둑을 만들어서 그 기호에 비위를 맞추었으니, 이 또한 임금의 잘못을 바로잡는 뜻이 아니다." 어떤 연신이, "신들은 우매하여 이 내용이 어떤 책에 실려 있는지 모르겠습니다"라고 묻자, "내가 수십 년 전에 『서경잡기(西京雜記)』 제2편 제6판에서 보았는데, 너희들이 어찌 이 책을 보지 못했겠는가"라고 하교하므로, "신들도 이 책을 보긴 했지만 기억하지 못하겠습니다"라고 아뢰니, "물러가서 찾아보도록 하라"고 하교했다. 신하들이 물러나 이문원(摛文院)에서 식사를 하면서 찾아보았더니 과연 그러하였다. ─『일득록』2

신하를 가르치다

주상이 이르기를, "'누에가 고치를 짓기도 전에 뽕잎 이미 없어지니, 아름다운 머리 헝클어지고 화장 자국은 말랐어라. 궁중에선 비단을 베처럼 가벼이 여기는데, 어찌하면 왕손들이 이 그림을 보게 될까[蠶未成絲葉已無 鬢雲撩亂粉痕枯 宮中羅綺輕如布 爭得王孫見此圖]'라는 것은 조쌍연(趙雙硯)이 잠부도(蠶婦圖)에 쓴 시이다. 나는 일찍이 이 시를 사랑하여 읊조리면서 두소릉(杜少陵)의 '대궐 뜰에서 나누어 주는 비단은, 본래 가난한 여인에게서 나온 것이라네[彤庭所分帛 本自寒女出]'라는 구절에 견주었다" 하였다. 연신(筵臣)이 조쌍연이 누구인지를 모르자 하교하기를, "명나라 태조(太祖) 때의 사람으로, 일찍이 중귀(中貴: 황제가 총애하는 신하)를 위하여 이 시를 지었는데, 태조가 중귀의 집에 행행했다가 이 시를 보고 즉시 불러 관직에 임명하였다. 성품이 지극히 청렴하였는데, 일찍이 고을 수령이 되었을 적에 벼루 두 개를 가지고 왔기 때문에 조쌍연이라고 부른 것이다."

- 『일득록』 3

ㄱ

강극성(姜克成) 135, 136
강명길(康命吉) 238, 242, 243, 244, 246, 254, 255
강완숙(姜完淑) 222, 261
경모궁(景慕宮) 70, 94, 98, 162, 175
구선복(具善復) 50, 80, 136
권상연(權尙然) 10, 13, 221, 261
권철신(權哲身) 230, 261
금난전권(禁亂廛權) 115~118
금등(金縢) 65, 66, 67
『기기도설(奇器圖說)』84, 85
김관주(金觀柱) 259
김귀주(金龜柱) 152, 153
김수현(金壽賢) 33, 60
김이소(金履素) 138, 149, 151
김재찬(金載瓚) 172, 185, 186, 188, 215, 246, 254
김조순(金祖淳) 21, 24, 29, 87, 178, 244, 245
김종수(金鍾秀) 56, 59, 60, 62, 63, 65, 66, 123, 232
김준검(金俊儉) 202~205
김한구(金漢耉) 152
김희(金熹) 62, 134, 138, 139

ㄴ,ㄷ

남공철(南公轍) 20, 23~26, 29, 183, 217
대유둔(大有屯) 107~111, 114
『도서집성(圖書集成)』84, 85
만석거(萬石渠) 107~111, 114
만안제(萬安堤) 112
『무신창의록(戊申倡義錄)』34, 35
『무예도보통지(武藝圖譜通志)』38
문체반정(文體反正) 16, 17, 23, 24, 29
박명원(朴明源) 71, 73, 90
박제가(朴齊家) 38
박지원(朴趾源) 23~29
백동수(白東修) 38
백성일(白成一) 234, 235
사도세자 33, 35, 38, 42, 48~57, 59, 65, 67, 70, 71, 72, 74, 77~83, 85, 86, 90, 91, 94, 95, 98, 99, 100, 115, 126, 127, 137, 144, 145, 147, 148, 151~161, 164, 232, 233, 257, 258

3불유훈 52, 161
서용보(徐龍輔) 14, 130, 132, 175, 216, 234, 236, 239, 244, 253, 254
서유린(徐有隣) 51, 257, 258
서정수(徐鼎修) 240, 244
「성설(城設)」84
송시열(宋時烈) 76, 77, 168, 190
신해통공(辛亥通共) 118
심인(沈鏔) 239, 240, 241, 242, 248, 254, 255, 256, 259, 264
심환지(沈煥之) 241, 243, 246, 247, 248, 253, 255, 256, 259

ㅇ

연훈방(烟熏方) 239~243, 248, 256
『열하일기(熱河日記)』24, 25, 26
영남만인소 49, 50, 51, 59, 60, 257, 258
영우원(永祐園) 70, 72, 74, 78, 79
영조 35, 34, 42, 51, 52, 53, 65, 66, 67, 70, 73, 152, 155, 158, 159, 161, 163, 164, 178, 262
영화정(迎華亭) 111
5월 22일의 하교 52, 56, 58, 59, 61, 63
오회연교(伍晦筵敎) 232, 233, 234
왕양명(王陽明) 189, 192
『원행을묘정리의궤(園行乙卯整理儀軌)』144
유득공(柳得恭) 270
유성한(柳星漢) 39, 40, 41~45, 48, 49, 51, 61
유언호(兪彦鎬) 144, 149
윤구종(尹九宗) 43~49
윤선도(尹善道) 76, 77
윤숙(尹塾) 80
윤유일(尹有一) 221, 222, 223, 261
윤지충(尹持忠) 10, 13, 221, 226, 261
윤행임(尹行恁) 14, 88, 109, 253
을묘박해(乙卯迫害, 을묘사옥) 223
이가환(李家煥) 150, 223, 224, 225~231, 233, 234, 259, 260, 261
이갑회(李甲會) 263, 264
이격(李格) 222
이기양(李基讓) 228, 261

이담(李湛: 상계군) 153
이덕무(李德懋) 27, 38
이덕사(李德師) 33, 59, 60
이만수(李晩秀) 17, 36, 37, 178, 244, 253
이병모(李秉模) 104, 229, 253, 261
이복원(李福源) 55, 56, 174
이상황(李相璜) 21, 24, 29
이성원(李性源) 32, 203, 204
이승훈(李承薰) 226, 227, 228, 232, 259, 260, 261
이시수(李時秀) 236~239, 241~248, 253, 254
이언적(李彦迪) 17
이옥(李鈺) 18, 21, 22, 23
이인(李祵: 은언군) 131, 132, 133, 135, 136, 137,
   139, 141, 142, 146, 147, 148, 150, 151, 153,
   261, 262
이인좌(李麟佐) 33, 34, 43
이주혁(李周爀) 141, 142, 262
이진동(李鎭東) 33, 34, 35
이천손(李千孫) 209
이홍록(李興祿) 60
『일성록(日省錄)』 174, 175, 202

장시경(張時景) 263, 264
장헌(莊獻)세자 70
장현경(張玄慶) 256, 263, 264, 266
정민시(鄭民始) 87, 88, 95, 179
정순왕후 김씨 94, 131~136, 138, 139, 140, 147,
   150~153, 165, 245~248, 252~256, 258~
   262, 269
정약용(丁若鏞) 35, 83, 84, 85, 124, 125, 150,
   151, 210, 211~215, 221, 223, 225~228, 231
   ~234, 259, 260, 261, 263~266
정약전(丁若銓) 225, 226, 261
정약종(丁若鍾) 221, 230, 261
정윤교(鄭允僑) 234, 235, 239, 240, 255
조심태(趙心泰) 78, 88~91, 102, 106, 122, 124,
   125
조재한(趙載翰) 59, 60
주문모(周文謨) 29, 220~224, 226, 227, 261

지황(池璜) 220~223, 261
진목천(眞木川) 107, 108, 109
채제공(蔡濟恭) 10, 13, 32~35, 42, 48, 54~67,
   77, 80, 88~91, 94, 100, 104, 116~119, 121~
   125, 131, 133, 223, 224, 226, 230, 233, 260
초계문신제(抄啓文臣制) 19
최인길(崔仁吉) 221, 222, 223, 226, 261
최창현(崔昌賢) 221, 261
최현중(崔顯重) 43, 44, 45
축만제(祝萬堤) 111
축만제둔(祝萬堤屯) 111, 112

탕평책 56
패관잡기(稗官雜記) 11~14, 17, 18, 24
『평산냉연(平山冷燕)』 21
피재길(皮載吉) 239, 254, 255
한영규(韓永逵) 10, 13
『한중록〔閒(恨)中錄〕』 155, 156, 158, 159
함봉련(咸奉連) 210, 211, 213, 214, 215
혜경궁 홍씨 50, 81, 94, 98, 99, 127, 144,
   152, 154, 155~162, 164, 246, 262
홍계희(洪啓禧) 152
홍국영(洪國榮) 153, 165, 166
홍낙성(洪樂性) 62, 63, 94, 95, 97, 98, 131,
   133, 167, 168
홍낙안(洪樂安) 10, 11
홍낙임(洪樂任) 262
홍봉한(洪鳳漢) 80, 160
홍인한(洪麟漢) 50, 155, 157, 158, 165
화산(花山) 77, 78, 81, 83, 96, 97, 111, 236
화성(華城) 83, 84, 86, 88, 89, 94, 96, 97, 98,
   100, 102, 105, 106, 107~111, 114, 115, 119,
   120, 123, 124, 127, 160, 256, 257
『화성성역의궤(華城城役儀軌)』 109
화평옹주 71, 73
황사영(黃嗣永) 261
효의왕후 김씨 162~169